兰台新翼

社交媒体背景下的档案信息公开研究

张江珊　著

上海文艺出版社

前　言

　　媒介技术是档案信息公开传播的重要载体，随着媒介技术的更迭，档案信息公开的媒介平台和载体也在不断变化。毫无疑问，媒体技术进步是档案信息公开生态格局演变的重要推动力，对技术的思考成为信息公开传播领域的一个重要主题，正是基于技术与信息公开传播的关联，因此，本书通过媒介技术演变以及社交媒体技术与档案信息公开的互动关系入手展开分析，人是社交媒体的创造者，媒体又反过来作用于档案信息公开活动，并对档案信息公开活动的认识论进行了重塑，形成了新的档案信息公开文化观。技术逻辑下的档案信息公开传播，既有看到社交媒体技术的进步所带来的档案信息公开机遇：用户拥有了更多参与性与交互性机会，社交媒体技术助推档案信息公开摆脱传播偏向的单一性，社交媒体为档案信息公开传播利用提供了创造性的理论和实践性的方法；当然也应批判性地思考社交媒体技术对档案信息公开传播带来的无序、非理性、公众个人信息权利难以保护等难题，需要档案部门发挥引导与管理作用。

与此同时，社交媒体环境下档案信息公开研究对象和目标的指向性，使"参与性"成为其显著个性化特色，各种主体都参与档案信息公开实践，这种复杂的参与行为呼唤对其背后的文化内涵进行研究，为各类参与行为提供高度概括及具有引领性作用的文化范式。我们认为，脱离参与性文化而单纯地探讨档案信息公开传播参与，仅仅从单一实践方向的切入无法满足档案信息公开理论所需的理论支撑，也无法针对社会与技术的外部性变化给档案领域所带来的问题进行全面而深入的思考，在参与式文化的影响下，丰富多彩的参与实践使档案信息公开传播的价值在逐步回归。因而需要重视档案信息公开传播参与的文化性研究，为社交媒体背景下的档案信息公开传播奠定深厚的文化根基。

社交媒体不仅促使新的档案信息产生、创造新的档案信息公开传播范式，还提升了公众的参与度，构建了参与式的档案文化。公众参与档案信息公开具有阶梯式的层次特点，从被动式参与到主动式参与及自主式参与，随着参与层级的上升，公众加入了更多的参与情感因素，这也是档案馆与公众的参与权力在不断互动博弈中，双方的相互认同及合作的过程。我们认为，当前的公众参与发展并不均衡，官方档案社交媒体平台提供的参与服务与公众参与需求满足度存在一定差距；公众具有较高的参与热情，但存在潜在官方主导倾向；公众参与具有较强的指向性，公众参与的力量已经使公众成为档案信息公开权力格局中的重要一极。

社交媒体在档案信息公开中的应用取得了较为显著的成绩，通过梳理西方几个有代表性国家的档案信息公开社交媒体应用，结合我国应用社交媒体的现时表现，并结合共时性与历史性的视角，我们认为，社交媒体环境下我国当前的档案信息公开传播已经形成规模化发展体系，档案信息公开传播能力与水平持续上升，公众参与持续推进，档案信息公开传播治理框架不断完善；但还存在档案信息公开法律不健全、社交媒体与档案信息公开制度错位、公众参与不足、参与乱象显现、档案信息供给与需求脱节等问题，需要我们展开档案信息公开治理。

社交媒体背景下的档案信息公开传播不仅仅受到技术的影响，还有诸多其他因素的影响，将其放在档案信息公开传播的生态环境中，还存在多种力量的互动与博弈，这种互动与博弈实质上是以档案信息公开影响力为基础的。传统的档案信息公开力量一直由政府与综合性档案馆所代表的官方系统垄断，政府权力部门制定档案信息公开的政策法律规则，档案馆决定档案信息公开的内容与方式，他们把持着主流档案信息公开传播的话语权。事实上，互联网力量与公众力量成长的过程中，技术扮演着极为重要的角色，它成为互联网与公众力量崛起的重要动力。随着社交媒体的发展壮大，互联网巨头垄断了大量的互联网数据，开始对档案信息公开拥有了一定话语权，它们一定程度上垄断了网络数据的存储及开放利用，而公众在社交媒体的技术赋权下，开始参与档案信息公开传播，表达来自民间的档案声音。可以说，将档案信息公开传播放在社交媒体背景下的各方力量的互动博弈视角下分析，我们发现社交媒体背景下档案信息公开带来的许多困惑和不解，也为我们从各方的互动中开展档案信息公开治理提供了思路。

社交媒体环境下的档案信息公开日益进步，情况日益复杂，它最大的特点在于公众参与，其公开传播内容更多涉及社会及大众利益，因而公开传播表达场域具有公共领域的特质，这就需要我们从公共治理的角度加以思考，也即是由开放的公共管理与广泛的公众参与相结合而形成的一种制度治理模式，主要以提高档案信息公开传播的制度理性为根本目的。因此，我们要促进并完善档案信息公开立法，将与档案信息公开相关的政策法律管理边界延伸到虚拟空间，对档案信息公开制度重新定位，不能以技术效率的提升代替档案信息公开制度的改良，建立科学理性与社会理性调节下的档案信息公开制度，在档案信息公开制度中对各种信息权利进行平衡，从而在档案信息公开过程中实现制度保护的均衡。

社交媒体背景下综合性档案馆的档案信息公开治理，需要放到整个档案管理工作环境中，在整体治理的同时采取有针对性的组织及管理策略，才能起到内外结合、标本兼治的作用。为此，需要建立"国家档案主管部门"负责统筹的领导体制，确立综合性档案馆作为主导的档案信息公开实施主体；在资金筹集及档案信息公开合作上展开多元化尝试；大力培养人才，从而帮助档案馆顺利过渡到电子化环境；提升综合性档案馆社交媒体运营与服务的能力；最后还需建立档案主管部门主导、各方面协调监督的社会化监督体系，对档案信息公开进行全方位治理，提升社交媒体背景下档案馆在档案信息公开中的影响力。

公众参与已经成为档案信息公开中的重要力量，但公众在参与时还存在参与不足、参与程度较低及一些不理性的参与行为，需要综合性档案馆进行引导与管理。因此，综合性档案馆要尊重并确立公众的参与权利、培育公民精神、高效回应公众的参与需求，从而引导公众形成积极的参与意识；同时还要引导公众有度参与，形成公共利益共识；培育公众参与能力，并通过建立协调机制、合作伙伴影响力辐射、提升公众的参与社交联结以及深化档案众包参与等方式，引导并促使公众深度参与档案信息公开，提升社交媒体环境下公众在档案信息公开中的影响力。

关键词： 社交媒体；档案信息公开；参与文化；公众参与；治理

Preface

Media technology is an important carrier of archival information publicity. With the change of media technology, the media platform and carrier of archival information publicity are also changing. There is no doubt that the progress of media technology is an important driving force for the evolution of the ecological pattern of archival information public, and the thinking on technology has become an important topic in the field of information open communication. It is based on the correlation between technology and information open communication. Therefore, this topic starts with the analysis of the evolution of media technology and the interactive relationship between social media technology and archival information public. People are the creators of social media, and the media in turn acts on the activities of archival information opening, and reshapes the epistemology of the activities of archival information opening, forming a new cultural view of archival information opening. In the open communication of archival information under the logic of technology, we can see the opportunities of archival information opening brought by the progress of social media technology: users have more participation and interaction opportunities, social media technology helps archival information opening get rid of the monogeneity of communication bias, and social media provides creative theoretical and practical methods for the open communication and utilization of archival information. Of course, it is necessary to critically consider the problems brought by social media technology to the open dissemination of archival information, such as disorder, irrationality, and difficulty in protecting the public's personal information rights, which require the archival department to play a guiding and management role.

At the same time, the directivity of the research objects and objectives of archival information open in the social media environment makes "participation" become a significant personalized feature. All kinds of subjects participate in the practice of archival information open. This complex participation behavior calls for the study of the cultural connotation behind it, and provides a highly generalized and leading cultural paradigm for all kinds of participation behaviors. In our opinion, if we simply discuss the open communication and participation of archival information without the participation culture, we cannot meet the theoretical support required by the theory of open archival information only from a single practice direction, nor can we have a comprehensive and in-depth thinking about the problems brought by the external changes of society and technology to the archival field. Under the influence of participatory culture, The rich and colorful participation practice makes the value of the open dissemination of archival information return. Therefore, it is necessary to attach importance to the cultural research of open communication of archival information, so as to lay a deep cultural foundation for open communication of archival information under the background of social media.

Social media not only promotes the generation of new archival information and creates a new public communication paradigm of archival information, but also enhances the participation of the public and builds a participatory archival culture. Public participation in the open of archival information has the characteristics of a stepped level, from passive participation to active participation and autonomous participation. With the rise of participation level, the public adds more emotional factors of participation, which is also a process of mutual identification and cooperation between the archives and the public in the continuous interactive game of participation rights. We believe that the current development of public participation is not balanced, and there is a certain gap between the participation services provided by official archival social media platforms and the satisfaction degree of public participation needs. The public has a high enthusiasm for participation, but there is a potential tendency of official dominance; Public participation has strong directivity. The power of public participation makes the public become an important pole in the power pattern of archival information public.

Remarkable achievements have been made in the application of social media in the open of archival information. By combing the application of social media in the open of archival information in several representative western countries, combining the current performance of social media application in China and the perspective of synchrony and history, we believe that Under the social media environment, the current public communication of archives information has formed a large-scale development system, the communication ability and level of archives information openness continue to increase, the public participation continues to advance, and the information open governance framework has been improved constantly. However, there are still some problems, such as unsound laws on archival information public, dislocation between social media and archival information open system, insufficient public participation, appearance of chaotic participation, and disconnection between archival information supply and demand, which require us to carry out archival information open governance.

The open communication of archival information under the background of social media is not only affected by technology, but also influenced by many other factors. If it is placed in the ecological environment of open communication of archival information, there are also interactions and games of various forces, which are essentially based on the open influence of archival information. The traditional power of archival information disclosure has always been monopolized by the government and the official system represented by the comprehensive archives. The government authority departments formulate the policies, laws and rules of archival information disclosure, and the archives decide the contents and ways of archival information disclosure. They hold the right to speak in the open communication of mainstream archival information. In fact, technology plays an extremely important role in the growth of Internet power and public power. It has become an important driving force for the rise of Internet and public power. With the development and growth of social media, Internet giants monopolize a large amount of Internet data and begin to have a certain say on the disclosure of archival information. To some extent, they monopolize the storage and open utilization of network data. Under the empowerment of social media technology, the public begins to participate in the open dissemination of archival information and express the voice of archives from the people. It can be said that the analysis of open communication of archival information from the perspective of interactive game of various forces under the background of social media reveals many perplexity and incomprehension caused by open archival information under the background of social media, and also provides ideas for us to carry out open governance of archival information from the interaction of various parties.

In the context of social media, the open of archival information is increasingly advanced and complicated. Its biggest feature is public participation, and its public communication content is more related to the social and public interests. Therefore, the field of open communication and expression has the characteristics of the public sphere, which requires us to think from the perspective of open governance. In other words, it is a system governance mode formed by the combination of open public management and extensive public participation. The fundamental purpose is to improve the institutional rationality of the open dissemination of archival information. Therefore, we should promote and improve the legislation of archival information open, extend the management boundary of policies and laws related to archival information open to virtual space, reposition the archival information disclosure system, cannot replace the improvement of the archival information open system with the improvement of technical efficiency, and establish the archival information open system under the adjustment of scientific and social rationality. The balance of various information rights should be carried out in the archival information open system so as to realize the balance of system protection in the process of archival information opening.

In the context of social media, the open management of archival information in comprehensive archives needs to be placed in the whole archive management environment. Only by adopting targeted organization and governance strategies in the overall governace can it play a role of combining internal and external, treating both symptoms and root causes. Therefore, it is necessary to establish a leading system of "national archives department" responsible for overall planning, and establish comprehensive archives as the leading implementation subject of archival information open. Carry out diversified attempts in fund raising and open cooperation of archival information; Cultivate talents to help the archives transition smoothly to the electronic environment; Improve the comprehensive archives' ability of social media operation and service; Finally, it is necessary to establish a socialized supervision system dominated by archival departments and coordinated supervision by all aspects, so as to comprehensively manage the open of archival information and enhance the influence of archives in the public of archival information under the background of social media.

Public participation has become an important force in the public of archival information, but there are still insufficient participation, low participation degree and some irrational participation behaviors, which need the guidance and management of comprehensive archives. Therefore, comprehensive archives should respect and establish the public's right to participate, cultivate the civic spirit, respond to the public's participation needs efficiently, so as to guide the public to form a positive sense of participation; At the same time, the public should be guided to participate in the form of public interest consensus; Cultivate the ability of public participation, and guide and encourage the public to deeply participate in the public of archival information by establishing coordination mechanism, influence radiation of partners, enhancing the social connection of public participation and deepening the crowdsourcing participation of archives, so as to improve the public's influence in the open of archival information under the environment of social media.

Key words: Social Media; Open Dissemination of Archival Information; Participation Culture; Public Participation; Governance

目　录
CONTENTS

第一章 绪 论

这个世界，新变化、新现象层出不穷，快速的变化似乎是这个世界本质的存在。焦元溥在《照镜子的下午》中记录了自己对媒体变化的心情，他说：彼时在美国求学，同侪总要互加社交软体。当年已有几个平台，最受欢迎的叫"友圈"（Friendster）。友圈爆红后面临发展困局，竞争者随之而起，最后脸书赢得天下。不过我连友圈都懒得使用，更没想到要开脸书。还是朋友莫名其妙帮我开设账号，只好被迫加入。迟钝疏懒至此，当然也就无法预想，自己日后竟会天天在脸书上打滚，脸书也一步步统治世界。❶焦元溥对社交媒体的认知历程，很好地反映了70后甚至80后人们对媒体认知的改变。70后、80后以及之前的人们习惯于从信息机构的传统媒体获取权威信息，此时的图书馆、档案馆、大众传媒等是信息公开传播的守门人，他们对信息组织、提炼并将信息通过流通渠道公开传递给用户。这种皮下注入式的信息公开传播方式把提炼过的观点及知识输送给这一代人。2000年左右出生的人，他们在孩提时代就被数字化设备和社交媒体时刻包围，对于处在社交媒体新世代中的人们而言，以往传统的信息公开传播获取方式难以为继，他们淡化了对权威信息的认知，喜欢通过朋友圈或其他社交平台获取信息，他们在接受其他用户过滤过的信息，而他们同样把过滤过的信息向自己的社交圈推送，社交媒体使得信息在具有相同兴趣爱好的人们之间来回交错，形成了一个个的网

---

❶ 王喆. 社交媒体新世代的互动传播［M］. 北京：科学出版社，2018：1.

络社群。用户通过这种方式，得到自己感兴趣的信息。

　　作为一名 80 后，笔者亲身经历了社交媒体从无到有并逐渐占据统治地位的整个过程。最早接触网络是在 1999 年，腾讯 OICQ 一下冲进视野，在大学里与五湖四海的人相识、加好友聊天，围观各大网站的聊天室，这是一种强烈的视觉震撼。而痞子蔡描写网恋的《第一次亲密接触》就在这个时期开始畅销，随之而来是各大论坛的火爆，笔者经常浏览北大 BBS 和清华大学水木清华 BBS，见证了在北大 BBS 上争议颇大的第一代网红芙蓉姐姐的兴衰。随后，校内网（也即后来的人人网）于 2006 年成立，校园内的师生开始转战"校内网""开心网"，展开自己的社交网络。在这之后，各色社交平台不断迭代绽放，展现自己的魅力。曾经，人们最喜欢的电视、广播、印刷媒体等社交休闲娱乐方式，而今，逐渐转向线上社交沟通，大众传媒和我们渐行渐远，QQ、微博、微信、抖音、知乎、快手等针对不同的用户群，形成了百家争鸣的局面。

　　2020 年 9 月 29 日，中国互联网络信息中心（CNNIC）在京发布第 46 次《中国互联网络发展状况统计报告》。《报告》显示，截至 2020 年 6 月，我国网民规模达 9.40 亿，相当于全球网民的五分之一，较 2020 年 3 月增长 3625 万。互联网普及率达 67.0%，较 2020 年 3 月提升 2.5 个百分点。我国网络视频（含短视频）用户规模达 8.88 亿，占网民整体的 94.5%，其中短视频已成为新闻报道新选择、电商平台新标配。网络新闻用户规模为 7.25 亿，占网民整体的 77.1%；我国在线政务服务用户规模达 7.73 亿，占网民整体的 82.2%；国家政务服务平台注册用户达 1.26 亿人，总计访问人数 10.02 亿人，总浏览量 58.91 亿次。CNNIC 党委书记、副主任吴铁男指出，在此次疫情期间，我国互联网产业展现出巨大的发展活力和韧性，不仅为精准有效防控疫情发挥了关键作用，还在数字基建、数字经济、数字惠民和数字治理等方面取得了显著进展，成为我国应对新挑战、建设新经济的重要力量。❶

　　We Are Social 携手 Hootsuite 发布了新报告"2020 年全球网络概览"。新

---

　　❶　CNNIC 发布第 46 次《中国互联网络发展状况统计报告》[EB/OL].[2023-02-10]，http://www.gov.cn/xinwen/2020-09/29/content_5548175.htm.

十年的开启，越来越清楚的是网络、移动和社交媒体已经成为世界各地人们日常生活中不可或缺的一部分。全球目前有超过 45 亿人使用互联网，而社交媒体用户已超过 38 亿大关。近 60% 的世界人口已经上网，到今年年中，世界总人口的一半以上将使用社交媒体。❶根据它们的调查研究，在全球各大社交媒体平台中，facebook 仍然保持着上升的发展势头，在各社交媒体平台中处于领跑者地位；Instagram 在年轻人中非常受欢迎；而女性用户非常喜欢 Pinterest 图片社交。由此可见，社交媒体作为新世代的一个超级现象，与它有关联的事物层出不穷，传统的各行各业必然要在其影响下进行相应的革新。

在过去的 20 年，档案馆的用户明显减少，而原有的用户老龄化趋势严重，在国家新一轮机构调整中，档案馆有被边缘化的趋势。尽管档案馆声称自己拥有独一无二的馆藏，是社会记忆的守门人，档案馆具有重要的社会文化价值，可社交媒体时代越来越多的人转而选择通过社交媒体获得其他信息资源来满足自己在工作、学习、生活、娱乐和社交方面的信息需求。人们在社交媒体平台上分享自己的信息，并以前所未有的热情参与到政治与社会活动中，除非必要，人们去档案馆进行娱乐、休闲、文化学习的需求降低了。

档案馆如何在社交媒体背景下建立自己与公众的联系？如何在社交媒体时代体现自己的价值？要达到该目标，档案馆必须让公众成为档案信息公开传播活动的积极参与者而非被动消费者。社交媒体环境下，越来越多的人已经习惯或者正在习惯参与式文化体验，他们不再满足于仅仅充当档案信息活动的旁观者角色，社交媒体给公众提供了形式多样的工具和设计模式，使公众参与档案信息公开传播活动变得前所未有的容易。公众期待能接触到多种档案信息源，期望拥有不同的档案视角，期望拥有一种回应能力并使自己的回应得到档案馆的响应和支持。如果档案馆能够通过自身的努力，使公众积极参与到档案信息公开传播活动中，那么档案馆自然能成为社交媒体时代的信息主导者，并拥有强大的信息话语权。

❶ We Are Social：2020 年全球网络概览报告［EB/OL］.［2023–02–10］. http://www.199it. com/archives/1020700.html.

美国当代教育学家约翰·福克和林恩·狄尔金认为公众需要从文化体验中构建自己的理解和意义。[1]档案馆必须构建自己的社交媒体平台，并使其成为一个场所，公众能围绕档案信息公开传播内容进行创作、公开分享并与他人进行公开交流。在这个场所中，公众能将自己的想法、新鲜的档案记录以及富有创意的档案故事贡献给档案馆并传递给他人；公众在档案信息公开活动中讨论、重构自己的档案观点；公众能够进行广泛社交，分享自己的档案兴趣与体验；而这一切交流内容和创意的表达，公众都将围绕档案信息公开的理念与内容进行。这样的档案信息公开传播活动是真正面向公众的档案信息公开传播活动，具有非凡的价值和意义。

第一，在公众与档案馆之间架起一座沟通的桥梁，改变传统环境下公众的旁观者地位。档案馆通过社交媒体积极征集与回应公众关于档案信息公开传播活动的想法、创意和故事，让更多的公众投入到档案馆档案信息公开活动的良好运营上来。

第二，丰富档案信息公开活动的形式与内容，提升公众体验。档案馆可以将自身打造成一个公众能够分享创意，与其他人进行实时交流的平台，由此，档案馆的档案信息公开能够不断推陈出新，提供丰富多彩的利用体验，同时还可以减少档案馆独自策划档案信息公开所需的各种成本。

第三，建构公众自己的档案价值观。传统的档案馆作为档案信息公开传播的权威机构，信息的公开传播常常忽略公众的意见，而且常常背景信息给的不全，以致看不懂公开的档案信息内容。档案馆通过社交媒体接纳各种声音，分享各种档案故事，让公众在多元视角下享有充分的选择自主权并能构建自己的理解和档案价值观。

档案馆传统的档案信息公开传播与社交媒体背景下的档案信息公开传播最大的不同就在于档案信息是如何在档案馆和公众之间流通的。档案馆传统

---

[1] 约翰·福克，林恩·狄尔金. 博物馆体验再探讨[M]. 社会科学文献出版社，2000：9.

的档案信息公开传播单方面给公众提供档案内容来消费，档案馆往往把公开传播的档案信息进行精心组织，内容连贯，质量很高。所以无论公众是什么背景，无论其兴趣爱好为何，都会收到一份单向的档案知识传播利用体验。相比之下，社交媒体背景下，档案馆采用的是一种多向传播法。档案馆充当"平台"的作用，档案馆的社交媒体平台将档案公开传播内容的相关生产者、消费者、传播者、评论者、收集者紧密联系在一起，这种档案信息公开传播利用的方式虽然可能无法保证公众利用档案信息的连贯性，却给了不同类型的公众参与公开传播的机会。支持公众参与就是相信公众有能力创造、整合和公开传播内容。这意味着档案馆既相信公众参与档案信息公开传播利用能提高档案信息公开的效能，也意味着档案馆需要容忍剑走偏锋，让不同的人表达自己的档案思想，为参与档案信息公开传播利用开辟一条崭新的道路。

　　社交媒体所带来的参与式文化，已经从根本上打破了档案信息公开的单向传播，并带来公开传播权利的下移与分解，导致档案信息公开传播主体的多元化，从而改变了档案信息公开传播的生态。这种新的时代需求必须受到我们的关注，需要我们从理论和实践的维度对其进行时代回应。我们追逐着社交媒体，社交媒体也持续将我们卷入。我们既是研究者，也是作为参与档案信息公开传播利用的研究对象，传统的档案信息公开已经不能适应社交媒体新世代，但对作者而言，更重要的是看到在当下的环境中，档案馆与公众"如何生活"的问题，也即档案馆如何应用社交媒体开展档案信息公开工作，公众如何利用社交媒体展开档案信息公开传播利用；同时，还包括有关"如何存在"（也即社交媒体在更根本的层次上应该成为一个什么存在）的反思。本书关于社交媒体与档案信息公开传播利用的种种设问仅仅是一个开始，留下的一个未完结的逗号，这个复杂、多变的社交媒体新世代需要档案界更多的理解与思考。

第一节　研究综述

　　2016年2月17日，中共中央办公厅、国务院共同印发了《关于全面推进政务公开工作的意见》，要求加强政府门户网站建设，强化政府门户网站信息公开第一平台作用，整合政府网站信息资源。"充分运用新媒体手段拓宽信息传播渠道，完善功能，健全制度，加强内容和技术保障，将政府网站打造成更加全面的信息公开平台、更加权威的政策发布解读和舆论引导平台、更加及时的回应关键和便民服务平台。"❶同年，习近平主席在主持召开党的舆论工作座谈会时指出，"要适应分众化、差异化传播趋势，加快建立舆论引导新格局。要推动融合发展，主动借助新媒体传播优势。"❷

习近平主席在主持召开中央全面深化改革领导小组第四次会议时指出："要遵循新兴媒体发展规律，强化互联网思维，坚持传统媒体和新兴媒体优势互补、一体发展，坚持先进技术为支撑、内容建设为根本，推动传统媒体和新兴媒体在内容、渠道、平台、经营、管理等方面的深度融合，……形成立体多样、融合发展的现代传播体系。"❸而档案信息作为人类文明发展的见证者与记录者，其公开传播利用在社会信息的传播利用中占据重要地位，这正是习近平主席讲话精神的体现。为此，本书选择社交媒体为视角，借鉴国内外研究的成果与经验，来研究档案信息的公开治理，对推动新媒体时代档案馆公共服务能力具有重要的实际应用价值。

一、国内文献研究现状

作者以 SU=档案 ×（"社交媒体"+"博客"+"微博"+"微信"+"公众参与"）作为检索式在中国知网上进行检索（检索时间：2022 年 1 月 10 日），共查检出与关键词直接相关的文献共有 1119 篇，主要分布在档案学学科领域。

---

❶ 《中共中央办公厅　国务院办公厅印发〈关于全面推进政务公开工作的意见〉》［EB/OL］.［2023-02-10］. http://www.gov.cn/gongbao/content/2016/content_5051216.htm.

❷ 王伟文. 习近平谈新媒体如何讲好故事［EB/OL］.［2023-02-10］. http://news.cnr.cn/native/gd/20170219/t20170219_523608899.shtml.

❸ 庹震. 坚持传统媒体和新兴媒体优势互补一体发展［EB/OL］.［2023-02-10］. http://media.people.com.cn/n/2015/0819/c192362-27486734.html.

从检索出的档案文献看，作者发现国内档案学界的研究成果主要表现在以下几个方面：

（一）关注新媒体技术在档案信息活动中的应用

1. 档案博客。以此为主题的第一篇专业论文出现在 2007 年，学者张会超探讨了档案博客的出现对档案学术的催化作用❶，迄今在知网共检索到 135 篇成果，这些论文主要对档案博客的类型、作用、传播及发展进行了研究。

2. 档案微博。档案界对此的研究始于 2011 年，李春秋、梁沙、陈旭等人关注到档案界如何应用微博，并试图对其进行学术探讨，至今有 150 篇以此为主题的论文，这些论文一般都发表在专业档案期刊上，内容涉及档案微博宣传价值、档案微博传播、提升档案微博吸引力、利用微博开展档案服务等等；当时一批学者还对政务微博的档案性质进行了探讨，黄新荣、吴建华还关注到政务微博的档案化保存，❷周文泓基于 InterPARES 的电子档案要素分析模块讨论了政务微博信息的档案化。

3. 档案微信。档案学术界对此的研究则始于 2013 年，迄今在知网共检索到 234 篇相关主题的论文，中国微信元年 2013 年始，档案界就快速地将微信应用于档案工作，档案学者们从构建档案微信公众平台的构建、应用、发展到档案信息服务创新、档案信息传播、微信的档案化管理等等展开了探讨，其中王协舟通过对档案机构微信公众号的调研，认为引入 Light APP 可提高移动服务性价比、优化移动用户体验和打破档案 APP 围墙；❸黄丽华等人则通过对全国副省级以上档案局（馆）2015 年 3—8 月移动档案馆建设发展情况的网上调查，重点分析了应用较广的微信平台的所属地域、开设机构类型、建

❶ 张会超. 档案博客学术催化论［J］. 北京档案，2007（3）：27—29.

❷ 黄新荣，吴建华. 政务微博档案化保存初探［J］. 档案与建设，2012（04）：4—6.

❸ 王协舟，王露露. Light APP 在档案移动信息服务中的应用研究——基于档案机构微信公众号的调查［J］. 档案学研究，2016（01）：13—16.

立时间、更新时间、功能分类及特色栏目等建设情况，进而对我国档案微信平台建设进行总结、评价；❶朱晓东、张宁从证据视角分析了微信等社交媒体档案的特点，并提出社交媒体档案管理应注意的问题。❷

4. 社交媒体。随着社交媒体的发展以及外国档案界对社交媒体的应用，自2012年国内档案学术界才开始有学者将博客、微博、社交网站等新媒体统归为社交媒体，至今，以此为主题的论文在知网共检索到887篇。

（二）关注社交媒体与档案信息活动之间相互融合

根据检索到的文献发表时间来看，2012年有4篇，以后呈逐年上升趋势，2017年达到173篇，2018年达到高峰值191篇，2019年略有下降，此后呈下降趋势，由此可见，档案理论界对社交媒体的关注度在逐年上升，当前研究已经进入相对稳定且深入的层次，这也反映出社交媒体的应用价值也在与日俱增。如图所示：

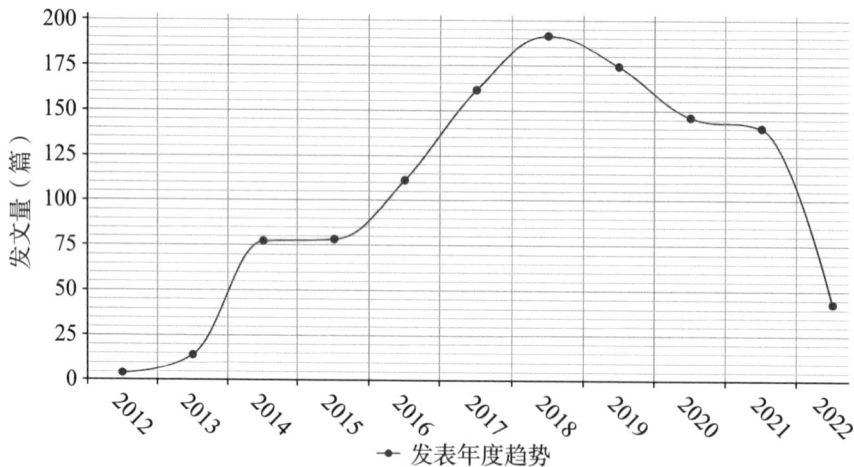

图 1　检索文献按年度分布可视化图

❶ 黄丽华，宋华，方巍森. 基于社会服务的档案微信平台应用调查与分析——副省级以上档案局（馆）移动档案馆建设调研报告［J］. 档案学研究，2016（04）：49—53.

❷ 朱晓东，张宁. 基于证据视角的社交媒体档案管理——以微信为例［J］. 档案学研究，2017（02）：63—67.

学者们研究的内容主要包括以下方面：

第一，国外档案馆如何应用社交媒体以及中外档案馆运用社交媒体的差异。代表学者有胡明浩、邱淑梅、赵玉、黄霄羽、李宗富等，其中李宗富分析美国国家档案馆社交媒体应用的概况，总结其特点，并提出借鉴思考；❶任越分析了美国国家档案馆借助社交媒体开展档案文化活动的特色，并对我国档案馆的档案文化活动开展提出利用社交媒体参与文化推广，提高档案文化活动的品质，引发社会公众共鸣。❷

第二，社交媒体环境下的档案信息资源建设及文化传播。代表学者有朱兰兰、李晓、陈祖芬、聂勇浩、贾琼等；聂勇浩基于对盛宣怀档案众包项目的实地调研以及对文献和公开资料的分析，从设计、运作及管理三个层面探讨了运用众包开展档案信息资源建设的框架，并强调利用现有平台及社交媒体入手，促进档案信息资源建设中众包的实现。❸贾琼提出基于社交媒体传播档案信息资源的三种方式，并提出基于社交媒体传播档案信息资源的策略。❹

第三，社交媒体环境下的档案信息服务与传统档案信息服务的差异及创新，代表学者有王玉珏、周耀林、李财富、魏扣等。魏扣等运用 SWOT 分析法分析了档案部门应用社交媒体提供知识服务的优劣势、机会及威胁，提出了多举措提升档案知识服务水平，多角度全方位保障档案知识服务的顺利实施，发挥社交媒体为档案部门在提供档案知识服务方面的最大效用。❺袁倩

❶ 李宗富，董晨雪. 美国国家档案馆社交媒体应用的特点与启示［J］. 档案管理 2021（01）：51—54.

❷ 任越，路璐. 美国国家档案馆档案文化活动的特色分析与启示［J］. 档案学研究，2020（04）：44—48.

❸ 聂勇浩，董子晗. 档案信息资源建设中众包的实现框架及路径［J］. 档案学通讯，2019（04）：63—69.

❹ 贾琼. 基于社交媒体的档案信息资源传播研究［D］. 吉林大学，2017.

❺ 魏扣，李子林，郝琦. 社交媒体应用于档案知识服务的 SWOT 分析［J］. 档案学研究，2019（01）：69—74.

以 NARA 发布的《社交媒体战略》中体现的"人文关怀"为线索，总结出社交媒体战略对于创新档案服务的三条基本路径，即以合法性保障为基石，以高水平运营团队为支撑，以高质量服务内容为主线，实现档案服务的创新发展。最后归纳了利用社交媒体开展档案服务过程中的一些隐患，呼吁档案服务保持对社交媒体的"敬畏心"和"警惕心"，切忌使档案服务创新流于形式。❶

第四，社交媒体的鉴定及捕获归档。代表学者有万凯莉、周文泓等，其中周文泓认为社交媒体存档当前表现为多方主体参与开发利用各类信息对象纳入开发利用范畴、具体成果多元化；并提出面向未来尚需深入探索的问题：主体层面如何实现社会化协同，存档信息如何立足开发利用，面向开发利用的信息如何向数据化升级，开发利用结果如何优化等。❷李宗林，龙家庆等以欧洲国家的图书馆、档案馆等机构的网络存档项目作为研究对象，分析了存档阶段进展与实施难点，并在结合中国实际的基础上，并提出明确我国网络存档的法定实施主体及机构协同、深入开展基于 API 的社交媒体存档、推进人文社科领域对网络存档资源的利用等网络存档服务建议。❸

第五，社交环境中公众参与及参与式管理模式及社交媒体环境下的档案用户需求研究。陆璐分析了公众参与档案馆资源建设的机遇及面临的挑战，并分析了公众参与档案馆资源建设存在的风险，并构建了公众参与档案馆资源建设行为的动机假设模型，并从构建公众参与的全过程管理体系、加强公众参与档案馆藏建设评价研究和跨领域合作等方面对未来进行展望。❹刘彩云等学者通过研究加拿大项目组的情况，在指出该项目组调查存在样本不足局限的同时，还提出未来档案馆要善于抓住用户利用社交媒体的选择动机，

---

❶ 袁倩. 关于美国社交媒体战略的人文关怀与档案服务路径创新的思考[J]. 档案与建设，2019（02）：42—45.

❷ 周文泓，李彦可，贺谭涛. 社交媒体存档信息开发利用的行动要素分析及其启示[J]. 图书馆学研究，2021（01）：43—50.

❸ 李子林，龙家庆. 欧洲网络存档项目实践进展与经验启示[J]. 图书馆学研究，2020（15）：54—56.

❹ 陆璐. 公众参与档案馆藏建设行为动机与激励研究[D]. 吉林大学，2019.

明确自己的社交媒体愿景，并加强档案馆利用社交媒体的研究，提高用户参与度。❶

从国内课题研究来看，以新媒体技术环境中的社交媒体与档案信息活动相互融合研究的课题先后获得立项的有学者李颖的《新媒体环境下档案公共服务机理与策略研究》课题、学者魏扣的《社交媒体环境下公共档案资源知识聚合与服务研究》课题、学者周文泓《基于多元数字技术的网络空间参与式归档研究》，三位学者关注的重点在于社交媒体与档案公共服务及档案资源知识服务相结合方面。从这些立项课题内容的执行与实施中必然离不开核心观点、思想、方法、内容的引导与交流，如最新代表性的有2016年在韩国举办的国际档案大会年会上，国外学者 liisi Taimrke 对"新媒体在档案馆工作中应用"、中国学者王健对社交媒体如何作为档案教育新平台进行主题发言，等等。可见，在新媒体时代档案信息公开的途径已经得到国际社会的广泛关注。由档案社交媒体联盟、中国人民大学电子文件管理研究中心主办的"档案社交媒体圆桌会议"已经连续举办六届，该会议对促进社交媒体环境下如何打造档案社交媒体的影响力、城市记忆信息采集方法、档案文化资源开发方式创新等进行广泛的交流与讨论。

综上所述的研究成果是档案学术界对以社交媒体为代表的新媒体技术在档案社会活动中应用的理论升华，中国档案学术界对这一问题的研究可说是跟随新媒体技术的发展而演进的，在我国其脉络大致是沿着博客、微博、微信及整体社交媒体的发展态势而来。

二、国外文献研究现状

梳理档案社交媒体发展的历史，美国理论贡献最大，为其他国家提供有益的借鉴。从实践方面来看，成长于美国、加拿大、澳大利亚、英国、法国

---

❶ 刘彩云，沈春会，蔡娜. 基于用户体验的社交媒体服务模式调研与分析［J］. 山西档案，2021（01）：82—85.

等国家，并随着社交媒体的影响在世界各地逐渐发展。

　　笔者以检索式＝（"social media" + "archive"）在 Web of Science 数据库上
进行不完全检索，共检索到近 2189 条相关记录。这与国内的发展脉络基本相
似，1999 年，美国档案界学者开始关注博客（blog）的应用及其影响，其后
欧美国家档案界的学者先后研究 twitter、facebook、youtube 等单个社交媒体
平台在档案界的应用，2009 年美国档案界提出社交媒体的整体概念，之后，
众多学者对此进行广泛的研究。

　　美国学者 M Samouelian 及 K Theimer 研究 Web 2.0 环境下档案馆应用的
社交媒体服务及公众参与创新；Acker 等学者探讨了应用程序编程接口（API）
的长期保存含义，分析了通过 API 从社交媒体平台提取数据时所遇到的保存
问题，以及 API 如何适应现有的档案和数字存储库开发模型，Acker 还调查了
美国发现的获取社交媒体数据档案的新兴模式，并提出面对社交平台及 API
为社交媒体数据进行存档时，档案管理员应该用平台的视角，在维护来自社交
媒体平台的具有文化意义的数据方面，坚持"开发者管家"的角色。❶

　　南非学者 Tshepho Mosweu 认为出于问责目的，需要对政府形成的社交媒
体信息进行管理，然而非洲放多政府并无相应的信息政策法律来确保对社交
媒体生成记录管理的问责。他考察了博茨瓦纳政府的社交媒体记录的治理角
色和责任，结果只有政府官员对其承担了一定的管理责任，而博茨瓦纳国家
档案和记录局没有参与该国的社交媒体治理。因此，Mosweu 建议采用跨职能
的方法来治理社交媒体记录，必须明确所有利益相关者在政府信息管理中的
角色和责任。❷

　　美国学者 Sonia Yaco 等人关注到美国档案记录的社会激进主义者及社会
活动家具有重要价值，记录这些故事提供了对社会发生巨大变化的时代更加

---

　　❶　Acker, kreisberg. Social media data archives in an API–driven world［J］. Archival
Science, 2020(06): 5–123.

　　❷　Tshepho Mosweu.Accountability for governance of liquid communication generated
through the use of social media in Botswana: whose duty is it?［J］. Archival Science, 2011(02): 1–14.

细致入微的看法，并让人们将自己的经历置于历史背景下。这些学者研究考察了一个基于网络的混合遗产项目案例，该项目为在伯明翰长大的人们提供了一个网络论坛，让他们分享他们在 1963 年左右的个人经历及信息。该档案项目作为一个档案信息交换所，创造了一个新的网络档案社群，由于种族隔离，这个社群在 50 年前不可能存在。档案信息贡献者通过这个项目激励年轻一代加入社会正义事业。作者建议利用该项目及其姐妹项目 "弗吉尼亚教育的隔离" 所采用的技术，开发一种模式，使社区能够创造丰富的历史记录，并通过大众媒体、社交媒体和教育渠道广泛获得。❶

Timothy Arnold 等学者研究不同社交媒体平台 twitter、facebook 等的社交媒体内容保存；Diana E. Marsh 等学者阐释社交媒体数字收集物的价值及影响意义；学者 Karin Wagner 研究在开放式照片档案馆中个人与机构的话语权问题❷；学者 T Cook 研究社交媒体的应用对档案鉴定现在及未来的影响，认为其将从档案证据、记忆、身份及机构四个方面的档案鉴定范式进行转变❸；学者 Amelia Acker 从消亡、记忆、社交媒体应用方面研究个人档案馆的平台前景；学者 Greg Bak 研究档案馆与社交网络服务的关系；Justin Littman 等人以推特为基础，分析网络需求，研究基于 API 的社交媒体数据收集和网络存档模式❹；加拿大学者 Luciana Duranti 倡导的 InterPARES Trust 项目组致力于提供框架，支持地方、国家及国际网络有关网上数字记录可信的政策、法律、标准及规范的发展，研究组的学者 Patricia Franks 研究社交

---

❶　Sonia Yaco; Ann Jimerson; Laura Caldwell Anderson; Chanda Temple.A web-based community-building archives project: a case study of Kids in Birmingham 1963［J］. Archival Science, Volume 15, 2015(04): 399-427.

❷　Wanger. Designing Power: Thatcher, Press Photography and a Polarized 1980s England［J］. Archives of Design Research, 2014, 27(1): 93-115.

❸　Terry Cook. We Are What We Keep, We Keep What We Are: Archival Apprisal Past, Present and Future［J］. Jounal of the Soceity of Archivists, 2011, 32(2): 173-189.

❹　Justin Littman. API-based Social Media Collecting As A Form of Web Archiving［J］. Digital Library, 2018(19): 21-38.

媒体和政府信任之间的关系，Jessica 研究社交媒体平台上数字化照片的档案信任问题。

三、国内外研究总体趋势分析

国内外社交媒体背景下的档案信息公开研究目前的总体趋势可以归结为：研究理念趋向多元、实践模式趋于成熟。近年来，许多学者都关注到社交媒体时代背景对档案信息公开产生的影响，随着研究的不断深入，出现了越来越多与社交媒体及档案信息公开相关的研究点，形成了较为庞大的研究网络，其趋势总体如下：

（一）研究理念趋向多元

1. 内涵趋向多元

社交媒体囊括博客、微博、微信、facebook 等多个新媒体社交平台，研究社交媒体背景下的档案信息公开，不仅包括档案信息公开传播对社交媒体的创新应用，还包括社交媒体档案的档案化管理以及社交媒体背景下的公众参与。社交媒体从早期的单社交平台的讨论，逐渐开始内涵丰富，将各类社交平台统一为社交媒体进行一体化研究；一般来说，社交媒体背景下的档案信息公开传播利用包括公开获取、评价、创作共享等多种形式的能力，关注评价社交媒体对档案信息公开全流程的影响，是对档案信息公开传播的丰富和拓展，是在社交媒体背景下的新内涵和新体现。

2. 跨学科性与学科间性

"社交媒体"这一概念本身涉及的范畴较广，而档案信息公开也涉及到社会的方方面面，所以其研究过程中借鉴的理论也趋于多元化，包括传播理论、媒介发展理论、众包理论、文化发展的受众研究、认知心理等。"社交媒体"背景下档案信息公开传播的跨学科研究发展迅猛，已深入到信息与通讯学、新闻传播学、图书馆学、情报学、教育学、政治学、哲学等多个学科，并衍生出多个交叉学科主题，多个渗透学科及对应的研究主题如图：

图表（柱状图）数据：

文献数（篇）纵轴，数值从0到250

- 社交媒体 220
- 档案馆 89
- 档案信息服务 34
- 档案信息 29
- 档案服务 27
- 社交媒体文件 25
- 档案学 22
- 档案信息资源 21
- 美国国家档案馆 20
- 新媒体 19
- 档案工作 19
- 策略研究 18
- 综合档案馆 16
- 微信公众平台 16
- 公共档案馆 15
- 档案管理 15
- 档案网站 15
- 新媒体环境下 14
- 高校档案 14
- 档案信息资源开发 13
- 档案文化传播 13
- 公众参与 13
- 档案部门 13
- 信息服务 13
- 大数据 12
- 社交媒体信息 12
- 社交媒体时代 12
- 微信公众号 11
- 「互联网」 10

饼图数据：

- 7（0.55%）
- 9（0.71%）
- 10（0.79%）
- 28（2.22%）
- 37（2.93%）
- 53（4.20%）
- 130（10.29%）
- 175（13.86%）
- 763（60.41%）

图例：
- 档案及博物馆
- 计算机软件及计算机应……
- 新闻与传媒
- 高等教育
- 图书情报与数字图书馆
- 行政学及国家行政管理
- 企业经济
- 中国政治与国际政治
- 文化
- 行政法及地方法制
- 法理、法史
- 工业经济
- 医学教育与医学边缘学……
- 预防医学与卫生学
- 中国近现代史
- 宏观经济管理与可持续……
- 旅游
- 文化经济
- 美术书法雕塑与摄影
- 出版

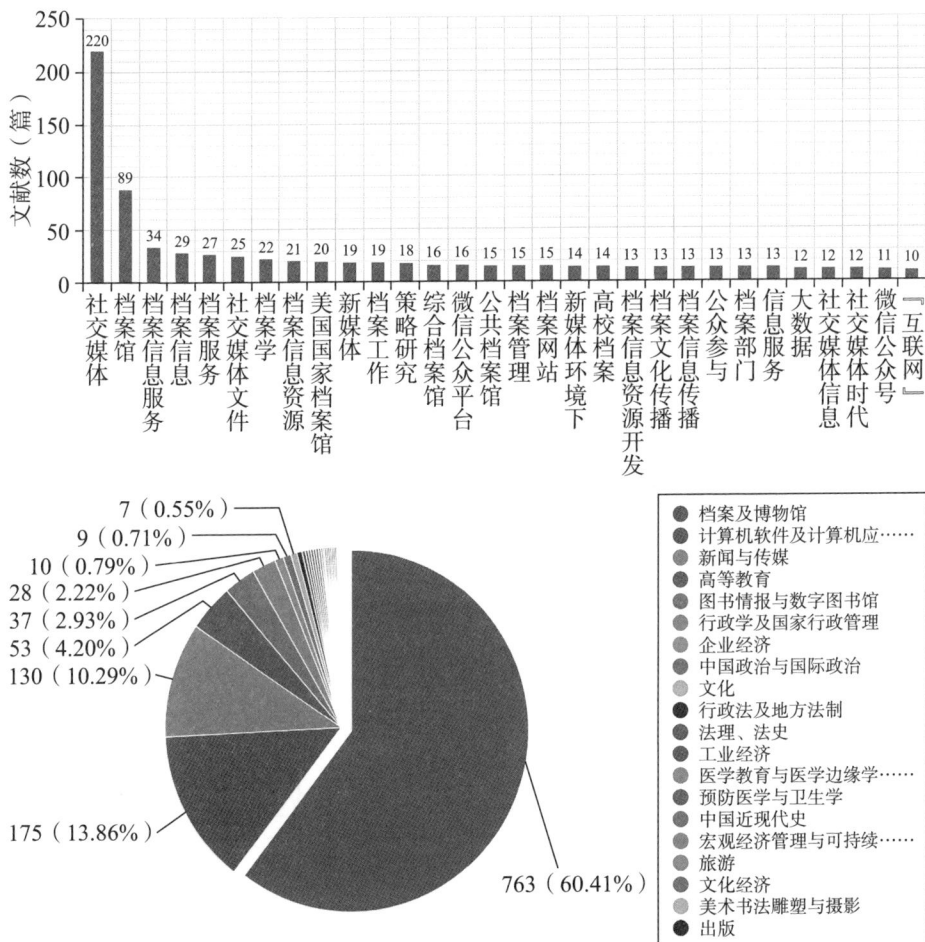

图 2　检索文献学科及主题分布图

（二）实践趋动模式成熟

首先，实践趋动理论研究。社交媒体背景下的档案信息公开传播利用，不仅仅是一种理论研究，如果一个国家或机构的档案信息公开社交媒体应用实践开展较好，无疑有助于推进社交媒体背景下的档案信息公开研究进程，提升研究的成效。从文献梳理情况来看，国外的很多理论研究都是基于实践项目之上的研究，有公共档案机构的项目、社区档案项目、企业档案项目等，通过不同的档案项目来研究社交媒体背景下的档案信息公开传播利用是一个鲜明特色；国内也开始逐渐从纯理论的构想走向实践项目的启动，比如辽宁省档案馆的档案社会人项目等。

其次，理论验证于实践。从文献梳理的情况来看，国内外的学者们提出了一些非常好的理论构想，而这些构想在档案信息公开传播利用的实践中正在验证其理论的适用性。理论具有一定的超前性，但同时本身又需要面对档案信息公开的不同阶段，与社交媒体的结合呈现出不同的物质，在实践中去验证理论，形成理论与实践的良性互动，使理论产生更大的效能释放。诸如美国国家档案馆提出的社交媒体策略，即根据时间的发展，在国家档案馆中逐步推广应用，从而验证社交媒体策略的价值及效用。

四、国内外研究现状简要评价

通过以上国内外学术史的梳理及研究现状的分析，作者发现，经过几年的发展，众多学者对社交媒体背景下的档案信息公开进行微观及宏观层次的研究，我国档案学术界已经取得可喜的成绩，一方面，微观层次的研究深入到档案用户及社媒档案的归档环节，以及社交媒体的档案信息公开服务；另一方面，拓展到档案信息资源建设及文化建设等宏观研究层次，为我国社交媒体背景下的档案信息公开奠定一定的理论基础。另外还有，国外基于社交媒体的档案信息公开从多维视觉展开研究，既从微观层次研究社交媒体应用对传统档案管理环节的影响；国外研究对象从单一走向整合，研究视角走向多元合作；还从宏观层次研究社交媒体背景下档案信息公开的技术介入、法律制度及公众参与等，并取得较为丰硕的成果，这为本书的研究提供理论参考与借鉴。与此同时，作者通过文献的梳理，发现目前我国档案学界对社交媒体的档案信息公开研究还需深入与完善。首先，研究成果相对分散，在其公开的政策法律建设、制度导向、参与服务及公众参与引导等方面还没有形成系统的理论知识体系；其次，研究视角相对单一，弱化了档案信息公开深层次的文化土壤以及公众参与需求；再次，研究成果缺乏理论深度、技术支撑与保障体系，从技术逻辑、权力逻辑与治理逻辑去进行深入探索的成果还不多见，尚待完善。综上所论，国外对社交媒体背景下的档案信息公开研究的成果，较为丰硕。国内学者对档案信息公开的社交媒体研究更多集中于对国外经验的总结以及国内社交媒体应用的初步摸索中。

因此，第一，必须增强基础理论研究力度。社交媒体场域不同于传统的档案实体部门活动场域，原有的档案信息公开理论成果不能直接指导社交媒体背景下的档案信息公开实践。加强社交媒体背景下的档案信息公开理论研究力度，是构建社交媒体环境下档案信息公开理论体系的重要一环，也更能指导现有的档案信息公开实践。第二，必须探寻理论研究新方向。社交媒体时代档案信息公开活动维度更广，结构更为复杂。回归档案信息公开传播功能本质，拓展研究视阈，开启新的研究方向，是揭示和解释档案信息公开活动的关键。本书正是基于上述思考对社交媒体背景下的档案信息公开进行全面系统研究，力图有所突破。因此，本书在以往研究的基础上，深入探讨社交媒体背景下的档案信息公开所涉及的法律政策、制度建设、公众参与、观念文化等，探究档案信息公开社交媒体策略诠释在新媒体传播时代中的价值，这是认真落实习近平主席指出的"关于新媒体传播利用"的重要任务所在。

第二节　研究设计

社交媒体背景下的档案信息公开传播是新时代的一个研究热点，也是一个非常具有现实意义的研究方向，因此，选择什么样的研究逻辑和研究框架十分重要。

一、研究逻辑

近年来，学界对社交媒体背景下的档案信息公开研究进行了各种尝试并取得了一定成果，这些成果建基于各种逻辑基础，为我们部分解释了社交媒体背景下档案信息公开理论的嬗变、实践的生根发芽，再到治理困境的思考。

（一）技术逻辑——新媒介技术推动下的信息公开传播景观

媒介技术是档案信息公开传播的重要载体，随着媒介技术的更迭，档案信息公开的媒介平台和载体也在不断变化。毫无疑问，媒体技术进步是档案信息公开生态格局演变的重要推动力，对技术的思考成为信息公开传播领域的一个重要主题，事实上，在人类的信息公开传播发展史上，每一次重大的技术变动都会催生新的媒介，而依附于媒介平台的档案信息公开传播也会带来极大的变化，从而产生一种新的档案信息公开传播方式，因此，每一种新媒体技术可能产生出新的媒介信息公开传播形态。

正是基于技术与信息公开传播的关联，以技术逻辑为基础展开对社交媒体背景下的档案信息公开研究也就十分正常。首先，社交媒体技术被认为是档案信息公开传播的新渠道、放大器。档案信息公开传播是基于人们的档案信息需求和利益而进行的一种信息公开传播活动，随着社交媒体技术的广泛应用，社交媒体迅速成为档案信息公开传播的新渠道，这与新媒体传播技术密不可分，比如微信公众号，它可以集文字、声音、图片、视频于一体进行公开传播，且能够依附于微信朋友圈进一步扩大档案信息公开传播的范围，也正是如此，社交媒体背景下的档案信息公开传播近年发展十分迅速。其次，社交媒体技术被认为是打破了传统的档案信息公开传播格局。随着微博、微信等社交媒体技术的加入，社交媒体平台的档案信息公开传播影响力越来越大，从现实情况看，传统主流的档案馆主导的信息公开格局的确被打破了，形成了有公众参与的新的档案信息公开传播格局。再次，认为在社交媒体技术搭建的公众交流平台上形成了初具雏形的档案信息公开传播公共场域。这一公共领域可以说是由网络技术革命驱动构建起来的，而社交媒体技术的开放共享精神，则"意味着它正在构建一个向更多人开放的公共空间"●。

技术逻辑下的档案信息公开传播，既有看到社交媒体技术的进步所带来的档案信息公开机遇，当然也应批判性地思考社交媒体技术对档案信息公开传播带来的无序、非理性、公众个人信息权利难以保护等难题，如当前学界非常关注的社交媒体空间公众被遗忘权保护对档案信息公开传播带来的难题。

（二）权力逻辑——各方互动博弈下的档案信息公开力量演变

事实上，社交媒体背景下的档案信息公开传播不仅仅受到技术的影响，还有诸多其他因素的影响，将其放在档案信息公开传播的生态环境中，还存在多种力量的互动与博弈，这种互动与博弈实质上是以档案信息公开传播权力为基础的。传统的档案信息公开权力一直由公共档案馆所代表的官方系统垄断，它们制定档案信息公开的规则，并决定档案信息公开的内容与方式，公共档案馆把持着主流档案信息公开传播的话语权。事实上，互联网力量与公众力量成长的过程中，技术扮演着极为重要的角色，它成为互联网与公众力量崛起的重要动力。随着社交媒体的发展壮大，互联网巨头垄断了大量的互联网数据，开始对档案信息公开拥有了一定话语权，它们一定程度上垄断了网络数据的存储及开放利用，而公众在社交媒体的技术赋权下，开始参与档案信息公开传播，表达来自民间的档案声音。当然，各方对档案信息公开权力的博弈过程中，虽然代表的利益不同，但并不是截然对立的，在实际的档案信息公开传播过程中，各方既矛盾又统一，在冲突中互相接纳，在矛盾中互相包容，在博弈中互动。例如国家制定相关政策法规来规范互联网运营以及公众网络行为，同时综合性档案馆纷纷开通微信公众号、微博账号，接纳公众参与档案信息公开传播，从中我们可以看到各方相互博弈的双向运动，

---

❶　苏颖. 中国互联网公共讨论中的多元共识——基于政治文明发展进程的讨论 [J]. 国际新闻界，2012（10）：38.

既有从对立到博弈的过程，也有从认同到合作的过程，这可从各方主体在档案信息公开传播的互动合作中展现出来。

可以说，将档案信息公开传播放在社交媒体背景下的各权力方的互动博弈视角下分析，为我们解答了社交媒体背景下档案信息公开带来的许多困惑和不解，也让我们更深刻地理解到社交媒体作为新的传播媒介对档案信息公开传播话语权的重新分配和定义的价值。社交媒体技术的勃兴和档案信息公开传播话语权的转型形成了新的重叠，这不仅推动了各方之间发生互动，并使社交媒体所赋权的公众力量得以重现和回归，这才是社交媒体为档案信息公开带来的真正价值。

（三）治理逻辑——社交媒体背景下档案信息公开的规制与管理

在市场经济条件下，社会利益主体多元化是既存的现实，追求利益在所难免，但档案资源的分配并不是完全平等的，各类主体的档案话语权也存在差异，同时，由于社交媒体的应用，对原有档案信息公开格局的冲击所带来的规则制度冲突及档案信息公开传播越界、越法、侵权的现象较为严重，社会档案信息公开期待与结果之间的差异、公众参与热情高涨与参与能力之间的差异，种种现象令人深思。国外很早就展开了互联网治理的研究，学者们最初提出互联网自治，鼓励公众自由参与档案信息公开传播，其后由于互联网领域的信息犯罪认识到互联网治理离不开国家法律管束，提出需要"一个开放包容的过程，从而确保政府、私人和公众都能参与"[1]，许多国家通过制定社交媒体政策法律来加强对档案信息公开传播的治理。这些对于治理的研究因社会环境不同和法治条件的差异，与国内情况有一定差异。

近年来，国内社交媒体的快速发展及应用，档案信息公开也面临着现实困境，这也成为治理研究的现实基础。当前基于治理问题而展开的研究主要有三个方面：一是治理的政策制度环境研究，也即对档案信息公开过程中涉

---

[1]　詹姆斯·柯兰. 互联网的误读［M］. 北京：中国人民大学出版社，2014：118.

及的政策、制度、法律法规等的规制。例如出于对用户个人隐私保护的被遗忘权在社交媒体档案信息存档及公开传播利用中的规制、社交媒体政策等。二是档案馆实施档案信息公开传播的组织管理研究。公共档案馆在实施档案信息公开的过程中，既承担着引导的责任，也需要进行全方位的管理，通过各种措施，对档案信息公开传播进行组织管理。三是对公众参与档案信息公开传播的研究。对公众参与的研究一直是当前我国档案信息公开传播研究的重要特色，参与式文化的兴起引发了学界对公众参与治理的又一次重视。

二、主要内容及观点

新型的社交媒体背景下档案信息公开传播的背后，是人类历史上媒介技术的又一次伟大变革，尽管社交媒体是一种信息公开传播的技术推动，但我们要考虑到使用社交媒体主体的利益表达并不相同，要想深层次地触摸社交媒体背景下档案信息公开传播的限制性问题及可能发展前景，我们就必须考虑社会文化、法律制度、技术等复杂因素对档案信息公开传播的影响。

第一章绪论主要探讨社交媒体背景下档案信息公开研究的缘起。研究社交媒体对档案信息公开带来的突破及其深刻影响，同时分析本书研究的基本逻辑。此外本章还梳理了本书研究的主要内容，确定了研究的遵循的基本思路。

第二章主要探讨社交媒体背景下档案信息公开的相关理论。通过对社交媒体概念界定，探索社交媒体的本质属性及其对档案信息公开的要求。梳理媒介变革与档案信息公开传播的演变及互动关系，深入分析社交媒体技术的力量，确立本书研究的基本技术逻辑。此外本章还对起源于社交媒体技术的参与式文化进行梳理，认为在参与式文化的影响下，丰富多彩的参与实践使档案信息公开传播的价值在回归。

第三章主要探讨社交媒体背景下的档案信息公开公众参与。探讨了公众的阶梯式参与的特征以及对档案信息公开传播带来的影响。通过检视江苏省综合性档案馆提供的公众参与服务，并结合对公众参与档案信息公开的线上线下问卷调查，提取社交媒体背景下公众参与档案信息公开的参与平台、参与方式、参与目的、参与关注点、参与情感等表达变量，通过分析，认为官方档案社交媒体平台提供的参与服务与公众参与存在一定差距；公众具有较高的参与热情，但存在潜在官方主导倾向；公众参与具有较强的指向性，已经成为档案信息公开的重要一极。

第四章社交媒体背景下的档案信息公开现状研究，通过梳理西方几个有代表性国家的档案信息公开社交媒体应用，结合我国应用社交媒体的现时表现，并结合共时性与历史性的视角，本书在基于本土化实证研究的基础上，总结国内社交媒体背景下的档案信息公开的现状，并深入分析我国社交媒体发展的现时困境。

第五章社交媒体背景下的我国档案信息公开治理研究。旨在探讨档案信息公开传播过程中政府、公共档案馆、公众等各方的博弈与互动，并通过对三者档案信息公开权力的冲突与包容的把握，基于权力逻辑找到档案信息公开传播治理的三个方向。而社交媒体的档案信息公开传播是一种包含公众自主参与的新型档案信息公开传播形态，不能简单地用传统手段去推进，因而需要从治理逻辑出发，从政府、综合性档案馆与公众三方维度展开治理入手，在各自的职能范围内确定权利与义务，构建档案信息公开传播治理思路。

三、研究思路及方法

对社交媒体背景下的档案信息公开传播研究，首先要把握社交媒体的特征及媒介演变传播规律，还需要观察档案信息公开传播各主体实践带来的变量因素，并在此基础上提出相应的解决思路。因此，需要有一个从理论到实践的研究思路。

（一）研究思路

由于社交媒体背景下的档案信息公开研究总体上是一个应用型研究，主要思路遵循"理论阐释 —— 现实分析 —— 比较研究 —— 解决思路"的路径。

其具体研究思路如图 3 所示。

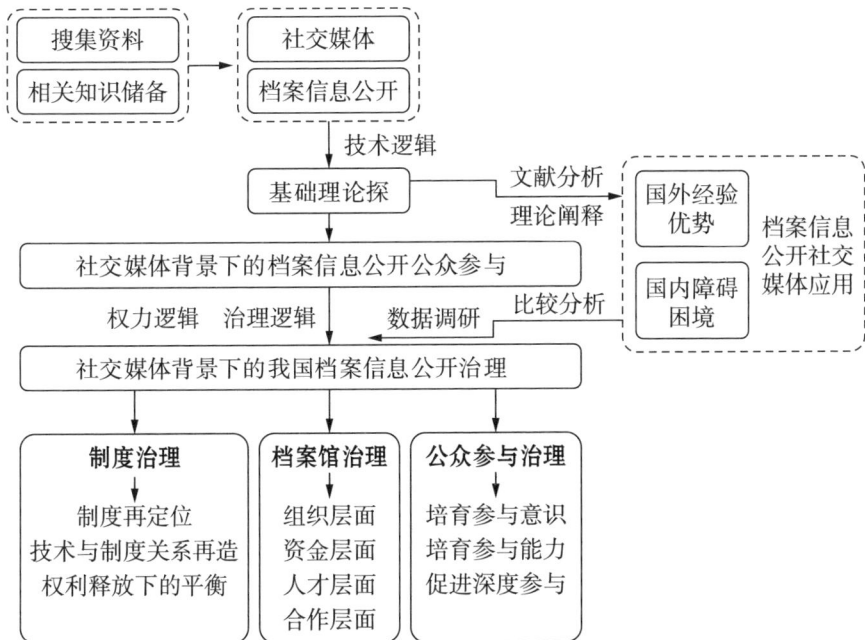

图 3　研究基本思路

（1）理论阐释：首先是对社交媒体的理论内涵及媒介演变规律与档案信息公开传播之间关系进行理论阐释。确定社交媒体背景下档案信息公开传播的技术逻辑推动以及由此形成的文化基础，作为本书研究的技术逻辑出发点。

（2）现实分析：社交媒体的诞生促使参与式文化兴起，由此带来档案信息公开的深刻变革，将公众参与纳入研究，是档案信息公开传播的典型特色，通过对江苏省综合性档案馆公众参与服务案例的提取以及用户调研，分析我国现实中公众参与的各种结构特征，有利于深刻理解公众作为档案信息公开权力演变的重要价值。

（3）比较研究：比较研究可以帮助人们更好地认识事物的本质，把握事物的发展规律。为更好地研究社交媒体背景下的档案信息公开传播研究，本书调研了欧美五个档案信息公开传播较为发达的国家，并与我国档案信息公开进行比较研究，从而阐述当前我国档案信息公开的现实困境。

（4）解决思路：本书对于社交媒体背景下档案信息公开传播的分析和研究最终落脚点仍然在于提出合理的有价值的档案信息公开治理解决思路。社交媒体背景下的档案信息公开传播是一个全新的挑战，国外经验并不能完全移植。因此从各方主体档案信息公开权力博弈的视角展开，并从治理逻辑出发，探讨三方主要博弈主体如何开展社交媒体背景下的档案信息公开传播治理。

（二）研究方法

本书主要以社交媒体背景下的档案信息公开传播作为研究对象，研究主题既包括档案信息公开传播媒介演变与档案信息公开互动关系的阐释，有对现实公众参与的剖析，也有治理思路的提出。因而本书主要采取阐释研究方法、案例分析法与调查研究法相结合的方法。

第一是阐释研究方法。本书的研究对象是社交媒体背景下的档案信息公开传播，并非单纯的研究社交媒体技术本身，鉴于社交媒体已经嵌入档案信息公开传播的各个环节，同时涉及到如何理解人们的参与表达行为，以及需要考虑到社会文化、政策制度带来的影响。对此，选择社会学的阐释研究方法具有合理性。阐释研究法目的在于"寻找具体事物或事件的内在机制以及与之相应的因果、辩证、对话型或历史性关系"❶。在本书中，我们更力图寻找事物内在机制，理解特定人类档案信息公开传播活动在特定文化条件下的内在意义，从而找到事物发展的内在原因。对于档案信息公开传播而言，我们需要将其置在社会大背景下来研究和探讨，因而通过科学合理的解释相对容易把握社交媒体背景下档案信息公开传播的整体发展，从而为我们提出治理思路奠定基础。

---

❶ 赵鼎新. 社会与政治运动讲义 [M]. 社会科学文献出版社，2012：7.

第二是案例研究法。近年，国内外档案信息公开传播的社交媒体应用发展迅速，国内外很多应用服务都具有典型性和案例价值。对于这些发生于国内或国外的档案信息公开传播社交媒体应用案例进行观察分析，才能更好地理解当前档案信息公开传播发生、发展及变化的过程。本书通过进入社交媒体档案信息公开传播场域，观察并记录国内外档案信息公开传播社交媒体应用的现象、特点、细节及过程，并亲身利用社交媒体，参与档案信息公开传播实践，通过这样的方式直观地获取第一手的实证材料。既理解档案信息公开传播社交媒体应用的基本特点和方式，也深入理解档案信息公开传播发展的态势。

第三是调查研究方法。为增加对档案信息公开传播的理解，本书还采用了调查研究的方法，即采用线上线下问卷调查的方法，直接地从特定的用户那里收集资料，并通过对资料的统计分析来认识社交媒体背景下档案信息公开公众参与的动机、情绪、表达及诉求。在本书中，通过对江苏省档案馆及扬州市档案馆用户的线下问卷调查，以及问卷星线上用户的问卷调查，了解公众参与主体的类型，及公众参与的意见、态度和意识等主观意向。

本书总体上是以理论研究和实证研究为主，采取定性与定量相结合的研究方法。本书研究的根本目的，是形成和产生有关社交媒体背景下档案信息公开传播的系统知识，增加对其的理解，因此所使用的方法力求与研究目的相适应。

四、研究价值与创新之处

（一）研究价值

理论意义：社交媒体目前已经成为国内外档案学界研究的热点话题，本书尝试跳出档案信息公开研究的传统视野和知识系统，从社交媒体时代档案信息公开的内涵、基础及范畴出发，通过系统梳理探究其在新时代背景下的理论阐释空间，搭建探讨其创新发展的基本解释框架，对推进社交媒体背景下的档案信息公开建设具有一定的借鉴和启示意义，为学界进一步深入阐释当前社交媒体时代的档案信息公开提供理论依据；另一方面能够为学界提供一条崭新的档案信息公开研究思路与途径，通过对社交媒体背景下档案信息公开路径的学理性构建，打破目前社交媒体下的档案信息公开研究的理论困境，为档案信息公开问题朝着更深更广的方向发展提供理论支撑，进一步完善社交媒体时代档案信息公开的理论体系。

现实意义：本书细致考察社交媒体背景下档案信息公开服务的新情况和新变化，并致力于寻求新的理论切入点和阐释点，这在一定程度上有助于认清社交媒体背景下档案信息公开服务研究的问题和短板，促进我国档案馆释放档案信息数据资源的价值，真正实现档案信息资源的传播利用；通过理论研究形成的理论成果在一定程度上有助于解决档案馆信息公开传播在应对社交媒体时面临的挑战，使其成为档案馆大发展的机遇，创新档案服务工作，从而有助于在档案信息不再具有神圣性与绝对真理性的现代社会中，启迪我们寻找档案馆焕发当代生命的路径。

（二）研究的创新性

一是研究观点的创新。档案信息公开是一个老而弥新的话题，随着时代与技术的进步，呈现出不同的面貌、表达不同的要求。新媒体技术应用于档案信息公开领域是必然，本课题依托技术逻辑、权力逻辑及治理逻辑，所提出的观点具有一定创新性：第一，媒体技术进步是档案信息公开生态格局演变的重要推动力，社交媒体技术发展重塑档案信息公开认识论，一方面社交媒体技术提升用户参与档案信息公开传播的话语权，档案信息公开的价值得以回归；另一方面，社交媒体的媒介结构使档案信息公开传播存在一定乱象，档案机构必须承担引导责任，加强对档案信息公开理性及真实性的引导。第二，根植社会文化变迁，在社交媒体应用中发展起来的参与式文化，令我们发现参与在档案信息公开传播中的力量，从而催生出复杂多变的档案信息公开传播参与行为，实践也促进参与式文化进一步发展。第三，公众参与档案信息公开具有明显的参与层级性与指向性，当前公众参与热情高涨，虽然档案信息公开还潜藏着官方主导倾向，但公众参与爆发的生命力使其公众成为档案信息公开权力格局中的重要一极。第四，政府、公众、档案馆在档案信息公开权力中的互动博弈充分体现档案信息公开传播权力重新分配的价值和意义；各权力主体在各自职责范围内应进行相应的规制与管理，实现良性互动。

二是研究视角的创新。本书从技术视角出发，探讨社交媒体的社交与互动、公开与分享、参与与反馈等特性、思考社交媒体技术之于人的社会需要如何，是否满足了"人的需要"，并探讨技术功能与社会运用之于档案信息公开传播的价值和作用；从治理视角出发，对档案信息公开传播的现状及效果进行研究，回溯如何对档案信息公开传播进行引导与管理，以寻求档案信息公开治理的思路。以上两个视角相结合，通过理论阐释与实证研究，提出档案信息公开治理思路，同时，为摆脱治理策略单纯的应时应景性，使研究成果具有更长期的生命力，进一步引入权力性视角，希望在社交媒体空间的政府、公众与综合性档案馆之间的互动博弈达到理性均衡，形成公众参与理性共识。将技术、管理与权力性视角相结合的研究视角，具有一定创新性。

第二章 社交媒体背景下档案信息公开的相关理论

第一节 社交媒体概述

社交媒体并非一个新生事物,古罗马的政治家西塞罗待在远离罗马的西里西来,为了掌控罗马的情况,他通过书信和向朋友传达自己的政治谋划、转达自己从别人那里听来的各种传闻,并表达自己的意见和评论。这些书信的收信人不止一个,有的甚至是公开的可以张贴在公开场合的信件。西塞罗的朋友也向他传递信息,他的朋友会把罗马的《每日纪事》抄本在书信中转给他。西塞罗及其成员就是依靠这种信息收集、过滤社交关系网保持信息灵通。从我们现在所处的时代来看,西塞罗参加的是一个社交媒体系统:在该社交媒体系统中,信息按照人们的社交关系网在流传,不同空间的人们在分散的群体中参与同一场讨论。今天的人们依靠 facebook、twitter、微信、新浪微博、web 2.0 网站等互联网社交媒体工具,联系起来要快得多,便捷得多。虽然时隔几千年,使用的技术非常不一样,但这种相隔两千多年的社交媒体的基础结构和发展态势有很多相似点:信息交流是双向的,信息传播是按社交网横向传播,而不是信息机构的纵向传播。

在人类历史的大部分时间,社交关系网是传播新思想、新知识的重要手段。直到蒸汽印刷机发明,以及广播、电视等媒体的出现,大众传媒的单向信息传能够以空前高效、低廉的方式传播给大众，从而使信息传播进入了单向输入式的传播领域。过去二十年，媒体的社交属性重新彰显其魅力，互联网使用各种易于表达信息、易于传播信息的工具得以百花齐放，社交媒体的应用范围和规模空前扩大，对社会各个领域产生重大影响，各行各业在社交媒体的影响下正在产生深刻的变革。

一、社交媒体的发展进程

二十世纪六十年代末，加州大学的学生克莱恩（Charlie Cline）将学校的三台电脑连接起来，发送信息"login"，使计算机之间成功发生信息联系。随后，雷·汤姆林森（Ray Tomlinson）发明了网络电邮，建立了 ARPA 网络社区，然而当时的电邮只为政府服务提供支持，其他用途被认为非法。其后，为了促进高新之间的信息交流，北美高校开始使用"Usenet"新闻组，让用户可以在不同的论坛或新闻组发帖、评论留言。

1994 年，英国科学家嫦姆·伯纳斯·李，设计出万维网，他说自己设计的初衷就是"要把它设计为社交媒体"，"借它和别人分享想法"，❶提供一个全新的空间，让科学家们可以在此合作，可以让人们的思想在此交汇。

二十世纪末互联网出现了更新的信息公开传播交流工具——博客（Weblog）。博主在博客上发表个人日志，邀请用户评论，并以反时间顺序排列，每一个博主都可以轻松建立并维护博客，在不断地发表并回应帖子的过程中，构成了一张相互联接的博客之网，四围是浩如烟海的用户评论，随着博主和评论的人社交网络链接到其他地方，信息就沿着这张网公开传播。

2002 年，Friendster 成立，2004 年 MySpace 与 Facebook 成立，用户可以在这些社交网站上建立自己的个人资料，给和他们相连的人发信息，并展示自己的最新情况，记录心情以及正在做的事情。国内与此社交网站具有类似

---

❶　[英]汤姆. 斯丹迪奇著，林华译. 社交媒体简史[M]. 北京：中信出版集团，2019：19.

功能的是腾讯微信及 QQ 空间。

2006 年 "twitter" 正式创立,推特通过推转不超过 140 字信息以及加 "话题标签 hashtag" 的方式进行信息的公开推转传播,用户会将信息推转给自己的联系人,而他们又会将信息推转给别人,从而形成一个社交信息网。因此,推特的首席执行官 Dick Costolo 将推特比喻为一个全球性的广场,❶类似于古罗马广场或者古希腊市政广场的翻版,人们可以直接在此交换信息,而不是仅接受信息机构组织过滤的信息作为信息来源。在我国,新浪微博具有类似的功能。

此后,国外的 "google+"、Instagram、flick 等社交媒体相继推出,国内的微博、微信、知乎、豆瓣、抖音等优秀的社交媒体也横空出世,一些优秀的 web 2.0 网站建设也越来越好,社交媒体真正呈现百花齐放,百家争鸣的局面。

二、社交媒体内涵

社交媒体的概念并不新,从社交媒体发展的过程中我们可以看出,当前流行的社交媒体,其应用程序可以追溯到上个世纪八九十年代,然而在使用程度上,这些技术在上个世纪并不流行,2000 年之后才真正流行起来。究竟如何理解社交媒体,当下人们的看法并不完全一致。

Shirky 认为,社交媒体是增加我们有关与他人分享知识、协作生产、进行集体行动的能力,并位于传统制度和组织结构框架之外的一种工具。❷ Anvil Media 认为,社交媒体是 "一个定义整合技术,社交互动以及文字和图片构建的各种活动的总称。" ❸

---

❶ [英]汤姆. 斯丹迪奇著,林华译. 社交媒体简史[M]. 北京:中信出版集团,2019: 26.

❷ Shirky Clay. The Political Power of Social Media[J]. Foreign Affairs, 2011, 90(1): 28–41.

❸ The Power of Social Media[EB/OL].[2022–01–10]. https://slidetodoc.com/the-power-of-social-media-umbrella-term-that/.

　　Baym 认为社交媒体最吸引之处在于其新颖性，很多人过去从未接触过广播媒体工作，但现在每天都在利用社交媒体，并且能够有策略地自觉利用社交媒体，并且他认为，当人们利用社交媒体发布信息后，其他用户可以通过社交媒体的"延展性"共享发布的内容，使社交媒体信息获得较高点击率。❶

　　赵云泽谈及社交媒体时，强调社交媒体能揭示 Web 2.0 这一新型媒介的本质属性，它满足了人们对社交便利的渴望，贴心地为人们的社交需求服务。❷

　　Van Dijck 认为，社交媒体的"社交性"意味着各平台以用户为中心来促进社会活动，就像术语"参与性"强调人类之间的协作，事实上，社交媒体可以被看作一种用来增强网络社会联通价值的网络辅助工具器。❸克里斯蒂安认为，社交媒体的新颖性主张，旨在吸引用户和投资者；参与、权力、阶层、社会关系的概念已经被用于描述社交媒体，另外需注意避免技术决定思维的技术中心主义。❹

　　其他一些学者也发表了比较有指导性的观点，例如，Boyd 认为，社交媒体被描绘为集个人与社区聚集、交流、共享、合作以及娱乐在内的软件的汇总。它取代了早前的社交软件，由"用户生成内容"。❺市场营销和客户关系管理专家 Andreas Kaplan 与 Michael Haenlein 则认为，"社交媒体是一组基于互联网络的应用程序，建立在 Web 2.0 意识形态及技术基础之上，并允许创

❶　Baym, Nancy and Danah Boyd. Socially mediated publicness: An Introduction［J］. Jounal of Broadcasting & Electronic Media, 2012, 56(3): 320-329.

❷　赵云泽，赵国宁. 后现代主义视角下中国的媒介变革［J］. 中国人民大学学报，2019（4）：108—115.

❸　Van Kijick, J. Users like you? Theorizing agency in suer-generated content［J］. Media Culture & Society, 2009(31): 41-58.

❹　［英］克里斯蒂安·福克斯著，赵文丹译. 社交媒体批判导言［M］. 北京：中国传媒大学出版社，2018：53.

❺　Boyd Danah. "Social Media Is Here To Stay ... Now What"［EB/OL］.［2022-01-10］. http://www.danah.org/papers/talks/MSRTechFest2009.html.

建和交换用户生成的内容。"❶

　　另外一些普通网友也在 Twittersphere 上发表自己的观点，@srufo 认为，"社交媒体就像去参加一个大型聚会，穿上你最好的衣服，尝试娱乐。" @ActiveLife 认为，"社交媒体＝在线分享关怀对话。" @rumbels 认为，社交媒体是 "一个可以与您自己的联系人、朋友和同事交流与您有兴趣的事情的地方"。@rosiefresh 认为，"社交媒体＝在线参与和对话的促进和实践。" @EngineCreative 认为，社交媒体包括 "人、技术、通讯、思想及选择"。@leifkendall 认为，"它是允许讨论和互动的媒体，而不仅仅是传播。" @alasdairt 认为，它是 "某种非制度性的，涉及一个层面的话语场……或类似的东西"。@tornow 认为，"社交媒体是互联网通过使用所有不同的网络工具进行社交沟通来改变社交网络的方式。" @nettya 认为，"社交媒体具有矛盾性，它既令人信服又带来困扰；既浪费时间又提高效率，既是有用，有时又会带来无效。" @supanovatrainer 认为，社交媒体是 "与您不认识的人在线交谈，希望他们成为客户"。❷

　　综上，笔者认为，上述这些概念讨论了社交媒体的各种社会性表现形式：诸如集体合作或协作、互动交流、信息共享、用户生成内容、分享、娱乐等等，这表明要为社交媒体下定义需要理解社会性所指为何，而社会事实、社会关系、协作劳动与社区等相关社会概念需要渗透到社交媒体的概念中，创新、参与和权力、媒体关系等作为社交媒体的描述用语是必不可少的。因此，笔者认为，社交媒体是一个总括性的术语，它定义了各种各样的活动，这些活动整合了技术，社交参与互动以及构建文字、图片、视频、音频等各种社会创新性活动。它依托于 Web 2.0 技术，以促进用户之间的互动交流协作为中心思想，不断赋予并提升用户的参与、创造和传播信息的能力，展现集体

---

❶ Andreas M. Kaplan, Michael Haenlein. Users of the world, unite! The challenges and opportunities of Social Media［J］. Business Horizons, Volume 53, Issue 1, 2010, 9(1): 59–68.

❷ What is social media?［EB/OL］.［2022–02–10］. https://econsultancy.com/what-is-social-media-here-are-34-definitions/.

智慧成果。

三、社交媒体的特性

社交媒体的基本任务是作为媒体公开传播信息，而它又具备一定的社会关系纽带作用，能使人们自发地利用自己的人际关系，促使信息快速破圈传播，产生传播循环。基于此，社交媒体又衍生出一系列特性，可以概括为以下几点：

（一）社交互动性

社交媒体最重要的特性就是社交互动性，不同的社交媒体都拥有强大的技术，能够实现媒体平台间的关联互通，而每个用户则扮演着潜在信息中转站的角色，可以跨平台传递链接，分享信息，从而使信息在不同平台间或平台内部实现流动传播。社交媒体的社交互动性为用户提供了一种便捷的信息分享互动方式，满足了用户通过信息分享，从而开展社交的愿望。社交媒体这一特性，要求档案社交媒体平台必须重视为用户提供社交互动的机会及方式，融合更多更深层次的社交因素，改变传统时代及 web 1.0 时代档案信息公开传播单向的档案信息公开传播方式，成为兼具大众传播、个性化传播及人际传播的融合方式。

（二）协作性

协作性是社交媒体的一个重要特征，因为社交媒体建立在基于人际关系的社交网络之上，并强调用户的协作性，因此，人们可以利用社交媒体共同协作，在这种协作互动性网络活动中，只要人们愿意，任何人都有机会成为某个领域的"专家"，共享有价值的知识和信息，协作解决个体或者机构力有不逮的知识任务。社交媒体这一特性要求档案信息公开传播充分利用社交媒体的协作性，为用户提供协作机会和途径，实现伟大的知识协作创新，完成传统档案信息公开传播很难完成的知识传播任务。例如维基百科就是通过公众协作，由不同的用户贡献自己的知识，创建词条，实现知识的共享传播；我国沈阳市档案局发起的家庭档案项目，中国人民大学发起的北京记忆项目等，均是利用公众协作的方式来推进档案信息的共享与公开传播。

（三）参与性

参与性是社交媒体的一个重要特征。社交媒体的进步发展不仅体现在为人们带来的社交互动便利上，还体现在通过技术赋权而带来的人们参与社会各项事务的能力方面，人们可以通过社交媒体对各项社会事务表达自己的意见观点，比如社区治理、文化活动、政府决策、政府监督等等，从而实现自己的参与权利。从技术层面上来说，社交媒体传播信息的门槛很低，只要拥有一部智能手机或者一台电脑，再加上互联网，就可以使用，这使得用户拥有了参与信息公开传播的能力。该特性要求档案信息公开传播必须重视用户的参与性，重视用户参与所带来的档案信息公开传播生态格局的改变，并采取有力措施提升用户的参与能力。

（四）生产个性化

生产个性化也是社交媒体的一个显著特征，社交媒体的使用者为大量的个体用户，不同的社交媒体也拥有不同的个性化社交媒体技术，因此，用户可以据此生成自己个性化的内容，可以说，在社交媒体上生成的信息绝大部分是用户源于自身社交媒体更新的信息，社交媒体因此相当于一个自媒体，用户自己可以生产个性化的信息内容。个人发布信息的方式多种多样，不仅能采用文字，还能编辑上传图片、视频等内容，更好地展示自我。微博用户喜好使用标签，将自己所看所听、所思所想以简短的文字或图片发布在微博上，抖音用户则更倾向于生成个性化的短视频内容，知乎用户则更倾向于生成聚合性的知识。因此，一方面，档案信息公开传播应该充分认识并利用这一特征，在不同的社交媒体平台让用户发挥自己的特长，助推档案信息公开传播达到破圈效应；另一方面，我们也应警惕档案信息公开中的个人利益至上所导致的参与乱象问题。

第二节　社交媒体与档案信息公开活动的交互关系

要论证社交媒体对档案信息公开传播的作用影响，本质是探讨人与社交媒体之间的关系问题。在人与媒体的相互作用过程中，人是社交媒体的创造者，媒体又反过来作用于人，并对人进行重塑，人与社交媒体是一种本质上密不可分又交互生成的关系。

一、社交媒体发展的趋动力：人对信息的需求

由于媒体技术的进化，我们的媒体发展经历了口语媒体、语言文字媒体、印刷媒体、数字媒体四个典型阶段，社交媒体是数字媒体发展的新阶段。技术的产生受到多种社会因素的影响，对社交媒体而言，其发展必将受到社会政治、经济、文化等多种复杂因素的影响，而在这些因素中，人对信息的需求则是社交媒体发展的根本趋动力。

美国哈佛大学教授 David McCelland 通过分析人的需求和动机，提出了成就需要理论，又称"三种需要理论"。他认为：人类的许多需求都非生理性的，而是社会性的，且该社会性需求得益于后天的环境、经历和教育，并非来自先天，因之，很难从个体角度归纳出群体的与生俱来的心理需要。人的需求与时代、社会、文化背景有关，时代不同、社会不同、文化背景不同，"自我实现"标准也不同。❶

人的信息需求在不同历史阶段是动态变化的，考察媒体进化史上的口语传播、文字信息公开传播、印刷信息公开传播、网络信息公开传播，我们可以发现，每一次社会的进步变革，都与信息公开传播这种基本的社会活动密

---

❶ 潘施文. 麦克利兰三种需要理论视域下领导班子及其建设分析[J]. 云南行政学院学报，2012,14（04）：156—158.

不可分。从某种意义上看，原始狩猎社会，人类信息需求处于初级阶段，信息公开传播主要经由口语及肢体表达；到了农业社会，人们的信息需求有了一定的提升，语言文字则较好地满足了这一时期的信息需求；而到了工业社会，信息需求的快速增长，促进了印刷为主的纸媒信息公开传播的产生与发展；进入信息网络社会，人类的信息需求爆发式增长，与之相适应的信息活动则进入网络媒体阶段。可以说，信息公开传播利用活动是人类社会活动的基本内容之一，有效的信息公开传播是人类社会向前发展的基本动力之一。不论是口头、语言文字、印刷媒体还是网络媒体信息公开传播，它们的出现都是适应当时社会生产力水平的结果，都是为了满足人类信息需求，满足生存与发展需求而由人类创造发明的信息公开传播工具。社交媒体发展的根本趋动力量正是根源于人类的信息需求，档案社交媒体平台发展的根本趋动力同样来自于人类的档案信息需求。

二、社交媒体重塑档案信息公开传播认识论

美国学者丹尼尔·戴扬认为："每一种新媒介都会创造一种全新的环境，这种环境对人的各种感知系统将发生全面的、深刻的、潜移默化的影响。"[1]随着社交媒体技术的应用发展，电脑网络协同广电网络、电信网络共同构成了一个具备信息瞬间性、流动性的网络社会。而这个社会"彻底改变了人类生活的基本向度：时间和空间。地域性解体脱离了文化、历史、地理的意义并重新整合进功能性的网络或意向拼贴之中，导致流动空间取代了地方空间。当过去、现在与未来都可以在同一则信息里被预先设定而彼此互动时，时间也在这个新系统里被消除。"[2]

档案因为原始历史记录性的本质特征被历史学家等同于过去的记述。詹

---

❶ [美]丹尼尔·戴扬，伊莱休·卡茨. 媒体事件[M]. 麻争旗译. 北京：北京广播学院出版社，2000：17.

❷ [美]曼纽尔·卡斯特. 网络社会的崛起[M]. 北京：社会科学文献出版社，2001：465.

金斯说,"过去"只以"其晚近历史书写学的再现之程式而存在"。❶档案信息公开实际是档案借助不同媒介对"过去历史"再现的过程,不同历史时期的档案信息公开主导媒介与档案信息公开传播呈现出结构性对位则与社会历史的发展阶段相匹配,媒介的演进会推动档案信息公开传播话语权的改变,同时,"一种技术只是一种设备,媒介是这种设备创造的社会和文化环境",❷因此,媒介演变既改变了档案信息公开的方式,还引起人们对档案信息公开认识的同步转型,即塑造了不同的档案信息公开认识论。

我们可以借助于四个不同的媒介时代来考察媒体的变迁对于档案信息公开认识论的影响。档案公开传播媒介对社会的影响是通过档案信息公开的社会功能来达成的。

(一)口语时代

在文字出现以前,部落生活的人们为了人际沟通的需要形成口语媒介,口语信息的产生,突破了最初人们的肢体信息表达,它提高了人们对信息进行编码的能力,人们可以用更有效的方式来收集、处理和扩散信息;口语侧重于时间传播,它提高了人们在组织信息传播时的思维规则能力,最终,口语媒介"给人们提供了一种将他们搜集到的知识、经验和信仰——或者说,他们的文化——传递给下一代的方法"。正如梁启超推断所言,"最初之史乌乎起?……纵谈己身或其先代们经之恐怖,……则蟠镂于听众之脑中,湔拔不去,辗转作谈料,历数代而未已,"❸因此,口语媒介"不是在空间上扩展信息,而是在时间上维系社会",❹这种基于时间的传播,使现实社会得以产生、

---

❶ [美]詹金斯. 论"历史是什么?"——从卡尔和艾尔顿到罗蒂和怀特[M]. 江政宽译. 北京:商务印书馆,2007:59.

❷ 波兹曼. 娱乐至死·童年的消逝[M]. 章艳,吴燕莛,译. 桂林:广西师范大学出版社,2009:63—64.

❸ 梁启超. 中国历史研究法[M]. 商务印书馆,1922:12—13.

❹ Steven Lubar. InfoCultrue: The Smithsonian Book of Information Age Inventions [M]. Boston: Houghton Mifflin, 1993: 5.

维持和发展。这种口语媒介信息虽然已经具备了档案的内核和要素，但因其本身在穿越时空中的不稳定性和不可靠性，最早期人们并未将其作为档案传播的媒介。

（二）金石时代

古代埃及选择石头作为档案信息的传播媒介，现存世的有非常著名的巴勒麻石刻，公元前 18 世纪巴比伦的汉谟拉比法典也是刻在石柱上的档案。古代埃及之所以选择石头来刻画《圣书》这种重要档案文献来进行公开传播，与石头取材容易、传世久远有关。与之相类似，我国夏商时期的青铜器、秦朝的石刻档案，它与古代埃及的石刻档案具有同样的特征。秦朝之所以选择石头作为刻画档案文字的媒介材质，是因为"石在天地之间，寿非金匹也。其材巨形丰，其徙也难"，"古人以舍金刻石也"。❶选择石头作为档案信息公开传播的媒介，可以达到"欲垂之久远，不致度腐朽脱漏"❷的目的，同时也与当时的统治者想通过石刻档案，公开传播其功德、夸耀其功绩以及公开传播法治典文、宣传封建礼教的档案信息需求有关。据史载，秦始皇曾五次出巡，七次登山刻石。青铜器、石刻档案由于其耐久性，比较侧重于时间性，适合档案信息跨越时间的长久公开，且它在一定程度上改善了口语媒介公开传播不稳定、不可靠的性能。

石刻档案的出现与社会技术进步以及档案信息公开需求相适应，自秦代大兴后，历代统治者的档案信息公开需求仍然存在，因此石刻档案成为历代统治者发布政策、记载国政大事时最好的档案信息公开材质，与历史上曾经出现过的甲骨档案、简牍档案不同，前者随着时代的进步烟消云散，而石刻档案至今仍有其生命力。因之，范文澜先生认为："秦代大量使用刻石，是在

---

❶ 龚自珍. 龚自珍全集（上）[M]. 上海：上海人民出版社，1975：264.
❷ 侯希文. 汉藏石刻档案比较——以秦朝与吐蕃为例[J]. 兰台世界，2008（8）：52—53

中国文化发展史上的一大贡献，一大创造。"❶

（三）纸质时代

金石媒介因其笨重、不便于携带，仍然无法解决档案信息公开利用的空间问题，人们很难跨越空间利用档案信息。因此，必然会出现新的有竞争性的档案信息公开传播媒介，为了解决石头空间传播的弊端，两汉时期大量使用简牍，一定程度上改善了金石媒介的空间传播性能，但简竹的优越性显然并不高，最终被纸媒取代。在纸媒的影响下，现代档案信息公开文化逐渐形成。纸质档案诞生之前，龟甲、石刻等的使用仅限于巫术、宗教、政治和财政目的，档案信息被垄断在政治精英等少数人手中，这些人几乎没有公开档案信息的意识。当传播媒介转变后，与变革相适应的是档案书写文字也由象形文字简化为更加容易书写及理解的文字符号，文字因此世俗化，国家的行政管理随之而延伸，神权开始让位于王族权利为基础的政治秩序，信息垄断被打破，社会信息需求大量增加，公开档案信息以满足人们的需求逐渐成为共识，现代档案开放观开始形成并发展。

（四）数字时代

数字媒体公开传播的时间空间优越性得到极大提升。首先，数字技术可以实现不同媒介之间的转换及融合，一方面，数字技术使不同媒介的档案得以相互转换，改变了过去媒介封闭独立的局面，纸质档案、声像档案、缩微档案均可转换为数字媒体档案，即"存量档案数字化"。而数字媒体档案还可通过打印、内容迁移等方式再转换为其他载体形态。

其次，数字媒体将文字、声音、图像等各种媒体融合在一起，形成社交媒体档案，以更加丰富的维度再现过去。社交媒体带动了不同社会主体档案信息公开认知结构的转型，社交媒体优越的时空特性，对身体感观的充分调

---

❶ 范文澜. 中国通史（2）[C]. 北京：人民出版社，1978：15.

动性达到对现实的"超真"或"拟真"，解释了数字媒体档案公开传播利用的意义。

最后，数字媒体还对档案信息公开各环节进行重塑，形成新的档案信息公开文化观。第一，互联网、社交媒体对现实生活大面积取代，不可避免地出现越来越多的电子档案、社交媒体档案，这些档案必然要被妥善存储，作为档案信息公开的重要资源。第二，社交媒体的交互性，使档案机构的档案信息公开活动中对真实性鉴定，更加注重宏观互动环境，正如王英玮所说，"宏观鉴定法聚焦于职能、组织、公民的三方互动，其基本思想基础是各种社会活动主体互动式职能行为对档案的价值及真实性产生了直接影响，而数字社会媒体的出现，使这种互动变得更为普遍"❶，突出电子档案、社交媒体档案真实性认定对互动性的考量。第三，电子档案、社交媒体档案的超强时空性特征使得档案信息公开活动成为在时空延伸中互相构建，反复作用于不同维度的结构化过程。正如文件连续体理论所描述的，"这一过程可能在时空中呈现形成、捕获、组织、多元化四个维度，最终形成稳定的社会系统制度性特征，而记录管理各个层次的反思性监控使得这一过程得以持续进行。"❷ 第四，"档案网站、档案新媒体等数字平台的推广增进了档案部门与用户的互动关系，打破了单向地传播的局面，使用户拥有反馈的机会。"❸因而，档案信息公开公众参与成为必然。第五，社交媒体环境，使档案信息公开更倾向于视觉文化，在档案信息公开文化认识中具有优先性和至上性。金石档案、纸质档案等将原来由说出的口语进行重新编码，将其置于视觉空间，声像档案进一步丰富档案记录中的视听经验。而多媒体数字技术不仅继承文本、更加强化档案信息公开文化中的视听经验。档案信息公开的视觉文化转向既是档案摆

❶ 王英玮，陈智为，刘越男. 档案管理学［M］. 4 版. 北京：中国人民大学出版社，2015：27—29.

❷ 吕文婷. 文件连续体理论中国化研究［J］. 档案学通讯，2021（6）：105—108.

❸ 杨光，奕宪. 记录媒介演进与档案历史叙事的变迁［J］. 档案学通讯，2019（4）：19—27.

脱既往神秘形象、与公众交往的尝试，也是当代社会文化的具体映照。一直以来，档案都与公众保持着审慎的距离，象征着神秘与权力。口语档案时代，档案的公开流传受德高望重部族长者的控制；在古代，它也是被束之高阁的殿堂之物或统治阶级及精英阶层垄断的专利；走入近代，档案走向公开，但因受制于时空限制，档案与公众仍保有较远距离。现在，借助电子数字技术、社交媒体技术，通过网上展厅、社交网络直播、影视节目等表现形式，将档案直观、感性的视觉体验传递给公众，努力尝试与通俗化的大众文化进行交往。一方面，档案老照片、档案展厅等的视觉文化正是迎合大众旨趣，满足大众精神生活的重要手段；另一方面，各种档案短视频的档案信息公开传播，引起人们极大兴趣，通过人们在社群内的交流，使公众对社会身份产生认同感。"档案视觉文化的兴起也是当下文化体制改革和消费社会的产物，以视觉经验为表征的文化创意模式的发展是推动档案视觉文化发展的客观因素。"❶

三、社交媒体对档案信息公开传播的正负影响

尼尔·波斯曼认为：媒介环境学研究传播媒体如何影响人的感知、感情、认识和价值。它试图说明人们对媒介的预设，试图发现各种媒介迫使人们扮演的角色，并解释媒介如何给我们所见所为的东西提供结构。❷

只有把社交媒体与人的档案信息需求联系起来，我们对于社交媒体背景下的档案信息公开传播利用的探究才有意义。然而今天人们的信息需求呈现出"泛滥"与"稀缺"两个极端矛盾面，一方面，信息泛滥，我们被信息淹没；另一方面，用户个体又想得到极度稀缺的高度个性化、专业化的信息。那么，社交媒体背景下的档案信息公开传播发生了怎样的变化？社交媒体带来了怎样的变化？怎样认识社交媒体与传统媒体的关系？社交媒体对人们公开传播利用档案信息究竟产生了什么影响？

❶ 杨光，奕宛．记录媒介演进与档案历史叙事的变迁［J］．档案学通讯，2019（4）：19—27.

❷ 林文刚著．媒介环境学［M］．何道宽译．北京：北京大学出版，2007：114.

麦克卢汉认为，媒介研究需要关注新媒介问世所带来的正负方面的变化，并提出媒介四定律，❶也即：新的媒介提升和放大了社会或人类生活的哪一个方面？新的媒介掩盖或使之过时的东西是什么？新的媒介再现并使之重新回到舞台的是什么？新的媒介推进到达顶峰又将逆转为什么东西？如图：

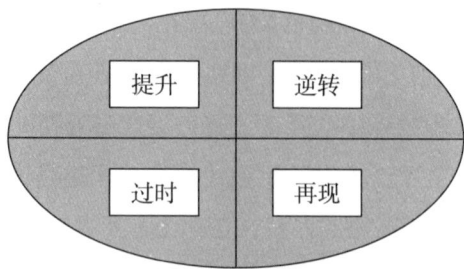

图 4　媒介四律示意图

面对社交媒体这种新媒介所产生的问题，档案信息公开传播利用的调整绝不是丢弃原有的能力，而是在原来的基础上进行不断的提高，使得现有的能力更好地适应技术的发展和时代的进步。档案信息公开传播利用，我们可以借助麦克卢汉的媒介定律，进行如下分析：

（一）提升档案信息公开获取与传播的参与性和交互性

"提升"意味着我们通过社交媒体使人的感官和身体得以延伸，档案信息公开传播利用的能力与认识能力得到很大提升。在社交媒体的影响下，档案信息公开参与具有比之以往更为强大的影响，社交媒体的互动性，使得档案公众可以越来越主动地参与到档案信息公开传播利用活动中，这是档案信息公开传播利用必须意识到的关键问题。

社交媒体以其强大的社交能力与信息交互能力吸引人们参与到档案信息公开活动中，越来越多的人开始借助社交媒体，查找自己感兴趣的档案信息，他们通过微博、微信等社交媒体进行交流、互动，使档案信息公开传播利用

❶ ［美］保罗．莱文森．数字麦克卢汉：信息化新纪元指南［M］．何道宽译，北京：北京师范大学出版社，2014：334.

活动越来越丰富多彩。这种众多的个人参与行为汇集在一起形成一种档案领域参与文化，人们能够通过档案知识参与维基百科知识词条创建，并在世界范围内进行档案信息公开传播，这使人们感受到了参与的力量。社交媒体的盛行使档案个人参与行为积累成集体价值的过程变得更加容易，维基百科、百度词条、档案众包项目等的成功，说明社交媒体可以轻易地让人们参与到档案信息公开传播利用的协作中，参与者的个人化特征非常明显，公众可以自由地在不同的社交媒体平台上对档案信息"各取所需"。

社交媒体时代的"参与"包括对信息的消费、创造以及分享。未来学家阿道夫·托夫勒在其 1980 年的著作《第三次浪潮》中预测，消费者正在变成"专业消费者"。❶ 要充分地参与到档案信息公开传播利用活动中，我们不仅需要消费利用档案信息，还需要生产创造以及分享档案信息。在社交媒体的生态环境中，档案信息的生产者和消费者都可视做"参与者"，并且认识到他们所拥有的不同的能力、资源、技巧和权限。只有热衷于社交媒体并善于进行创新的机构和个人，才能更合理有效地参与档案信息公开传播利用活动。

社交媒体赋予每个个体前所未有的力量，受众凭借对于社交媒体的认识和应用，可以使档案信息产生更大的价值。在社交媒体空间里，人们的参与行为本身能够创造个体独特的归属感和存在感，也有助于通过档案信息的交互行为完善个人自我。参与者们在对档案信息公开共享、转录、添加标签、评价等的过程中，成为活跃的网民，并发挥自身的影响力，使档案信息增值。

美国档案信息公开社交媒体策略的应用，使得档案信息公开模式由政府档案部门主导转变为公众积极参与的档案信息公开模式。美国的公民档案管理员（Citizen Archivist）仪表板鼓励公众积极参与国家档案信息公开，公众在档案信息的公开利用过程中，可添加关键词、术语等档案标签，帮助其他公众检索利用档案，目前已经形成的焦点标签有"二战海报""刘易斯·海因的

---

❶ Alvin Toffler. The Third Wave [M]. New York: Bantam, 1980: 122.

照片""1963年华盛顿公民权利游行的照片"等。美国国家档案馆向公民档案
管理员推出了18—19世纪近300份档案的转录工作，另外，还推出了公民档
案管理员在维基百科上转录国家档案信息的工作，已经取得了初步的成效。❶
社交媒体时代的档案信息公开模式真正调动了美国公众参与档案信息公开的
热情，档案机构与公众之间良好的互动，为档案机构赢得了好评，使档案信
息公开更深入人心。

　　社交媒体环境下的档案信息公开传受双方具有同等的话语权，每个档案
用户都可以畅所欲言，表达自己的观点。用户不但可以有选择地接受自己感
兴趣的档案信息，还可以积极主动地发布和传递档案信息。档案信息不再只
是由档案机构向用户的单向公开，而是通过社交媒体平台的双向传播模式。
美国公众可以通过国家档案馆的社交媒体平台来上传自己的数字化照片、资
料，例如一位美国公众就在flickr上上传了一份"令人信服的华盛顿特区1930
年照片"，❷与其他用户来共享，而这张照片是任何地区档案馆所没有的数字化
照片档案。

　　社交媒体在档案信息公开传播中的应用，改变了档案信息公开的内容。
在社交媒体平台上，用户的档案信息需求呈现小众化趋势，档案馆公开的档
案信息内容必须从大众化走向小众化，符合用户的特定需求，才能吸引社交
媒体用户。档案馆可以在不同的社交媒体平台上提供有特色的档案信息公开
服务，与用户就感兴趣的档案信息进行对话交流，还可以根据用户的RSS定
制，为用户提供特定内容的档案信息公开。另一方面，社交媒体时代用户的
积极参与，使得档案信息公开的内容变得更加丰富，档案馆未保存的数字化
档案资料，可能会由某一个用户通过社交媒体来进行公开，通过这种由用户
共同参与的新型档案信息公开模式所公开的档案信息内容，具有更高的时效

---

❶　Citizen Archivist Dashboard［EB/OL］.［2023-02-10］. http://www.archives.gov/
citizen-archivist/.

❷　National Archives Open Government Plan［EB/OL］.［2022-02-10］. http://www.
archives.gov/open/open-plan.html.

性和灵活性，为档案信息内容注入了新鲜的血液。

（二）削弱档案信息公开传播偏向的单一性

媒介形式影响信息传播效果，如果采用传统媒体和社交媒体两种不同的渠道去公开传播档案信息，传播效果必定截然不同。按照麦克卢汉的理论，新媒介比之旧媒介，引入了一种新尺度，改变或重塑了信息接收者的感官偏向以及感知方式，进而产生全新的或更佳的信息传播效果。❶伊尼斯也提出了相似的"媒介的传播偏向"，二人的理念不谋而合。不同的媒介决定了人们的感知偏向以及信息公开传播取向，以语言媒介而言，口语偏向于人的听觉，文字则偏向于人的视觉。同样的文字，信息编码形式不同，在传播相同的档案信息时，对人的感官偏向和感知方式的影响也不相同。

社交媒体的盛行，推进了媒介融合，是多种媒体的整合、聚合。纸媒利用文字和图片公开传播信息，广播以声音公开传播信息，电视以声像公开传播信息，而社交媒体则很好地融合了各种媒介，它既像传统纸媒一样可以保存查阅，也具备电子媒介的及时性，它最大限度地实现了各种传播形式的融合，受众不仅可以自由选择自己喜欢的社交媒体平台，还可以自由选择不同的媒介公开传播形式，满足个性化的感官选择偏向。社交媒体整合了纸媒、广播、电视、电子媒介的优点，融合了各种媒体的功能，利用社交媒体的强大技术手段，把文字、声音、图像、动画等各种表现形式组合统一于社交媒体信息，并将它们呈现出来，档案信息公开传播偏向也实现从单一向融合的转变。

（三）再现档案信息生产的理性与责任感

社交媒体背景下的档案信息公开传播与传统媒体时代相比有显著不同，突出表现在档案信息公开传播主体的转变。我们可称之为"多元化"，一方面，

---

❶ 麦克卢汉著，何道宽译. 理解媒介：论人的延伸［M］. 南京：译林出版社，2011：45—46.

档案信息生产主体变得更加多元化，社交媒体背景下，无论是专业的机构还是普通用户都能够成为档案信息生产的主体，也即是美国档案学者提出的公民档案员的思想；另一方面，档案信息公开传播者的职能和身份也更加多元化，社交媒体背景下的档案馆不再仅仅是档案信息公开的把关人，档案信息公开内容的制作者，同时还要成为档案信息公开传播话题的制造者和内容的互动者。档案馆的档案信息公开传播利用职能与传统时代有很大不同。社交媒体时代公开传播者职能的多元化也使档案馆的工作方式、思维方式、服务方式和职业素养都要有相应的提升。

社交媒体时代的受众也逐渐演变为档案信息公开传播的主体，以往受众潜在的公开传播档案信息的能力，在社交媒体的赋权下得到最大限度的激发，他们可以借助社交媒体，多途径地参与档案信息的生产和内容发布，转变为主动的档案信息生产者和发布者。在社交媒体时代，档案信息公开传播利用活动面对的不再是传统意义上的仅仅具有选择或不选择权利的受众，而是具有更强参与性和表达欲望的"用户"，受众逐步成为档案信息公开传播的主体之一。

于是，社交媒体时代，比以往任何一个历史阶段，都更加呼吁档案信息生产与传播的理性和责任感。在面对社交媒体时，每个公众不仅仅是受众，还成为档案信息公开传播利用的"传播者"和"生产者"。社交媒体的发展导致档案信息公开传播利用的成本大大降低，公开传播的权力不断下移，每个普通公众也拥有了传统权威档案馆所拥有的档案信息公开传播权力，这意味着普通意义上的公众的档案信息权力在社交媒体时代得到了空前扩张，档案信息公开传播也出现了公开传播虚假档案信息、违法侵权等非理性的行为，更凸显档案信息公开传播利用过程中理性和责任意识的重要性。因此，在社交媒体环境中，档案馆需要再现传统环境下的理性与责任，对档案信息公开传播进行引导与管理，不能放任媒体自治。

（四）逆转档案信息理解的真实性

当新的媒介形式被推向极限，原有的特征则会发生逆转。信息真实被逆转成超现实。社交媒体时代，网络世界充斥着各种虚拟场景，真实的虚拟的界限已经模糊。虚拟是对现实场景的模拟和再现，人们沉浸于虚拟场景，远离现实场景。社交媒体强化了公众交互公开传播档案信息的能力以及公众参与档案信息公开传播的主动性和参与性，削弱了公众获取档案信息传播偏向的单一性，更加强调信息生产的理性和责任，同时我们非常警惕档案信息的超现实，非常渴望档案信息传播的真实性和有效性。因为社交媒体中公开传播的档案信息虽然反映的是现实生活的档案化记载，但它是通过社交媒体构建的。公众往往通过社交媒体对档案信息的公开传播感受到社交媒体所构建的档案社会活动，对公众而言，他接触到的都是通过社交媒体生成、制作并传播的档案事实，虽然这些事实是根据档案文献进行的故事创作，但这种创作通过社交媒体平台已经加入了诸多的见解，在展现其对档案文献多元化理解一面的同时，也让我们担心档案信息公开传播的真实性和有效性。虚拟不等于虚假或者虚无，它是另一种特殊化的存在，是人类的想象力与社交媒体相结合的产物。因此，我们无法简单用真假标准来评判虚拟的社交媒体环境下的档案信息公开传播，我们需要寻求一种新的机制对社交媒体环境下公开传播的档案信息进行信息监督过滤，尽可能保障档案信息公开传播的真实有效。

学者杨光认为，无论是档案文本的抽象方式，还是档案影像的复制方式，其历史书写的模板均是现实，是对现实的一种"临摹"，❶而正因如此，传统档案的原始记录性使其据有凭证价值，并划定了真实性的界限。然而，社交媒体环境下的数字档案所处的代码世界中，档案真实性的来源变得无迹可寻，是"一种没有源头或现实的真实模型所创造出的生成"，❷档案的真实性被逆转为"超真"，真实性需要被重新定义。第一，一些数字文件或电子档案本身就

---

❶ 杨光，奕窕. 记录媒介演进与档案历史叙事的变迁[J]. 档案学通讯，2019（4）：19—27.

❷ 莱恩. 导读鲍德里亚[M]. 柏愔，董晓蕾，译. 重庆：重庆大学出版社，2016：85—87.

是计算机指令构成的程序文件，或含有特殊标记符号的超文本文件，这些通过数理逻辑关系构成的符号集合，既没有实体的物理空间指向性，也没有现实的具体指向性，只具有纯粹的数理逻辑意义。第二，尽管一些社交媒体超出了数理逻辑意义，但并不完全具备现实性。诸如档案论坛、档案博客、档案微博账号、档案微信公众号或者档案短视频号，其内容取材于现实和虚拟世界，在现实中找不到对应物，它们是独立于现实世界和虚拟世界的另一个空间。正如 Gloria Anzaldúa 提出的"第三空间"，"它既不是这一块土地，也不是另一块土地，而是一个'兼而有之'的新空间"❶，这个空间运行着一套独立的规则：时空观可能完全是假定的，人际交往关系主要局限于网络社交媒体空间，网络财富只具有象征性，因之，与之相关且被视为档案加以保存的各种数字档案、社交媒体档案也自然与现实世界的真实性不可等同。后保管范式可以将我们从僵化的来源真实性束缚和对独特保管的内省关注中解放出来，并可以将他们打开到围绕他们的重新语境化的"更大的历史和社会景观"❷。在移民档案的情境化来源的实际应用中，Joel Wurl 对定义真实性的"来源"定义提出了质疑，认为来源是"在集合中创建或接收项目的个人、家庭或组织"，❸也即是说来源指社群或文化表征所包含的上下文结构，特别是一种社会建构的群体身份。Wurl 将种族结构的关系背景描述为"随着时间的推移是动态的和可变的"，也即是说宏观评价数字档案、社交媒体档案上下文结构关系的真实性要优先于传统的来源真实性。

我们看到，社交媒体是媒介变革的结果，它改变了档案信息公开传播的整个生态，影响到人们公开获取档案信息的平台、渠道、内容，关系到人们

❶ Gloria Anzaldúa, Borderlands: La Frontera, 2nd ed. (San Francisco: Aunt Lute Books, 1999), 528.

❷ Ham, F. Gerald. "Archival Strategies for the Post—Custodial Era," American Archivist 44(1981): 207–216.

❸ Joel Wurl.Ethnicity as Provenance: In Search of Values and Principles for Documenting the Immigrant Experience[J].Archival Issues, 2005(29): 67.

参与权利的实现，要求档案馆承担档案信息公开引导与管理责任，使档案信息公开传播尽可能体现理性均衡，并对档案信息公开传播进行规范管理。因此，通过对社交媒体技术不断进步的技术历程，来观察社交媒体它对档案信息公开传播的正负影响，是我们从理论上阐释社交媒体与档案信息公开传播互动关系的基础。这种技术逻辑有利于我们进一步思考社交媒体技术与档案信息公开传播利用之间双向性的关系。一方面，社交媒体为档案信息公开传播利用提供新际遇。社交媒体由于其社交性、开放性、协作性、参与性和交互性的特点，可以为档案信息公开传播利用提供方法指引和服务方向创新。社交媒体所应用的信息技术理论与实践，为基于档案信息公开传播利用的文化宣传、知识创造与分享、数据化深度开发等提供了创造性的理论和实践性的方法，使得数字档案的深度公开传播利用的具体实践成为可能。另一方面，档案信息资源公开传播利用的高效建设能促进档案社交媒体的快速发展。数量庞大的档案作为具有真实性、证据性、文化性、故事性的信息，无疑是社交媒体互动交流的核心对象之一；公众参与是档案社交媒体平台保持鲜活力的重要根源；众多档案信息公开传播社交媒体应用是档案社交媒体平台发展的底气。因此，对于社交媒体时代而言，社交媒体的意义不仅仅在于它是一种公开传播档案信息的新媒介，更重要的是这种媒介工具的技术进步所带来的开创性和更多的社会变革，这对于研究档案信息公开具有十分重要的意义。

第三节 社交媒体背景下档案信息公开发展的文化根基

随着社交媒体的大力发展，用户愿意通过社交媒体参与各类社会事务，由此发展出丰富复杂的参与实践，而档案领域的文化经受参与实践的洗礼，在文化创新融合的基础上，形成了参与式文化。我们要深刻把握参与式文化与档案信息公开参与实践之间的辩证关系，一方面，文化创新是参与实践发展的必然要求，另一方面，推动档案信息公开参与实践发展，是参与式文化创新的根本目的和途径。

一、参与式文化

参与文化，又称参与式文化，起源于 21 世纪初。是由美国学者 Henry Jenkins 最早提出，詹金斯认为"参与式文化"具有低门槛支持公众去表达和参与、创造和共享，同时强调参与所具有的奉献精神以及某种程度的社会联系感。❶ 他在早期著作《文本盗猎者：电视迷与参与式文化》中，他提出参与式文化起源于粉丝的社群活动，其形成是社群粉丝对流行文化的二度创作，粉丝攫取原作中的材料进行二度创造，他将其形容为"文本盗猎"，并称赞这种参与式的将文本挪用再造的行为，是一种自上而下的对话语权的挑战，是对广播出版媒介话语权的挑战。Jenkins 最初写作的目的是为当时广受批评的以同人衍生文为代表的粉丝流行文化正名，但是这本著作引起人们对受众参与的重视，从上个世纪 90 年代至今，受众参与改变了载体和方式，但是其中的创造力和生命力被继承并发展下来。在文本盗猎者之后，Jenkins 继续对参与式文化进行研究，他在《融合文化》中提出的"接受者亦是参与者"的概念，非常经典地描述了社交媒体环境下的参与式文化特征，在《可扩散媒介》中更深入地研究了 Web 2.0 时代关于参与、互动、商业和情感的关系问题。

参与式文化极其注重个体自由、推崇理性思考、注重解决公共性事务，它是一种媒介文化样式。将参与作为一个特定的文化范畴认识，往往涉及到众包概念和 Web 2.0 的概念，这些概念的表达有相似之处。Shirky 作了进一步的评论，她强调任何一种文化需要某种程度的参与才能存在，从而强调参与的特殊性。❷John 也通过"参与式文化"重新定义 Web 2.0 环境下的"参与"来表示一组特定的"参与"活动。❸

---

❶ Jenkins. Rethinking 'rethinking convergence/culture'［J］. Cultural Studies, 2013: 1–31.

❷ Clay Shirky. Cognitive surplus: creativity and generosity in a connected age［M］. New York: Penguin Press, 2010: 154–155.

❸ John, N. A.. Sharing and Web 2.0: The emergence of a keyword［M］. New Media & Society. 2012: 121–125.

　　我国对该理论研究得益于微博在中国的应用，一些学者对公众的参与心理、社会民主化进程、新媒体对公众参与的影响等方面解释参与式文化在我国的渗透和影响。蔡骐、黄瑶瑛认为公众正在从"个人表达"走向"集体参与"，并认为亚文化群体正在参与式文化下崛起。许玲则分析了参与式文化下公众参与的积极影响，同时指出其存在散布虚假信息、信息过载等负面影响。❶周荣庭、管华骥则对近年来的民间家谱网站进行研究，认为在参与式文化下，参与式家谱传播正在兴起。❷岳改玲认为，参与式文化带来了文化权利的结构性变化，它所强调的并不仅仅是"个体表达"，更重要的是"社群参与"。❸卜凡娜认为，在新媒体时代，受众通过在微博和微信中进行大量素材的创作所引发的讨论和围观，促进了多元互动的参与式文化形成。❹

　　由此可见，首先，参与式文化具有很强的技术依赖性。它实际上是在web 2.0技术为代表的社交媒体技术的催生下形成的一种新型媒介文化，正是由于维基百科、微博、微信、facebook、twitter等社交媒体的兴起，才为公众搭建了一个可以互相交流的平台，并在此基础上形成一种文化氛围，因此，社交媒体技术在参与式文化中具有至关重要的影响。其次，参与式文化强调参与主体的广泛性及多角色性。参与式文化下，参与主体的门槛很低，借助当前的互联网技术及社交媒体技术，任何具有意愿或感兴趣的主体都可实施参与行为。同时参与者既可成为信息的生产者也可成为信息传播者或围观者。再次，参与式文化强调参与能力。参与者能够创新生产或者重新解读知识，进行相应的传播，并在此过程中自由地进行讨论、表达、协商。

　　因此，笔者认为，参与式文化指的是以Web 2.0等社交媒体平台为基础发展起来的，以普通公众为主体，强调集体智慧，并鼓励公众积极主动参与

❶ 蔡骐，黄瑶瑛. 新媒体传播与受众参与式文化的发展[J]. 2011（8）：28—33.
❷ 周荣庭，管华骥. 参与式文化：一种全新的媒介文化样式[J]. 新闻爱好者，2010（6）：35—37.
❸ 岳改玲. 新媒体时代的参与式文化研究[D]. 武汉大学，2010：66—67.
❹ 卜凡娜. 新媒体时代的参与式文化研究[J]. 新闻研究导刊，2017（5）：93.

生产信息、传播信息以及进行网络社交，从而形成的一种公开、平等、自由、包容、创新的新型媒介文化样式。参与式文化可以说是一种文化转型，它推动形成文化的多样性，同时也推动草根文化的产生，虽然在其形成的过程中伴随着一些负面的消极影响，但我们需要对这种文化持一种乐观肯定的态度。

二、参与式文化推动下的档案信息公开"参与" ❶

在参与式文化的推动下，档案界进行了众多的参与探索，从将档案部门视为主动参与、创新管理服务到重新定义档案工作者及公众的角色，其中大量的关于档案馆及档案工作者与不同受众合作的档案信息公开参与实践，说明"参与"是一个经验现象，并表明档案信息公开领域中"参与"的多元性及"参与"实践的丰富性，而众多参与方式则导致参与话语的模糊。因此，课题组尝试对"参与"话语进行分析，从而分析档案馆、档案管理者、公众等不同主体如何在档案信息公开传播过程中探讨参与行为，为后续的社交媒体背景下档案信息公开公众参与提供讨论语境。

在档案领域，很多学者认为参与的核心前提就是推动力，也即档案信息公开传播工作所有参与方需要有参与愿望和激励动力。参与推动力的解释有个人主义、社会、理性和感性方面术语的倾向，Jafarinaimi 从个人利益、兴趣、利他等动机角度来理解用户参与档案活动；❷ Suchy 认为参与档案信息公开的动机来自直接的外部压力；❸ UpNext 则认为档案机构参与档案信息公开则是为档案机构在当前和未来赢得更加积极角色的可能性。❹ 有的学者提出不

---

❶ 张江珊，蔡非凡. 档案学语境下的参与研究[J]. 档案学研究，2019（6）：19—24.

❷ Jafarinaimi, N. Exploring the character of participation in social media: the case of Google Image Labeler, In Proceedings of the 2012 iConference, iConference'[C]. New York, NY, USA: ACM. 2012.

❸ Suchy, S. Connection, Recollection, and Museum Missions[M]. In H. H. Genoways (Ed.) Museum Philosophy for the Twenty-first Century, 2006.

❹ UpNext. Proposing a new definition for museum and library authority[M]. Tech. rep., IMLS, Washington, 2011.

同情境中的参与模式，库克提出一种新型的参与式社区存档模式，它将早期的关于民主化归档和管理档案工作的建议结合起来，以使社区能够更好地管理自己的档案。❶ 我国学者加小双、安小米认为"参与"已经成为数字档案资源建设的重要特征，提出参与式数字档案资源建设和参与式社区建档两种参与模式。❷ Theimer 提出建立"参与式档案馆"，她将其定义为"在网络环境中的一种组织、网站或集合，除了档案专业人员以外，其他人员也将参与知识或资源管理，从而增加对档案的理解"。❸ 周文泓基于 Web 2.0，区分不同的参与模式，并对 Web 2.0 环境进行反思。❹ 其他的档案研究人员也从不同角度对"参与"进行探讨，Nesmith 提出档案馆要主动参与档案信息公开传播，全面加强与档案使用者的"伙伴关系"；❺ Huvila 提出了一种更激进的参与性观点，即参与式档案信息公开工作的基本特征是"分散的管理、激进的用户导向以及记录和整个档案过程的语境化"。❻ 陈珍提出增强社群参与共建，促进多元结构的档案资源的整合形成。❼

　　分析发现，首先，参与被认为是有益于用户、档案馆或外部实体，并由用户、档案形成者、档案管理员或档案部门进行的一项活动。其次，不同的

---

❶　Cook T. Evendence, memory, identity and community: four shifting archival paradigms [J]. Archival Science, 2013, 13(2): 95–120.

❷　加小双，安小米. 数字档案资源建设中的参与式图景[J]. 档案学研究，2016（2）：12—15.

❸　Theimer (Ed.) A Different Kind of Web: New Connections Between Archives and Our Users[M]. Chicago: Society of American Archivists, 2011.

❹　周文泓. Web 2.0 环境中的参与档案管理分析[J]. 档案学研究，2017（4）：83—90.

❺　Nesmith, T. The Missing Piece: Towards New Partnerships With Users of Archives. Background paper, The Association of Canadian Archivists,[EB/OL].[2022-01-10]. http://archivists.ca/sites/default/files/Attachments/Advocacy_attachments/nesmith_the_missing_piece_towards_new_partnerships_with_users_of_archives.pdf.

❻　Huvila, I., Kronqvist-Berg, M., & Widén-Wulff, G. What is Library 2.0?[J]. Journal of Documentation. 2009, 65(4): 668–681.

❼　陈珍. 档案学领域社群档案理论基础探析[J]. 浙江档案，2017（6）：21—24.

文献明确描述了档案馆、档案管理员及其他可能参与档案信息公开活动主体的实践，说明档案领域参与档案信息公开实践的丰富性，"参与"所表达的概念内涵具有多样性及复杂性。

（一）参与话语分析

1. 档案形成者参与的档案信息公开传播项目

档案形成者作为参与者的论述，认为参与的本质在于将责任授权给档案形成者，并使他们和档案工作人员形成更加紧密的合作。这种观点似乎在社区档案、个人档案和数据归档研究有关的表述中具有代表性。档案形成者作为参与者的表述在数字档案保存的研究中非常典型，Thibodeau 强调，档案管理系统"应该包含和传达"对"参与者"也即档案形成者的知识。[1] Kirchhoff 认为，在创建可信赖的数字对象的过程中，数字记录的形成者也是"参与者"。[2] 这些表述强调档案形成者作为利益相关方的核心角色。而在数字存储领域，一些学者，如 Akmon、Shankar 认为，从档案信息公开传播角度而言，公共资助的学术文献和研究数据也是"档案"，而开放这些学术数据的难点则在于如何使这些档案形成者积极参与到数字档案的开放存储，同时也能维护自身的权益。[3] 我国学者黄霄羽在研究美国南部历史档案馆的"社群主导档案馆"项目时，认为，社群成员在档案工作者的指导下，逐渐成为社群档案工作者，通过自我建档方式获得话语权，参与构建社会记忆。[4]

---

[1] Thibodeau, K. Building the Archives of the Future: Advances in Preserving Electronic Records at the National Archives and Records Administration［J］. D–Lib Magazine, 2001, 7(2): 113–124.

[2] Kirchhoff, A. J. Expanding the Preservation Network: Lessons from Portico［J］. Library Trends, 2009, 57(3): 476–489.

[3] Shankar, K. Recordkeeping in the Production of Scientific Knowledge: An Ethnographic Study. Archival Science, 2004(3): 367–382.

[4] 黄霄羽. 论社群档案工作参与模式［J］. 档案学通讯，2017（5）：89—94.

2. 信息提供者参与的档案信息公开传播项目

这种论述将"参与者"描述为档案信息公开传播的提供者，这些参与者能够对档案工作人员在档案著录描述和管理方面提供有益的帮助，参与的目的是为了深化对档案的描述，增加人们对档案的认识和理解，这种观点在 Web 2.0 的相关论述中很典型。这些参与者可以指"一般公众"，如 Kalfatovic 的观点，❶ 也可指具有专业知识的人（如业余或专业的历史学家或其他档案专家），如福林的观点。❷Kalfatovic 认为档案馆可以邀请公众来识别照片档案的内容，他评价史密斯学会的 flickr commons 项目让公众对照片档案评论、加标签，为用户提供了丰富馆藏的机会。福林认为拥有专业知识的人可以为丰富当地历史和口述历史提供帮助。正如 Hoitink 在其博文中所说，"所有的人都可能拥有能够帮助理解该档案的知识，利用这些丰富的知识，将会使档案变得更有用，更贴近公众。"❸我国学者周文泓将这种参与方式定义为资源参与型，他认为公众因其所贡献的资源，改变着档案资源的结构与内容构成，同时影响着不同主体在参与过程中形成的不同关系。❹

3. "参与"作为档案馆档案信息公开传播服务的新方法

此类观点在档案馆的社交媒体创新应用的表述中非常典型，参与被描述为档案馆网络创新服务新方法的同义词或准同义词。与档案馆参与的社会性相比，"参与"不是作为一个社会问题，而是作为档案馆信息服务的新方法，

---

❶　Kalfatovic, M. R., Kapsalis, E., Spiess, K. P., Camp, A. V., & Edson, M. Smithsonian Team Flickr: a library, archives, and museums collaboration in web 2.0 space［J］. Archival Science, 2008, 8(4): 267–277.

❷　Flinn, A., Stevens, M., & Shepherd, E. Whose memories, whose archives? Independent community archives, autonomy and the mainstream［J］. Archival Science, 2009, 9(1–2): 71–86.

❸　Hoitink. Why are effective use of social media and participatory technologies critical? Winners of the book giveaway contest［EB/OL］.［2019–01–01］. http://archivesnext. com/?cat=25.

❹　周文泓. 社交媒体环境中的参与式档案管理模式初探［J］. 图书情报工作, 2017,58（15）: 116—122.

档案馆应该能够使用这种方法来进行工作。这种话语在描述档案机构的社交媒体应用的文献中具有典型性，Kalfatovic 对史密森学会的 Flickr Commons 项目的描述清楚地说明了参与式使用，即档案馆通过用户在 Flickr 社交平台上的参与式档案管理工作，为用户提供照片存档集合。❶Garaba 认为公众的社交媒体参与为档案馆向公众提供社会记忆获取，提供了一种可能的新方法。❷国内很多学者认为档案馆能够运用社交媒体技术进行档案信息服务的创新，但未从"参与"视角理解这种档案信息服务的新方式。

4. 其他人士参与的档案项目

这种表述界定的参与，体现出档案界对档案管理员角色重新定位的思考，这种观点认为，参与意味着把其他人作为档案管理员，直接参与档案的归档、鉴定、著录、组织及开发利用等档案管理工作。由谁来担任档案管理员，不同的学者看法不同，Schnapp 认为，任何人都可以作为档案管理员参与社区档案的归档，正如他所说："这里的游戏名字是参与式存档：存档自己，或者，存档你。"❸ 有的学者认为，"热情的业余者"可以作为档案管理员参与档案管理活动，Edney 在研究新西兰橄榄球俱乐部的档案保存方法时，认为"热情的业余者"在俱乐部档案的保存方面发挥了重要作用。❹ Frogner 认为"原住民参与对加拿大原住民档案的鉴定是至关重要的"。❺ Shilton 和

---

❶ Kalfatovic, M. R., Kapsalis, E., Spiess, K. P., Camp, A. V., & Edson, M. Smithsonian Team Flickr: a library, archives, and museums collaboration in web 2.0 space [J]. Archival Science, 2008, 8(4): 267–277.

❷ Garaba, F. Availing the liberation struggle heritage to the public: some reflections on the use of web 2.0 technologies in archives within the east and southern africa regional branch of the international council on archives (esarbica) [J]. Information Development, 2012, 28(1): 22–31.

❸ Schnapp, J. Animating the Archive [J]. First Monday, 2008, 13(8).

❹ Edney, C. "grassroots recordkeeping": An investigation into archival practices within rugby clubs in new Zealand [J]. Archifacts, 2010(8): 99–115.

❺ Frogner, R. "Innocent Legal Fictions": Archival Convention and the North Saanich Treaty of 1852 [J]. Archivaria, 2010(70): 45–94.

Srinivasan 认为，"传统上对档案的鉴定、排列和著录，可以使用参与式过程，以促进具有代表性的、有权力的个人档案的保存。"❶ 我国学者吴加琪认为，"为推进区域档案共建共享，档案部门充分吸引和鼓励包括档案行政管理部门、跨行业系统管理部门、档案保管单位、专家、档案同行、市场以及公众等各方力量参与档案资源建设和共享活动。"❷ 郑博认为，公众可以参与历史档案的转录、数字档案的标引、数字档案的 OCR 校对，从而提高档案信息资源开发的层次及质量。❸

5. 档案馆的社会参与项目

与 "作为档案馆信息服务新方法" 的观点相比，此类观点强调档案馆的社会参与性是民主社会制度中档案馆的一项内在任务，档案馆的工作给予并保证了他人参与社会和民主决策过程的机会，此类表述常常和开放政府以及电子化民主结合在一起。Adrian Cunningham 强调，"档案馆作为信息管理机构在支持政府数字时代的透明化和负责任治理方面至关重要"，并举例说明信息存储和提供对电子化治理和电子化民主是非常关键的。❹ Jaen Garcia 通过将档案馆的信息管理、民主、信息自由、透明度和 "有效参与机制" 的有效性联系起来，在阿根廷的背景下做出了类似的评论。❺ 这种观点在我国档案界鲜有提及。

档案馆的社会参与项目还表现在对社会活动的参与以及与其他专业团体的合作方面，Zipsane 在讨论瑞典国家儿童和青少年活动时，强调档案馆从社

---

❶　Shilton, K., & Srinivasan, R. Participatory appraisal and arrangement for multicultural archival collections[J]. Archivaria, 2007(63): 87–101.

❷　吴加琪. 多主体参与的区域档案信息资源共建设共享机制研究[J]. 浙江档案. 2016（7）: 7—9.

❸　郑博. 我国档案众包实现研究[D]. 河北：河北大学，2017: 95—96.

❹　Adrian Cunningham. Accountability and accessibility: Ensuring the evidence of e-governance in Australia[J]. Aslib Proceedings, 2005, 57(4): 301–317.

❺　Jaen Garcia, L. F. El sistema nacional de informacion archivistica y su relacion con el entorno externo./the national system of archival information and its relationship with the external environment[J]. Informacion, Cultura y Sociedad, 2007(16): 13–34.

会角度吸引儿童和年轻人的重要性。❶Floater 称赞北欧档案馆积极参与当地的文化和科普活动，他认为参与是吸引公众的关键，通过参与能够与公众建立"强有力的联系"。❷

（二）参与范畴分析

档案信息公开传播活动的"参与"包含二种范畴，它表达了档案管理活动中不同参与角色的活动，以及参与作为一种公众赋权的手段及技术推进的结果。

1. 赋权范畴

赋权范畴的典型是后两种参与者类型，在这些论述中，档案馆在社会信息活动中的参与及用户的社交媒体参与被视为赋予公众的机会。澳大利亚档案学者 Robinson 讨论了两种截然不同的用户参与的观点，即"放弃"和"赋权"，她认为档案馆在信息自由和民主活动中的参与被视为公民参与档案活动的机会。❸美国档案学者 Shilton 和 Srinivasan 明确论证赋权公众参与档案文献评估、整理和描述的影响及价值。❹加拿大档案学者 Shoemaker 认为赋权公众参与馆藏档案描述，可以提升档案馆的文献处理能力。❺ Kalfatovic 认为赋权公众参与档案收集可以提升档案馆收集档案文献的能力。❻国内学者张江珊认

❶ Zipsane, E. S. Archives are for everyone–strategy for the national archives for children and youth activities in 2012–2014［J］. Nordisk Arkivnyt, 2011, 56(4): 186–187.

❷ Floater, T. B. Wonders of research: How to do a disposal theme : Archive administration participation in national science week［J］. Nordisk Arkivnyt, 2009, 54(4): 182–184.

❸ Robinson, L. Abdication or empowerment? User involvement in library, archives and records services［J］. Australian Library Journal, 2007, 56(1): 30–35.

❹ Shilton, K., & Srinivasan, R. Participatory appraisal and arrangement for multicultural archival collections［J］. Archivaria, 2007(63): 87–101.

❺ Shoemaker, R. Digital London: Creating a searchable web of interlinked sources on eighteenth century London［J］. Program, 2005, 39(4): 297–311.

❻ Kalfatovic, M. R., Kapsalis, E., Spiess, K. P., Camp, A. V.,& Edson, M. Smithsonian Team Flickr: a library, archives, and museums collaboration in web 2.0 space［J］. Archival Science, 2008, 8(4): 267–277.

为档案馆公众赋权的目标是通过赋予公众参与的权利，改变他们在档案事业发展进程中的角色和作用。❶加小双、安小米认为档案专业主体可以借助档案众包方式，通过互联网将档案管理工作的部分权限让给社会个体。❷

2. 管理范畴

管理范畴是档案领域中参与的一个典型元素，前三种类型探讨的参与基本属于管理范畴，这些参与类型间接阐述 Web 2.0 工具不应该仅用于信息交流和营销传播，还应该用于建立参与模式。Shilton（2007）将参与档案收集和档案鉴定的建议放在管理的范畴中，这是由于参与者将会在档案开放管理过程中"选择文件、描述知识，并代表所有的真相和经验"。❸ Shoemaker 使用管理观点来表达激励用户来参与历史判断是"最实际的事情"。❹

三、参与式文化与档案信息公开"参与"的辩证关系

首先，大量参与实践呼唤文化理论创新。社交媒体快速发展，其低门槛让用户可以在社交平台上轻易地参与各类社会事物，发表意见，表达观点，影响各类事物发展的社会进程，档案领域的大量参与行为也让我们重视其背后的文化内涵，为各类参与行为提供高度概括及具有引领性作用的文化范式，参与式文化的形成正是参与实践促动文化创新的必然结果。其次，档案信息公开参与实践的快速发展得益于参与式文化的推动。从国外的参与实践来看，有关社区档案馆、社群档案、参与性档案馆、Web 2.0 档案馆、Archivist 项目等的档案信息公开参与应用实践很多都是从参与式文化的视角介入，国内的

---

❶　张江珊 . 社交媒体背景下的档案领域公众参与模式探析［J］. 浙江档案，2018（6）：23—25.

❷　加小双，安小米 . 数字档案资源建设中的参与式图景［J］. 档案学研究，2016（2）：12—15.

❸　Shilton, K.,& Srinivasan, R. Participatory appraisal and arrangement for multicultural archival collections［J］. Archivaria, 2007(63): 87–101.

❹　Shoemaker, R. Digital London: Creating a searchable web of interlinked sources on eighteenth century London［J］. Program, 2005, 39(4): 297– 311.

档案部门的数字记忆项目、众包项目、数字化归档项目等的开展也离不开参与式文化的推动，参与式文化理论对参与性实践有着很好的引导作用，使参与实践厚植于文化根基，从而更好地把握档案信息公开实践的发展方向。再次，参与式文化促进档案信息公开研究领域进一步扩大和细化。一方面，参与的多样性，使有关档案信息公开传播参与的理论研究已经深入到了档案工作的形成、收集、整理、鉴定、利用、宣传等微观领域；另一方面，参与的复杂性，使档案信息公开传播参与理论已经扩展到宏观的文化、政治法律制度层面，研究领域不断扩充和细分，我们应对档案信息公开进行全新认识，使其更符合参与式文化的价值观。

综上，"参与式文化"是外国学者詹金斯首先提出的，发展到今天，参与式文化更加强调以 Web 2.0 网络为平台，强调信息传播与网络交往所形成的一种自由、平等、公开、共享的新型文化。参与话语将"参与"视为当代文化的一个组成部分，一种基本属于档案馆之外的社会和技术现象，档案馆通过外部社会环境、用户和技术变化对档案馆形成挑战，发现"公众参与"在档案形成、收集、归档、鉴定、管理和使用中的力量，创新档案信息公开传播模式，从而找到适合的方法来进行档案信息公开传播工作。从国内外的"参与"实践来看，尽管参与主体具有多样性与复杂性，但他们都有一个共同的基础，"参与"发生在一个新颖的"参与式文化"时代里，很多实践成果都是对"参与式文化"深思应用的结果，Web 2.0 档案馆是档案馆重视参与文化技术催生性，为用户提供新的档案信息参与服务的结果；NARA 的 Archivist 项目是参与文化推崇个性化参与，鼓励用户原创内容、添加内容的结果；各种档案众包项目是重视参与式文化强调的集体智慧性结果，把每个人都作为知识链中的一环，以一种自发的协同机制尝试参与到互联网的信息传播中；社群档案馆、个体化归档及鉴定项目则是参与式文化强调的扁平化和去中心化的结果，它尊重个体在信息公开利用中的权利，尊重个体的价值，认为公民在形成、收集、解释、传播、整理信息的过程中起着积极的作用。作者认为，脱离参与性文化而单纯地探讨档案信息公开参与，仅仅从单一实践方向的切入无法满足档案信息公开理论所需的理论支撑，也无法针对社会与技术的外部性变化给档案领域所带来的问题进行全面而深入的思考，因而需要重视档案信息公开参与的深层次文化需求，为社交媒体背景下的档案信息公开传播奠定深厚的文化根基。

第三章　社交媒体背景下的
档案信息公开公众参与

　　社交媒体的发展在传播学大师施拉姆的"七分钟比喻"中，大概只是弹指一挥间，但这"一挥间"，给我们的档案信息获取、档案信息宣传、档案活动人际交往，乃至于整体的档案工作态势带来了翻天覆地的变化。社交媒体的社会地位不断上升，从早期单维度的社交通讯工具、技术发展的代名词到当前多维度的公共信息平台，承担着工作、休闲、娱乐、社交等多种功能，已经成为我们生活中不可或缺的一部分。它的超时空性、跨地域性打通了天然的物理鸿沟，使全世界的档案机构联成一体；它的开放性、透明性和多重应用把实体档案和数字档案融为一体；它所倡导的参与式文化使参与成为当代文化现象的重要组成部分。数量庞大的用户借助社交媒体参与档案话题讨论、参与档案事务工作，重塑档案的文化生态和环境生态，是当下档案领域的积极参与者，或称为"公众"。

　　中国互联网络信息中心（CNNIC）发布第 48 次《中国互联网络发展状况统计报告》。截至 2021 年 6 月，我国网民规模达 10.11 亿，较 2020 年 12 月增长 2175 万，互联网普及率达 71.6%，较 2020 年 12 月提升 1.2 个百分点。截至 2021 年 6 月，我国手机网民规模达 10.07 亿，较 2020 年 12 月增长 2092 万，网民使用手机上网的比例为 99.6%，与 2020 年 12 月基本持平。❶超十亿

---

❶　CNNIC: 第 48 次《中国互联网络发展状况统计报告》［EB/OL］.［2022—02—10］. http://www.199it.com/archives/1302651.html.

的互联网用户，形成了全球最为庞大、生机勃勃的数字社会。庞大的用户数量既是社交媒体发展的基石，也是当下社交媒体环境下档案信息公开参与的重要主体。社交媒体在我国发展之初，只被人们看作是一种社交通讯的技术工具，随着互联网概念的普及及智能手机的快速应用，社交媒体快速发展的大幕徐徐拉开，各种社交媒体新技术、新概念、新形态不断推出；社交媒体的性能日益贴近公众的需求；公众亦满怀热情，积极参与档案信息公开传播，把档案事业推向新的发展阶段。

第一节　社交媒体背景下
档案信息公开传播公众的变化

在传统的档案信息公开领域，公众被动接受档案信息，档案信息公开的规则、内容、途径、方式由档案信息公开主管机构自行决定，档案机构无法及时与公众反馈沟通档案信息公开传播的效果，这是一种被动的、静态的档案信息公开传播方式。社交媒体的出现改变了这一状况，社交媒体环境下档案信息公开传播主体不断扩充，任何公众都可以成为档案信息公开的传播者，档案受众发生了很大变革。

一、档案信息公开内容从档案机构公开传播转向公众生产制造

社交媒体背景下，档案公众的角色与地位发生了颠覆性变化。档案公众不再仅仅作为档案信息公开传播的被动接收者出现，也慢慢变为档案信息的生产与公开传播者，受众参与式文化逐渐形成，档案信息公开传播方式也由传统的"一对多"转变为公众为主体的"多对多"。档案公众在档案信息公开的参与的过程中，拥有了自己生产并传播档案信息的权利。然而，因为缺乏监管机制，公众生产并传播的档案内容质量并不能得到完全保障，使得档案信息公开传播的质量良莠不齐。

二、档案公众参与主体同质化

社交媒体背景下，档案公众参与主体具有同质化的发展方向。社交媒体背景下的档案信息公开传播公众参与主体具有档案信息接收者与档案信息生产及传播者的双重身份，这两种身份关系会随时转换。档案公众参与主体的同质化使得档案信息传播的参与者具有主体间性，档案信息的公开传播者与档案信息接收者相互融合，形成新的参与文化。社交媒体借助公众的参与提升了档案信息公开传播效益，扩大了档案信息公开传播的深度及广度。

三、档案公众强烈的参与精神

社交媒体的发展动力具有多维性，既有技术力量的外在推动，也有文化发展的诉求，但如果从用户层面探寻社交媒体发展的核心动力，普通公众对话语权的诉求则是其中一个非常重的因素。社交媒体的主要特征就是开辟自由的对话空间，让每一位普通公众都有机会表达自己的意愿、传播自己的信息、提出自己的质疑。诚然，这种参与性可能会受到一些外在力量的侵蚀，但相较于传统媒体时代公众无从表达的境地，社交媒体的信息表达和传播相对已经"自由、平等"得多。因此，学者汉娜·阿伦特非常乐观地提出社交媒体开辟了信息时代的"公共领域"。社交媒体的传播特性使其在一定程度上具备了"公共领域"的特征，启动了独立个体进行自我传播档案信息的时代，强烈地激发了公众的参与热情。

四、档案公众参与主动性得以强化

档案信息公开传播不再是纸媒时代、web 1.0 时代单向的公开传播，它赋予每位公众参与档案信息公开传播的权利，公众可以主动参与到档案信息的公开传播中。目前我国许多档案网站及档案社交媒体平台已经由传统的档案信息传播者转变为集档案信息接收者与公开传播者于一体的档案信息公开传播利用及档案受众交流互动的网络平台。互联网 web 2.0 技术及社交媒体技术的大力发展，使档案用户在这些平台上不仅可以浏览档案信息，还可按照个人喜好来自主选择自己感兴趣的档案信息，同时可以主动生成并传播档案信息，甚至通过自己的评论、点赞、转发来影响其他用户选择档案信息，公众拥有了更多的选择自主权。比如，在某一领域，如果该档案用户拥有一定的影响力或者创造性，那么这位用户对档案信息的评论或者观点很大可能会影响到其他档案用户，其他档案用户在此基础上进行的转发、评论、点赞、推广等又会进一步放大档案信息公开传播的效应，进而形成快速的网状多维公开传播利用。例如,【天津卫老照片】"百张老照片带你去'穿越'"对照片档案的解读有不当之处，而自小在天津生活长大的公众，对照片的内容有着更明确的认识，因而有的公众在阅读评论的过程中对内容进行纠错，网友"李德昆"指出"金钢桥，而非金刚桥"；网友"蒿科村人"指出，照片中的应该是"津塘公路"，而非"京塘公路"，而网友"lichaoyou"再次评论应是"津唐公路"，其他众多用户也对文中的信息加以纠正。因此，公开档案信息不再仅仅是告知公众档案信息内容，更是在主动参与基础上进行的档案信息共享及信息再创造。参与档案信息公开的用户可以对自己感兴趣的档案信息及档案活动发表自己的看法与建议，这些看法有赞同也会有反驳，还有部分"吃瓜路人"单纯的阅读他人发布的档案信息或者观点，而这些行为最终也会反映在这些档案用户的观点逐渐受到影响，从而参与到档案信息公开传播利用活动中来。当前，我国新媒体受众主要以"70 后""80后"和"90 后"为主，这些人是网络世界的中坚力量，只要我们能够抓住档案用户主动参与、彰显个性的参与特点，积极为用户提供高质量的档案信息公开服务，那么这些用户就会参与到档案信息的公开传播利用及生产过程当中。

五、促进文化融合

社交媒体用户在参与档案信息公开活动中进一步促进了文化融合。众所周知，一个国家的民族文化、地域文化、行业文化都有所差异，当用户参与到档案信息生产与公开传播利用活动中，这种用户活动所代表的文化就会成为参与式文化的重要组成部分。每个时代都会有自己的主流文化与亚文化，随着社交媒体应用的日益增加，许多亚文化开始融入到社交媒体档案信息的生产与公开传播利用当中，社交媒体用户不再只是单纯的接受主流主化，那些亚文化也会对用户参与档案信息公开传播的行为产生影响，进而影响到主流档案文化，并被主流档案文化所收编，使主流档案文化不断得以创新，实现档案文化的融合创新，一个典型即后现代主义思潮与 web 2.0 技术理念被参与式文化吸收，使档案文化在档案收集、鉴定、保管及利用等方面均产生新的变化。

第二节　社交媒体背景下档案信息公开公众参与的方式及特点

社交媒体不仅促使新的档案信息产生、创造新的档案信息公开传播范式，还提升了公众的参与度，构建了参与式档案文化。公众的角色和行为模式也发生了变化，传统上只接受档案信息的受众成了档案信息的利用者、生产者，并形成了一种由公众主导的生产创造、协同合作、公开分享各种档案信息的公开传播生态。公众能运用智能手机、数码相机、借助互联网和社交媒体平台，从被动接受档案信息的受众转变为既能接收档案信息也能生产和发布传播档案信息的生产性档案信息消费者；他们可以在社交媒体平台上分享个人收藏的各类档案，可以在维基百科上贡献档案知识，也可以在各社交媒体平台上自由表达自己的档案理念。公众成为社交媒体背景下档案信息公开实践的关键性概念。那么公众参与档案信息公开的方式有哪些，各种方式之间有何内在关联？围绕参与行为的档案馆与公众之间的关系又是如何开展？我们有必要借助社会学的"参与阶梯"理论来分析档案信息公开传播中的公众参与表现。

一、"参与阶梯"理论内涵

1969 年，美国学者 Sherry Arnstein 发表了《公民参与的阶梯》一文，为了分析参与空泛所导致的参与最终结果与实际力量之间存在重大差异的问题，他提出了自己的参与 8 "阶梯理论"，也即由公众参与由低到高的八个阶梯：操纵、引导、告知、咨询、劝解、合作、授权、公众控制。❶ 囿于时间和国情的限制，Arnstein 的 8 阶梯并不完全精准，但为我们理解档案信息公开中的公众特点提供了一种新的分析思路。在此基础上，后来一些学者对阶梯理论的研究对我们的分析也有很大助益。Jonathan Quetzal Tritter，Alison McCallum 认为，公民参与是需要类型化的、非常复杂的现象。他们不赞同 Arnstein 过于强调权力的竞争式参与，认为这种对抗模式"似乎排除了协作和共享决策的机会，" Jacek Kotus 和 Tomasz Sowada 也对 Arnstein 的理参与阶梯理论进行了探讨，并在保留 Arnstein 原有三种类别的基础上，补充了五种类型形成了新的阶梯：无序、不参与、象征主义、觉醒、公民权力、激进化、公民不服从和反叛行动。❷ 他们二人认为公民的参与和互动基础并不对称，从而导致这种类型的公民权力容易激化，形成不服从和反叛行动。笔者认为，多位学者对参与阶梯的构建多立足于"权力"主线，但这容易导致将参与与权力竞争等同化。因此，笔者试图在建立档案公众的参与阶梯模型时，既考虑到权力博弈，还要立足于公众与档案馆的互动合作，避免走入权力争夺误区。

二、公众参与档案信息公开的方式 —— 阶梯式参与

借鉴众多学者的参与阶梯理论，笔者设计出公众自下而上的档案信息公开 "参与阶梯" 模型，用以描述和分析社交媒体背景下公众参与档案信息公开

❶　Sherry R. Arnstein. Ladder of Citizen Participation [J]. Journal of the American Institute of Planmers. vol.35, No.4. 1969: 216–224.

❷　Jacek Kotus, Tomasz Sowada. Behavioural model of collaborative urban management: extending the concept of Arnstein's ladder [J]. Cities, 2017(65): 78–86.

传播的多元化参与方式。如下图所示：

图 5　档案信息公开的公众参与阶梯图

　　笔者所建立的八层次参与阶梯，表达了公众参与档案信息公开传播的八种方式，最底层两个阶梯属于被动式参与，是"假"参与，而中间三个阶梯属于配合式参与，最上层三个阶梯则属于高级的自主式参与。这三个不同阶段的层级是公众参与质的递进，背景的影响因素除了社会文化推动，公众自身的动机也值得探索。从实践中看，"社群"将是未来社交媒体背景下的档案信息公开公众参与的主要趋势，即个人兴趣为主的活动，兴趣是影响公众参与的最直观因素。

　　第一层阶梯是"旁观"，主要针对档案社交媒体平台主动公开各类档案信息，这些档案信息在用户没有直接利用需求的状态下，用户会处于旁观者地位，对档案信息公开漠不关心。第二层阶梯的"被需求"，则是档案社交媒体平台需要公众参与的调查、意见征询、档案信息推送等，公众则是处于被需求的地位，公众更多是从自身利益出发参与该层次档案信息公开活动。从实践中来看，这两个层次阶梯的参与鲜有涉及兴趣因素，因为一旦涉及兴趣因素，参与目的的被动性就转为了主动。

从第二阶段主动式参与开始，"兴趣"因素入场，因为档案机构的接纳，社交媒体与档案机构的合作，公众的档案意愿开始被听到，档案社交媒体公开活动也开始更符合公众的兴趣爱好，档案机构也希望通过兴趣吸引更多的公参与进来。但是这个阶段利益与兴趣因素是相互分离的，不同的公众因为不同的影响因素参与档案信息公开活动。

第三层参与阶梯的"点击搜索"是公众在档案信息洪流中，对于特定档案信息的选择性注意。第一层级公众处在被动地接受地位，而从点击搜索开始，用户可以自由选择自己感兴趣的档案信息，而借助数据收集和分析工具，档案机构能够对由点击搜索等公众行为生成的大数据进行整合分析，通过点击搜索档案信息，档案公众在非自觉也就是自发和不知情的状态下参与到档案信息公开的内容塑造和传播进程之中。与点击相比，公众的搜索行为具有更多的自主性与自觉性，加入了公众有意识的思考，是在参与过程中迈向自主式档案信息公开参与的起始。档案公众的点击搜索行为由特定的公众兴趣或用户的信息需求出发，到满足兴趣或需求后行为终止。

第四层参与阶梯的"关注订阅"是公众在档案信息搜索和阅读之后所进行的有意识的档案信息公开参与行为，包含了对于档案信息公开所提供的档案信息类型或品质的判断和决策。公众可以借助各种社交媒体工具进行公众号或者自频道档案信息订阅，关注自己感兴趣的档案机构，方便、快捷地获取他们所公开发布的档案信息。与由特定信息需求导向的搜索行为相比，关注订阅的参与行为表明公众愿意接受相应的档案信息推送。在订阅期间，档案公众与档案信息公开机构建立了信息推送和接受的契约关系。然而，这种通过订阅建立的契约关系极不稳定，很容易发生改变。受众拥有绝对的主动权，能够随时订阅档案信息也可以即刻取消订阅。各种搜索及订阅工具帮助公众以自我为中心选择和接受档案信息，实现了个性化档案信息的选择和接受。

第五层参与阶梯的"关注评论"则是公众借助于档案微信公众号、档案微博、档案馆抖音号等档案社交媒体平台及电子邮件等方式，转发评论自己认为值得传播的档案信息。转发评论发生在公众对档案信息的选择性注意之后，公众对于档案信息内容和档案信息接受对象进行了有意识地筛选。他们可以决定想要转发什么档案信息，转发对象是谁，是否评论，是否点赞，评论时是否要表明自己的意见和态度等等。通过转发评论，公众参与档案信息的公开传播过程，拓展了档案信息的公开传播范围。

第三个阶段则是兴趣、利益的逐渐融合，从"档案众包"阶梯开始，公众的自主性、话语权都更强，他们参与档案社交媒体平台的档案信息公开动机也更加复杂多元，因为参与的个性化，档案社交平台的信息公开活动内容会更加符合民众自身兴趣爱好，而既得利益也会偏向公众层面，公众对于档案社群的情感认同也将进一步升华。

第六参与阶梯的"档案众包"虽然是由档案机构为公众提供的参与档案信息公开的行为，然而公众可以根据自己的兴趣爱好，选择档案信息的转录、加注等行为，这种参与实践中，用户的自主性非常大，通常需要依靠公众的热情才能实现更好的参与，而这种参与往往反向促进公众的档案情感进一步升华。

第七参与阶梯的"档案生产"是指用户作为公众直接生产并公开传播自己的档案信息，他们可以根据自己的兴趣把自己生成的文本、声音、视频、图片档案上传到社交媒体平台，与其他用户分享自己的档案信息，传播自己的档案思想及观点。这是社交媒体赋权公众自主式参与的必然结果，公众成为档案信息公开传播活动的主体，拥有一定档案话语权。

第八参与阶梯的"讲述档案故事"是以全新的思路和方式对档案信息进行编辑拼接，是公众参与档案信息文本和内容生产过程的另外一种方式。社交媒体环境下，公众不再全盘接受档案机构公开传播的档案内容，而是质疑、批判甚至"对抗性解读"自己所接收到的档案文本信息。得益于新传播科技的日益普及，公众会根据自己的兴趣搜集、筛选现有的档案信息，并借助多媒体处理技术对其进行再整合。在讲档案故事过程中，部分内容来自于原始档案信息，公众赋予其全新的档案思想或编排方式。在这种创造过程中，原始档案信息仅仅是受众表达自己思想和观点的方式和手段，作为辅助性材料存在，其原始意义可能被完全颠覆。最高层面的参与方式是公众完全不依赖既有的公开传播的档案信息，创造出具有原创性的档案故事进行二次公开传播利用。这与自主性参与阶段的档案众包及档案生产而言，讲述档案故事的参与实践中，公众完全脱离了既有档案内容的束缚，实现了深度的档案信息公开参与。

三、公众阶梯式参与的特点及影响

（一）公众阶梯式参与的特点

从上面对公众参与八种方式的阶梯递进层次分析中，可以反映出社交媒体环境下的档案公众参与具有以下特点：

第一，公众参与类型多元化。不同公众的参与类型各异，同一公众在不同社交媒体平台的参与形态也不尽相同。对于特定公众来说，他在档案馆网站上可能仅点击浏览图片档案，却在档案官方微博上转发、评论档案帖子，在档案微信公众号上参与档案众包项目，发表原创档案故事。相应的参与实践围绕自我中心，打上深厚的个人化和个性化烙印。借助各种档案社交媒体平台，这些个性化色彩浓厚的参与实践又相互关联，混杂而生。

第二，公众参与具有不同的层级和水平。从被动旁观到简单的点击浏览再到复杂的讲述档案故事，从旁观状态到不自知的自发状态到自觉行动，公众的参与在不断深化，在参与过程中付出的感情和精力逐渐增加，参与所需技能也逐渐增多。尽管公众参与档案信息公开实践具有不同的层级，所形成的影响力大小也各不相同，但这并不意味着档案公众参与的档案信息公开传播阶梯或层次有优劣或主次之别，处于较高层次的自主式参与实践并非优于较低层次的主动式参与实践，公众参与档案信息公开的优化也并非是推动其参与实践从低阶梯向高阶梯方向发展。在参与的过程中，公众仅需依据自己的需要和爱好兴趣来选择最适宜的参与方式，这才是参与水平的最大提升。

第三，公众参与在不同的社交媒体形态之间穿梭延展。2008年，弗雷斯特研究公司提出了"社交媒体营销"的战略，他们将参与的网民分为六种组别，从而帮助企业了解网民使用社交媒体的不同方法，这六组用户分别是：创造者（24%）、评论者（37%）、搜集者（21%）、加入者（51%）、观看者（73%）、非活跃用户（18%）。❶ 这六组用户分类的比重超过了100%，因为这个用户参与分类本身就存在一定的流动性，有些人可以同时属于两组或两组以上。同理，处在参与阶梯中的档案公众参与行为并不固化，在不同的媒介平台往返穿梭。在视频分享网站上发表原创视频后，公众多会将其转发至自己的微博或微信朋友圈。点击特定档案信息公开传播内容后，公众可能浏览后直接关闭，也可能会认为其有价值而将其分享到自己的社交媒体账号。档案公众参与也是一个多项任务同时并进的实践活动，他可能一边在社交媒体平台上看档案视频，一边在朋友圈发自己的照片档案；或者一边在关注订阅档案信息，一边在档案社交平台上吐槽自己看到的档案信息。上述活动中，档案公众同时扮演着档案信息公开传播的搜寻者、听众、观众、读者、评论家等多重角色。这些活动并非独立割裂，而是并行不悖、相互支撑，并且在交互的过程中得到强化，共同组成了复杂的档案公众参与实践。

第四，公众参与是公众实现自我赋权的过程。公众参与档案信息公开传播涉及公开传播权利的整合与转移，从"旁观"到"讲述档案故事"，随着参与度的逐渐提升，公众从传统"被告知"的被动接受者角色，成为主动的档案信息生产者和公开传播者，对档案信息公开传播实践的掌控度也逐渐增加。在公众参与阶梯的最高档案众包、档案生产、讲述档案故事阶梯，档案公众变身成为民间的档案信息公开生产者和传播者，档案公众实质上掌控了该阶段的档案信息公开传播过程，"充当了一个组织化媒体的角色，成为一个'准'公共传播者、社会化的传播者"。❷

❶ 郭武文．公众风潮：如何在社交网络改变的世界中制胜［M］．北京：机械工业出版社，2013：88—89.

❷ 杨保军．论新闻的社会建构［J］．现代传播，2008（2）：28—31.

（二）公众阶梯式参与的影响

在公众的参与阶梯内，无论是"旁观者""点击者""反馈者""对话者""评论家""生产者""故事家"，都是公众参与档案信息公开传播活动的过程中所扮演的多重角色，生动地显示出他们在"参与阶梯"中自由延展穿梭的样貌。阶梯式的档案信息公开参与对档案信息公开传播产生了巨大影响。

1. 为档案信息公开传播提供新鲜的档案素材

随着智能手机的普及和社交媒体的大力发展，公众能随时记录发布自己的档案信息，也能转发、评论档案信息，还能根据档案信息进行内容创新。这些公众自己生成的档案信息为传统的档案信息公开提供了新鲜的内容血液，部分档案信息甚至是传统档案机构无法收集到的珍贵内容。比如淮安拍档微信公众号，邀请公众上传自己拍摄的照片档案；宜兴档案史志微信公众号邀请公众进行"网友晒宝"，就是传统档案馆力有未逮的内容。在社交媒体环境下的档案信息公开传播过程中，鼓励公众上传自己的档案记录已经越发常见。点击搜索、关注订阅、评论转发等参与行为，因其从用户的兴趣、情感出发，则有助于档案机构探索档案公众接收档案信息公开传播的习惯和内容偏好。这个庞大的档案公众大数据对于档案机构提升档案信息公开传播的效用具有重要的信息反馈作用。

2. 扩大档案信息公开传播的接触面，延展档案的生命周期

借助社交媒体的分享、转发功能，公众将原生性档案信息与再生性档案信息与自身网上网下的社交圈相连、形成一条条档案信息交互的社群链。在这样的参与互动中，档案信息从一小部分人扩展到一大群人，被更多人所知晓。调查发现，档案公众生产的大多数内容是针对文化或热点时事的评论、回应。新的档案评论往往会引发档案公众原本已经被沉淀到记忆中的"情绪"或"情感"，唤醒其对于档案内容所反映事件的记忆。比如微信公众号"吴江通"发布的"贺岁片《满江红》里的诗意吴江"，就把公众从春节档热播影片《满江红》的讨论与吴江历史文化元素很好地结合起来。红色档案的分享讨

论，则激发了人们的爱国情感及红色文化的关注。档案公众参与激活旧的档案信息内容，使已经淡出的事件重新回到公众视野，延展了档案内容的生命力和保质期。档案公众也可能会赋予旧的档案内容以新的时代意义，成为档案信息的二次、三次公开传播者、再加工者。这样的公众参与档案信息公开现象，反映出档案公众同时与原生性档案、再生性档案和时代文化之间对话，改变了传统媒体环境中档案信息容易过时被遗忘的现象。

3. 拉近档案信息公开传播实践与公众日常实践间的距离

公众由下而上的参与档案信息公开传播，借由公众与档案专业工作者的合作，使档案信息公开传播视角、公开传播内容更加多元，打破了传统档案信息公开实践中以综合性档案馆为主导的内容偏向，有助于不同阶层、不同社群间的档案对话。由于综合性档案馆保存档案内容的局限性，很多鲜活的、边缘化的、细节化的档案信息无法大量保存并公开传播利用，它的线性、流水式的档案信息公开传播方式，显示出传统档案馆系统性的结构缺陷。西方档案行业已经认识到，由于这种系统性的结构缺陷，在档案信息公开实践中存在着或明或暗的历史缺陷，导致少数民族人口和边缘化社群的代表性不足。传统环境下，档案馆可以通过努力增加藏品和行业的代表性来设法解决其体制上的缺点。社交媒体环境下这种将边缘化的、次等的或反主流文化涵括在内的自由冲动可以被看作是一种新的档案信息公开信念。吉米森指出，社交媒体环境下，"档案馆提供了一个入口，让社会上被剥夺公民权的群体得到承认和合法化。"[1] 他让被边缘化的声音——土著居民、其他种族或少数民族、经济上处于不利地位的人、非主流语言使用者、接受过另类教育的人，或其他人的档案声音——都可能被听到。

以各种档案社交媒体平台为例，公众虽然缺乏职业化的档案素养，只是以普通公众的视角来分享自己的档案记录及档案故事，评论、转发、转录、

---

[1] Jimerson, Randall C. Archives for All: Professional Responsibility and Social Justice [J]. American Archivist, 2007(7): 252–281.

标签档案信息，然而这些参与行为是公众有关自我、认同、回忆、情怀的展示，这些档案记录个性化内容展示了公众个人生活的日常记录及感受，描述了当下边缘化的、鲜活的时代细节，成为当代档案资料库中不可缺少的内容。这些公众参与档案信息公开传播的实践，填补了公众日常生活与传统档案信息公开传播之间的空白。

第三节　社交媒体背景下
档案信息公开公众参与结构的数据分析

英国社会学者安东尼·吉登斯的结构化理论指出，社会结构具有稳定性和制约性特征，还具有一定的使动性，行动者可以利用结构性的规则和资源，改变和再生产结构，最终实现社会的变迁。[1]但在档案信息公开传播的结构中，公众参与只是一个很小的变量，它能否成为改变档案信息公开的一支重要的"行动"力量，并推动档案信息公开传播的变迁？这需要研究公众参与的结构特点及其对档案信息公开潜在的影响。

一、研究对象及样本选择

（一）研究对象

本研究拟选择档案社交媒体平台客体及公众参与主体来考察公众参与结构，也即研究综合性档案馆社交社交媒体平台提供的公众参与服务、公众参与的主体特征及公众参与表达的构成状况。江苏作为文化和经济大省，其综合性档案馆网站及档案社交媒体在全国范围内的发展规模、整体水平和综合实力一直稳居前列，根据档案微平台研究发布的报告，2022年全国档案微信公众号排行榜前100名，江苏省各级综合性档案馆微信公众号上榜20个，可

---

❶　[英]安东尼·吉登斯. 社会的构成：结构化理论大纲［M］. 生活·读书·新知三联书店，1988：25.

以说，其档案社交媒体的发展水平是非常高的。因其特殊性及代表性，本书选择江苏作为样本区域。作者于 2022 年 12 月 10 日至 2023 年 1 月 23 日期间，以江苏省内共 114 个县市区（13 个省辖市，22 个县级市，19 个县，60 个市辖区）中能够有效访问的 20 个档案馆网站、30 个档案馆微信公众号及 10 个档案馆官方微博展开公众参与服务调查，同时对江苏省公众参与情况进行线上线下问卷调查，以公众参与的客体平台、公众参与的主体特征、公众参与表达作为研究变量，统计相关数据，通过定量分析方法，以点窥面，从而对公众参与结构及其对档案信息公开传播的影响有一个较为清晰的把握。

（二）研究样本

1. 社交媒体样本

档案馆网站调查样本主要以江苏省各省辖市、县级市、县及市辖区档案馆能够有效访问的档案馆网站作为分析样本，包括江苏档案信息网、南京档案、苏州档案、无锡市档案史志馆、徐州市档案馆、常州档案、南通档案、连云港档案、淮安档案、盐城市档案局、扬州档案、镇江档案、泰州市史志档案办公室、宿迁档案等 14 个省市级档案馆网站，江阴市档案史志馆、东台市档案馆、高邮市档案史志网、仪征档案馆、淮安市档案馆、吴江通等 6 个区县级档案馆网站，共计 20 个。

档案微信公众号主要以江苏省能有效访问的省、市、县及辖区综合性档案馆的微信公众号作为分析样本，包括江苏档案、南京档案、苏州档案、无锡档案、彭城档案、常州档案、记忆南通、红色兰台、淮安档案、盐城档案、扬州档案方志、镇江档案、记忆泰州、宿迁档案等 14 个省市级档案微信公众号，淮安拍档、金陵档案、昆山档案、如东档案、宜兴档案史志、扬中档案、张家港档案、吴江通、吴中档案、京口史志档案、梁溪区档案史志馆、新吴区档案史志馆、滨湖档案、涟水县档案馆、东台档案、响水县档案馆等 16 个区县级档案微信公众号，共计 30 个。

档案微博主要以江苏省各级能有效访问的综合性档案馆官微作为分析样

本，包括江苏档案、南京档案、无锡档案、南京溧水档案、海门兰台、金湖档案、玄武档案、沭阳县档案馆、泗洪档案2014、灌云档案等10个档案官方微博。

目前，江苏省各级综合性档案馆还未入驻抖音社交媒体平台，不具备样本意义，因此，抖音平台未列入社交媒体取样范围。

2. 公众问卷调查样本

本次问卷调查的样本对象主要是利用江苏省档案社交平台的公众，分别对线上和线下两类用户进行调查，线下问卷调查分两次发放，一次于2022年12月29日发放于扬州市档案馆、另一次于2023年1月4日发放于江苏省档案馆，被调查对象为来馆利用的任意用户；线上问卷调查则是通过问卷星随机调查。线上及线下问卷调查共280份，剔除漏填、选项全部相同的问卷15份，得到有效问卷265，问卷回收率和有效率分别为100%和91.1%。

二、相关变量确定

一是公众参与客体平台，也即综合性档案馆官方社交媒体平台提供的公众参与服务。目的是了解和分析社交媒体环境下综合性档案馆官方社交媒体平台在档案信息公开传播活动中为公众参与提供的服务类型结构特征，参与服务变量按照参与阶梯递进分为：被动式参与服务、主动式参与服务、自主式参与服务三种类型，通过数据分析不同平台提供的公众参与服务类型的构成和百分比，了解不同档案馆官方社交媒体平台在档案信息公开过程中提供的公众参与服务能力以及不同平台的公众参与服务整体发展态势。

二是公众参与主体。社交媒体背景下的档案信息公开传播中，参与档案信息公开的主体公众会呈现出年龄、性别、学历、社会职业、社会阶层等的差异，这些差异会导致公众参与表达的不同，呈现不同的目的、行为以及冲突的观点。这类变量包括：公众性别、年龄、职业、受教育程度等，通过这些变量可以确定档案信息公开受众群体特征，了解谁更愿意使用社交媒体平台，职业及受教育程度与公众参与的联系等。

三是公众参与表达。由于社交媒体技术的差异，各平台提供参与服务类型的不同，会影响到公众的参与表达，比如公众愿意使用何种平台、使用何种行为方式参与档案信息公开，情感等心理因素如何影响公众的参与表达。这类变量包括参与平台、参与方式、参与关注点、参与目的、参与情感及参与满意度等，从而了解不同社交平台对公众参与表达的影响；内容原创性及有无视频、图片等对公众参与的影响；公众的参与目的、参与情感与参与行为之间的关联并如何对公众参与表达产生影响等。

三、数据分析

（一）综合性档案馆社交媒体平台提供的公众参与服务分析

将综合性档案馆网站、综合性档案馆微信公众号、综合性档案馆官方微博提供的公众参与服务对照参与阶梯分为被动式参与、主动式参与和自主式参与三种服务类型，并将各类型细化为一些典型参与服务方式，对能够提供相关服务的档案官方社交媒体平台的数量及占比进行统计，得到如下结果：

表1　综合性档案馆网站提供公众参与服务的统计（N=20）

综合性档案馆网站提供的公众参与服务类型		频数（个）	比重（百分比）
被动式服务	信息开放	20	100%
	档案展览	20	100%
	工作动态	20	100%
	网络调查	7	35%
主动式服务	档案查询	20	100%
	咨询建言	16	80%
	在线互动	16	80%
自主式服务	档案征集	15	75%
	档案捐赠	5	20%

（续表）

综合性档案馆网站提供的公众参与服务类型		频数（个）	比重（百分比）
	档案故事	5	20%
	档案众包	0	0
	档案发布	0	0

综合性档案馆网站为公众参与提供的服务比较发达，江苏省档案馆及十三个省辖市档案馆均建立了档案馆网站。从提供参与服务的层次及方式来看，较低层次的被动式参与占较大比重，20个样本的档案馆网站均向公众提供了常规的档案信息开放传播、在线档案展览、档案工作动态发布的被动式参与服务；无锡、常州、南通、连云港、南京、常州、仪征等7个档案馆网站则向公众展开了不同类型的档案调查，占比35%。较高层次的主动式参与方式中，20个档案馆网站均提供了档案查询服务，占比100%；咨询建言与在线互动均占比80%，除江阴档案、东台档案、高邮档案、吴江通没有提供咨询建言与在线互动服务外，其他档案馆网站均提供了咨询建言服务与在线互动服务。最高层次的自主式参与方式中，档案征集所占比重较大，除常州、盐城、镇江、吴江通、江阴没有提供档案征集服务外，其他综合性档案馆网站均提供了档案征集服务，占比75%；江苏档案、苏州档案、常州档案、扬州档案方志、记忆泰州5个档案网站提供了档案捐赠服务，占比20%；江苏档案、吴江通、南京档案、无锡档案、常州档案等5个档案网站提供了讲述档案故事服务，占比20%；所有江苏省的综合性档案馆网站均未提供档案众包与档案发布服务。

表2　综合性档案馆微信公众号提供公众参与服务的统计（N=30）

综合性档案馆微信公众号提供的公众参与服务		频数（个）	比重（百分比）
被动式服务	信息开放	30	100%
	档案展览	19	63.3%

（续表）

综合性档案馆微信公众号提供的公众参与服务		频数（个）	比重（百分比）
	工作动态	30	100%
	网络调查	2	6.7%
主动式服务	档案查询	19	63.3%
	咨询建言	9	30%
	在线互动	30	100%
自主式服务	档案征集	26	86.7%
	档案捐赠	24	80%
	档案故事	22	73.3%
	档案众包	4	13.3%
	档案发布	6	20%

综合性档案馆微信公众号为公众参与提供的服务较为发达，江苏省档案馆及十三个省辖市档案馆均建立了档案馆微信公众号，30 个样本的档案微信公众号均向公众提供了常规的档案信息公开传播，档案工作动态发布等被动式档案信息公开传播服务，19 个档案微信公众号（江苏档案、南京档案、苏州档案、无锡档案、常州档案、记忆南通、红色兰台、淮安档案、扬州档案方志、镇江档案、宿迁档案、淮安拍档、金陵档案、昆山档案、宜兴档案史志、张家港档案、吴中档案、京口史志档案、滨湖档案）提供了网上展厅的公开传播方式，占样本的 63.3%；9 个档案微信公众号（江苏档案、南京档案、彭城档案、记忆南通、宿迁档案、金陵档案、如东档案、宜兴档案史志）提供了咨询建言服务。自主式服务层次中，超过 70% 的综合性档案馆微信公众号提供了档案征集、档案捐赠、档案故事服务；4 个综合性档案馆微信公众号（南京档案、金陵档案、宜兴档案史志、张家港档案）提供了档案众包服务；6 个综合性档案馆微信公众号（南京档案、常州

档案、淮安拍档、金陵档案、宜兴档案史志、张家港档案）提供了档案发布服务。

表3　综合性档案馆微博提供公众参与服务的统计（N=10）

综合性档案馆微博提供的公众参与服务		频数（个）	比重（百分比）
被动式服务	信息开放	7	70%
	档案展览	1	10%
	工作动态	7	70%
	网络调查	0	0
主动式服务	档案查询	0	0
	咨询建言	0	0
	在线互动	7	70%
自主式服务	档案征集	0	0
	档案捐赠	0	0
	档案故事	3	30%
	档案众包	0	0
	档案发布	0	0

微博各项指标占比均较低，现有的综合性档案馆官微，只有江苏档案、南京档案及无锡档案三个省市级档案官微，省级官微普及率不高；在调查的样本中，无锡档案、南京溧水档案、灌云档案虽然建立了档案馆官微，但并无内容发布；海门兰台、金湖档案、溧阳县档案馆、"泗洪档案2014"等4个综合性档案馆官微均已停更较长时间；目前尚正常运营的档案官微只有江苏档案、南京档案、玄武档案。从提供的参与服务来看，除了无内容发布的三个档案馆官微，其他7个档案馆官微均提供了信息开放、工作动态发布以及在线互动服务；江苏档案官微提供了南京老照片在线展览；江苏档案、南京档案、玄武档案提供了档案故事传播服务。调查样本10家档案官微均未提供

网络调查、档案查询、咨询建言、档案征集、档案捐赠、档案众包、档案发布服务。

总而言之，上述数据反映出以下几点：第一，从省级到区县级的综合性档案馆网站在社交媒体时代发展非常迅速，已经成功从 Web 1.0 走向了 Web 2.0，摆脱了过去单线型的单一被动的档案信息公开方式，加入越来越多的公众参与元素，助推档案信息公开大力发展。第二，综合性档案馆三种官方社交媒体平台的发展态势各有不同，档案馆网站在档案信息公开传播平台中占据着非常重要的地位，成为档案信息公开传播的重要阵地；档案馆微信公众号则提供了非常完整系统的公众参与服务，在三种平台公开传播中具有非常大的优势；档案馆微博的发展日趋式微，档案馆官微运营管理较差，档案信息公开传播影响力较小，档案馆官微在档案信息公开传播中发挥的公众参与效用较低。第三，当前，各参与类型服务的发展还不均衡，我国综合性档案馆提供的公众参与服务仍以被动式参与服务为主，主动参与服务有了较大发展，自主参与服务仍有较大的发展空间，说明参与层级越高，对档案馆来说提供参与服务的压力越大。

（二）参与公众主体分析

课题组将公众参与主体特征按性别、年龄、职业、受教育程度等变量进行分析，各项变量统计结果如下：

表4　公众调查样本基本信息统计表（N=265）

	所属类型	频数（人数）	比重（百分比）
性别	女	163	61.5%
	男	102	38.4%
年龄	18 岁以下	30	11.3%
	18—30	102	38.4%
	31—45	74	27.9%

（续表）

	所属类型	频数（人数）	比重（百分比）
	46—60	48	18.1%
	60 岁以上	11	4.2%
职业	在校学生	164	61.9%
	国企、事业单位、政府工作人员	85	32.1%
	其他企业员工	3	1.1%
	个体经营、自由职业	11	4.1%
受教育程度	小学	0	0
	初中	2	0.7%
	高中	5	1.9%
	本科	148	55.8%
	硕士	72	27.2%
	博士	38	14.3%
	其他	0	0

从公众调查样本基本信息表可以看出，参与档案信息公开传播的受众，从性别上看，男女比例约为 4:6，女性受众居多；样本对象年龄主要集中在 18—45 岁，占总人数的 66.3%，说明参与档案信息公开的用户多为中青年人；从职业上看学生比重较大，占比 61.9%；从受教育程度上看，参与受众的整体受教育程度较高，基本都在本科以上学历。这表明在社交媒体空间，在去中心化的档案信息公开传播结构中，从事文化教育事业的公众参与意愿较强，教育程度对公民有着正向影响。

（三）公众参与表达分析

将公众参与表达分为参与平台，参与方式，参与目的、参与关注点、参与情感、参与满意度等类型，接受调查的受众可对调查的变量进行选择，对各项变量数据进行统计，结果如下：

表5　公众参与平台统计表（N=265）

题目	选项	频数（人）	比重（百分比）
您更愿意通过何种平台参与档案信息公开传播（可多选）	大众传媒（报纸、广播、电视）	24	9.3%
	实体档案馆	110	38.6%
	微信	258	97.3%
	微博	129	48.6%
	档案网站	139	52.4%
	抖音	190	72%
	Twittert、Instagram、Facebook 等	21	5.8%

从参与平台来看，用户更倾向于使用社交媒体平台参与档案信息公开传播。在国内，用户更喜欢使用微信平台，达到了97.3%的覆盖率；其次是抖音平台，档案网站位居第三，微博位居第四。因此我们可以得出：在档案信息公开传播中，用户对传统大众传媒及实体档案馆的接触率、选择率及使用率均在下降，社交媒体已经成为公众参与档案信息公开传播的重要平台。

表6　公众参与方式统计表（N=265）

题目	选项	频数（人）	比重（百分比）
您更愿意通过何种方式参与档案信息公开传播（可多选）	被动旁观	86	32.4%
	点击搜索档案信息	179	67.6%
	关注订阅档案信息	158	59.5%
	转发评论档案信息	103	38.9%
	参与档案众包活动	21	8.1%

（续表）

题目	选项	频数（人）	比重（百分比）
	发布分享个性化档案信息	61	22.9%
	讲述档案故事	73	27.6%

从用户参与方式来看，用户主动参与方式的"点击搜索、关注订阅、转发评论"等方式占比较高，自主参与式的"档案众包、档案发布、讲述档案故事"等方式占比较少，由此可以看出，当前用户参与档案信息公开传播已经从较低层次的被动方式向较高层次发展，但高层次的自主式参与方式对用户来讲仍有一定难度。

表7 公众参与关注点统计表（N=265）

题目	选项	频数（人）	比重（百分比）
	内容原创性	215	81.3%
	排版新颖	60	22.6%
您参与档案信息公开传播时更关注哪个方面？（可多选）	刷存在感	38	14.3%
	交流互动	114	43.2%
	视频、图片有吸引力	128	48.3%

从参与关注点来看，内容原创性对公众参与的吸引力最大，占81.3%；视频、图片对用户的吸引力占48.3%，居第二；交流互动位居第三，占43.2%；排版新颖位居第四，占22.6%；刷存在感占比最低，仅占14.3%。这说明，首先，公众参与档案信息公开非常看重内容的原创性，内容原创性高低对公众参与行为的发生有着直接影响；其次，视觉符号功能成为表达的有力武器，精美的图片、视频等视觉符号的加入，有助于促进公众参与行为的发生；再次，社交互动元素在公众参与档案信息公开中占据重要地位，良好的社交互动有助于公众参与档案信息公开。

表 8　公众参与目的统计表（N=265）

题目	选项	频数（人）	比重（百分比）
您参与档案信息公开传播是为了什么？（可多选）	获取专业知识，撰写论文	156	58.7%
	获取准确、快速、真实的档案信息	199	78.5%
	发表意见、表达档案观点	139	52.4%
	与同行进行信息交流	107	40.5%
	消磨时间	33	12.3%

　　从参与目的来看，用户的参与目的较为多元，更多的用户参与档案信息公开传播是为了获取准确、快速、真实的档案信息，其次是为了获取专业知识、撰写论文，再次是为了发表意见、表达档案观点以及与同行进行信息交流，最后是为了消磨时间。由此可以看出，公众参与目的性较强，更加注重通过参与解决实际问题。

表 9　公众参与情感统计表（N=265）

题目	选项	频数（人）	比重（百分比）
您参与档案信息公开传播出于何种心理情感？（可多选）	好玩、趣味性心理	165	62.2%
	新颖性、挑战性心理	156	45.9%
	功能性、效用性心理	207	78.3%
	寻找精神寄托	43	16.2%
	奉献、自我满足心理	50	18.9%

　　从参与情感来看，功能性、效用性心理居于首位，占比78.3%；好玩、趣味性心理次之，占比62.2%；新颖性、挑战性心理位于第三，占比45.9%；奉献、自我满足心理位于第四，占比18.9%；寻求精神寄托占比最少，为16.2%。据此我们可以得出，参与心理对用户参与行为具有一定的引导作用，且参与心理与用户年龄具有一定相关性，根据用户问卷调查的结果，18岁以

下的用户均选择了好玩、趣味性心理；60 岁以上用户均选择了寻找精神寄托。

表 10　档案信息公开传播存在问题统计表（N=265）

题目	选项	频数（人）	比重（百分比）
您认为当前档案信息社交媒体公开传播有何问题？（可多选）	推文内容原创性不够	208	78.5%
	文案缺乏趣味性	113	42.6%
	信息分区及排版混乱	35	13.2%
	档案开放获取不足	180	67.9%
	参与渠道较少	88	33.2%
	参与获得感不够	119	44.9%

从统计公众认为的档案信息公开传播问题来看，公众认为的问题聚焦于推文内容原创性不够，占比 78.5%；档案开放获取不足次之，占比 67.9%；参与获得感不够排第三，占比 44.9%；文案缺乏趣味性位于第四，占比 42.6%；参与渠道较少排第五，占比 33.2%；参信息分区及排版混乱占比最低，为 13.2%。据此我们可以看出，推文内容原创性、档案开放程度以及是否能够在线查询获取、参与获得感对用户参与社交平台的档案信息公开传播具有强大的吸引力，而文案质量、信息排版、参与渠道等对用户参与也有不同程度的影响。

表 11　公众参与满意度统计表（N=265）

题目	选项	频数（人）	比重（百分比）
您参与档案信息公开传播的满意度如何？（只能单选）	非常满意	10	3.7%
	比较满意	21	7.9%
	满意	40	15.1%
	不太满意	107	40.4%
	非常不满意	12	4.5%

从参与满意度评价来看，不太满意的占 40.4%，满意次之，占比 15.1%，比较满意位居第三，占 7.9%，非常满意占比最低，为 3.7%。据此我们可以得出，公众参与的满意度整体不高，当前档案馆社交媒体平台提供的公众参与服务尚不能达到公众的需求，公众参与的获得感没有达到预期。

四、结论与讨论

通过档案信息公开公众参与的结构分析，我们可以得出以下几点结论。

一是综合性档案馆社交媒体平台提供的参与性服务成为公众参与档案信息公开的门槛，它的档案信息公开参与服务能力一定程度上满足了公众的参与需求，但也存在一定差距。从综合性档案馆社交媒体平台的发展态势来看，档案馆网站与档案馆微信公众号处于积极向上的发展态势，发展势头良好，而档案馆官方微博的发展则日趋萎缩，档案馆抖音号发展存在较大困难。而从公众的参与平台偏好来看，各平台中，公众更偏向于微信，其次是抖音，第三是档案馆网站，微博最次，微信平台与网站平台的公众参与服务能力与用户选择偏好较为吻合，然而与公众的抖音平台服务需求相去甚远，微博提供的参与服务也与将近半数用户的利用偏好有偏差，这说明综合性档案馆官方社交媒体平台的参与服务能力在一定程度上满足了用户的平台选择偏好，但与用户的选择偏好仍存在一定的差距。从综合性档案馆官方社交媒体平台提供的参与性服务占比来看，被动性参与服务占比非常大，主动性参与服务占比其次，自主性参与服务占比普遍较低，而从用户的参与意愿调查来看，用户主动性参与意愿占比最高，被动性参与占比次之，自主性参与意愿占比最少，说明档案馆非常擅长传统的被动式档案信息公开参与服务，对提供用户参与意愿最强的主动式参与服务能力还有一定欠缺，高层次的自主性参与服务能力尚显不足。

二是从参与的主体看，社会各阶层各群众参与具有较强的参与意愿，普通大众通过社交媒体参与档案信息公开传播的热情较高，但也潜藏着官方主导的特征，公众参与影响力不显著。调查结果显示，为公众提供自由发布档案信息服务的档案馆微信公众号仅占 20%，提供众包服务的档案馆微信公众号仅占 13.3%，综合性档案馆网站与综合性档案馆官微均无此类参与服务，这说明，在档案信息公开传播过程中，公开传播内容更多仍是由档案官方主宰，他们决定着档案信息公开传播的基本走向，一般大众的参与主要是检索、关注订阅、转发和评论，跟随档案官方社交媒体平台的公开传播进行相关参与，参与影响力并未充分体现。

三是从公众的参与意愿来看，公众参与具有较强的指向性。公众参与档案信息公开的平台更倾向于微信与抖音平台；参与方式更注重点击搜索与关注订阅的方式；参与关注点非常关注内容的原创性；参与目的更多是为了解决工作、学习及生活中的档案信息需求；参与情感更多表现为对功能性、效用性的需求心理。这些情况反映出在参与式文化的影响下，公众具有较强的参与愿望，参与能力得到提升，更愿意主动通过自身的参与来满足自己的档案信息需求以及参与情感，其中原创性越高的社交媒体，受到的关注就越高，公众参与互动越强，影响力越大，这验证了档案信息公开传播的内容主导原则，也即档案信息公开传播的内容质量越高，越受到公众的欢迎，事实上，这有利于摆脱单纯的社交媒体技术依赖，将档案信息通过社交媒体更好地公开传播，从而放大档案信息公开传播的效果。

四是公众参与代表了民间的档案信息公开参与需求。从社交媒体环境下的公众参与表达来看，社交媒体提升了民众的档案话语权和表达权，普通大众通过转赞评互动方式，或者通过"网友晒宝""在线建档"、上传"拍档"等档案发布方式以及讲述档案故事、建立家庭档案等方式来表达自己的档案思想及观点。传媒大师因尼斯认为，一旦出现新的传播技术，政治、经济及文化权力很快会将其收编，成为知识及权力垄断的工具。而对于社交媒体来说，这一判断并非完全如此。从当前来看，公众参与与综合性档案馆以及社交媒体平台之间的博弈仍然存在，在档案信息公开传播的过程中，在极力摆脱弱势、被边缘化趋向，已经成为档案信息公开传播中的重要一极。

第四章　档案信息公开的社交媒体应用

社交媒体在档案信息公开领域的应用取得了显著效应，本书主要选取档案信息公开传播较为发达的美国、加拿大、澳大利亚、法国、英国等典型国家作为案例来调查其社交媒体应用的现状，并分析其经验，与我国的档案信息公开社交媒体应用现状进行比对，从而反思我国档案信息公开传播目前的困境。

第一节　社交媒体背景下的美国档案信息公开 ❶

社交媒体的出现不但使人们的沟通方式发生了变化，而且使社会各个领域都随之发生了变革。社交媒体作为一个全新的领域，它与档案工作之间的关系以及它给档案信息公开带来的机遇与挑战已经受到档案界的密切关注。美国国家档案馆积极应用社交媒体，改变档案信息公开的形式与内容，使档案信息公开取得了明显的成效。这虽然只是一个初步的尝试，但它代表了未来档案信息公开服务的一种趋势——应用社交媒体。

对许多美国人来说，美国是《宪法》《独立宣言》和《权利法案》的发源地。然而，美国国家档案馆认为他们的工作不应该仅限于管理这些档案文件，他

---

❶　参考：张江珊. 美国国家档案馆社交媒体策略发展的比较研究及启示［J］. 档案学研究，2018（4）：117—122.

张江珊. 美国社交媒体记录捕获归档的思考，2016（4）：119—123.

们可以借助社交媒体更为广泛和深入地从个人层面生动地展示档案机构所做的事情。档案机构可以通过社交媒体帮助公众了解、安全获取各类档案信息。

美国国家档案馆致力于为各类人群提供广泛服务。退伍军人需要知道如何申请他们的服役记录、教师需要主要的课程来源、记者需要跟上《信息自由法》的发展、联邦机构想要档案管理的帮助、参观者和研究人员对发掘历史故事很感兴趣、系谱学家正在寻找他们家族的故事等。而且，随着记录保存的世界完全网络化，每个人都对以各种格式保存数据的挑战感兴趣。社交媒体是一个讲故事的地方，而故事是我们理解世界的方式。虽然这些记录和其中人物的故事永远是国家档案馆的核心，但美国国家档案馆需要考虑的不仅仅是分享文件。他们需要利用所掌握的强大的讲故事的工具来创造一个国家档案馆正在做的档案工作的更全面的画面。从数字保存到档案管理，再到博物馆展览，美国国家档案馆都是这个领域的专家，这表明在社交媒体上的专业知识可以为公众和客户创造信任和理解。

一、美国档案信息公开社交媒体应用实践

2010 年 6 月 8 日推出了维基档案馆，鼓励公民档案管理员与国家档案馆工作人员一起，贡献自己的专业知识及指导性意见；同时，还启动了增强现实性的项目"历史发生在这里"，并鼓励用户通过社交媒体积极参与；另外，NARAtions 博客开设了两个新的常规系列："周三，你在干什么？"用来访问国家档案馆工作人员，获取专业意见；"国家档案馆海岸线"向公众提供各个地区有趣的档案。❶

2011 年美国国家档案与文件署建立了两个博客网页 —— 总统图书馆博客（OurPresidents）与国家档案与文件署博客（USNatArchives），与用户进行更好地沟通和交流；在 challenge.gov 上开展了"历史发生在这里"现实摄

---

❶ 张江珊. 美国档案信息公开社交媒体策略研究［J］. 档案学研究，2014（04）：86—89.

影大赛；联机公共检索界面也在这一时期开始对公众开放。通过社交媒体向公众征集国家档案馆网页设计的意见及创意，重新设计后的国家档案馆主页 archives.gov 受到了公众的表扬；档案维基也在白宫的创新画廊上市。❶

2012 年的总统大选中，美国国家档案馆通过社交媒体公开档案信息：一是联邦公报为关键性的在线竞选发布互动的选举地图；二是在整个选举过程中选举团通过 Twitter 向公众阐明其意图，在总统大选中发挥了重要作用，另外，国家档案馆利用社交媒体的应用程序"危险的边缘"向公众提供古巴导弹危机展览的在线文件和获取的录音。❷

在 2017 年 7 月 4 日，与弗农山合作，抄写乔治·华盛顿档案，这为公众提供了参与公开档案信息的非常好的机会。2017 年在美国总统竞选结束后，美国国家档案馆的总统图书馆在 twitter 和 Instagram 上举办"竞选收集（#SelectionCollection）"活动，鼓励博物馆、图书馆、收藏家、民众分享他们与选举有关的文件和纪念品，从而强化与用户之间的档案信息双向传播；举办"档案馆标签（#ArchivesHashtagParty）"活动，每个月围绕不同主题，让用户在社交平台上分享自己的收藏集锦；在 twitter 上举办"档案工作者咨询日（#AskAnArchivistDay）"活动，来自世界各地的档案工作者和用户相互之间进行档案日常工作、档案教育、最喜爱的档案等主题的交流。

在针对档案信息公开中的社交媒体记录归档实践中，2012 年 5 月，美国首席记录官员办公室和国家档案与文件署的社交媒体团队举办了一个联邦记录管理人员与网络管理者的论坛，讨论社交媒体捕获的最佳实践，与会者讨论了他们正在使用的、测试的及考虑中的大量工具及技术。2013 年 5 月，美国国家档案与文件署公布了社交媒体记录捕捉的工具，共 57 种，这些工具包括：Actiance Socialite、Aleph Archives、Alfresco、Archify、ArchiveFacebook、Archive-It、ArchiveSocial、Arkovi RegEd、Backup Buddy、Backupify for

---

❶ 张江珊. 美国档案信息公开社交媒体策略研究［J］. 档案学研究，2014（04）：86—89.

❷ 同上.

Personal Apps、Convogence、Downloadr、Erado、Facebook Download service、Flickr API、FlickrEdit、Free YouTube Down-load、freezePAGE、Global Relay、Hanzo Archives、Hearsay Social、Hootsuite、Iterasi、LiveOffice、Memento、Cloud Preservation by Nextpoint、Ohmygov、Ownbackup、PageFreezer、Parallel-Flickr、Patrina、Recollect、Reed Archives、Site Replay、SiteSucker for Mac OS X、Smarsh、SMC4 by Integritie、SocialSafe、Socialware、Sonian、Spredfast、ThinkUp、Total Discovery、Tweet Archivist、Tweetbook、Tweet Library（Mac）、Tweet Nest、Tweetstream、TwInbox、Twitter API through manual backup、Twitter Archive Download、Twitter Archiving Google Spreadsheet、Twitter Backup、Twitterscribe、WP-DB Manager、X1 Social Discovery、YTD Video Down-loader。

二、美国档案信息公开社交媒体政策法律

（一）三代社交媒体政策

美国从 2010 年至今，制定了三份社交媒体策略，集中体现了美国档案信息公开的社交媒体政策。

1. 推陈出新的第一代"社交媒体策略（2010）"

美国国家档案馆 2010 社交媒体策略制定的初衷是为了响应奥巴马政府提出的"开放政府"建设，美国国家档案馆认为初兴的社交媒体核心价值观"合作、领导、首创精神、多样性、社群、开放"有助于国家档案馆改变原有的理念价值观，更好地实施奥巴马总统提出的"开放政府计划"，完成更加开放透明、参与和协作的开放政府建设内容，在此背景下美国国家档案馆制定了第一代社交媒体策略。2010 版社交媒体策略专注于三大社群的社交媒体建设，通过内部工作人员社群、政府社群和公民档案管理员社群的社交媒体应用，帮助美国国家档案馆完成建设开放政府的使命，其内容主要集中在三个方面：第一，利用社交媒体工具，革新国家档案馆员工社群内部的沟通和协作；第

二，通过建立与政府社群对话的空间和平台，参与并强化与政府社群的协作；第三，利用社交媒体工具，建立和加强与研究者及公民档案管理员之间的联系。❶

2. 守正创新的第二代"社交媒体策略（2017—2020）"

第二代社交媒体策略依据两个交叉视角构建，一是目标视角，通过讲述伟大档案故事、与用户加强联系以及发展员工社交媒体技能文化等目标视角来制定新版社交媒体策略；二是数据视角，各个目标视角都需要强有力的数据分析来进行支持，因此各个目标下都有相应的行动数据分析来制定不同视角的社交媒体策略。第二代社交媒体策略的内容主要集中在四个方面：第一，利用社交媒体工具来讲述伟大的档案故事；第二，利用社交媒体平台，深化用户联系；第三，注重培养档案社交媒体用户成长；第四，注重培养国家档案馆社群的实践技能。❷

3. 纵深发展的第三代"社交媒体策略（2021—2025）"

新冠疫情危机对美国国家档案馆社交媒体策略的影响是深远的，在它的影响下，第三代社交媒体策略的视角专注于通过加强开放获取、强化与公众联系、提升员工社交媒体素养，从而使美国国家档案馆对国家价值实现最大化。与之相应，第三代社交媒体策略的内容主要聚焦于以下方面：第一，"让访问发生"。"让访问发生"肯定了"公共访问"是美国国家档案馆的核心使命，是赋予国家档案馆所有工作目的和意义的更高使命。第二，与用户联系。"与用户联系"要求美国国家档案馆不断改善用户服务，培养公众参与档案事务，并认识到记录在民主社会的重要性。第三，使国家档案馆对国家的价值最大化。美国国家档案馆正在改革联邦政府的记录管理政策和实践，以支持向数字政府过渡；大力公开档案信息，增加档案记录持久的文化和历史价值，推

---

❶ 张江珊. 美国国家档案馆社交媒体策略发展的比较研究及启示[J]. 档案学研究，2018（04）：117—122.

❷ National Archives Social Media Strategy 2017-2020［EB/OL］.［2022-01-10］. https://www.archives.gov/social-media/strategies.

动政府历史数据和记录的公共及商业再利用，以创造可衡量的经济活动，从而使国家档案馆的国家价值最大化。第四，通过员工建设未来。美国国家档案馆承诺通过员工打造未来，为所有的员工提供学习和领导的机会，以成功过渡到数字环境。美国国家档案馆致力于让员工投身于数字化的工作，通过创新改进工作流程，成为社交媒体时代的领导者。❶

4. 三代社交媒体政策的差异

4.1　社会条件差异

美国国家档案馆 2010 社交媒体策略的制定缘于国家档案馆响应政府倡议，实施"开放政府"建设的外部促动力，社交媒体兴起后，美国国家档案馆认为社交媒体的核心价值观"合作、领导、首创精神、多样性、社群、开放"有助于改变国家档案馆的理念价值观，有可能改变美国国家档案馆为用户和美国公民提供服务的方式，有助于促进国家档案馆实施奥巴马总统提出的"开放政府计划"，促进美国国家档案馆更加开放透明、参与和协作，在此背景下制定了美国国家档案馆的第一个社交媒体策略。第一个社交媒体策略实施六七年后，美国国家档案馆数字媒体逐渐发展壮大，在此过程中，用户的数字信息需求发生移动化、碎片化、个性化、肤浅化等新的变化特征，美国国家档案馆必须提供与众不同的档案内容及信息服务来突出自己作为文化信息服务机构的价值，从而吸引并留住用户，新要求促进新政策诞生，在此社会条件下，美国国家档案馆推出新的社交媒体策略（2017—2020）。2020年蔓延全世界的新冠疫情改变了美国国家档案馆的数字愿景，在前两代社交媒体应用时期，虽然社交媒体一直是公众与美国国家档案馆联系的入口，但在 2020 年的新冠疫情危机时期，社交媒体可以说是档案馆与公众进行实时联系并获得"面对面"服务体验的唯一途径，美国国家档案馆在服务的过程中，发现技术支持、员工素养、服务能力、组织管理等与全面提供数字化服

---

❶　Social Media Strategy Fiscal Years 2021–2025［EB/OL］.［2022–01–10］. https://www.archives.gov/social-media/strategies.

务尚有差距，因此，提出了面向纵深发展的第三代"社交媒体策略（2021—2025）"。

4.2 制定视角差异

基于制定的社会条件不同，美国国家档案馆三个社交媒体策略制定的视角也有差异。2010 版社交媒体策略专注于美国国家档案馆当时建立的三大社群对社交媒体的应用之上，通过内部工作人员社群、政府社群和公民档案管理员社群三大社群的社交媒体应用，从而帮助美国国家档案馆完成建设开放政府的使命。而 2017—2020 版社交媒体策略依据两个交叉视角构建，一是目标视角，通过讲述伟大档案故事、与用户加强联系以及发展员工社交媒体技能文化等目标视角来制定新版社交媒体策略；二是数据视角，各个目标视角都需要强有力的数据分析来进行支持，因此各个目标下都有相应的行动数据分析来制定不同视角的社交媒体策略。2020-2025 版社交媒体策略则专注于通过加强开放获取、强化与公众联系、提升员工社交媒体素养，从而来提高美国国家档案馆对国家价值实现最大化。

4.3 策略内容差异

2010 版策略的内容主要集中在三个方面：第一，利用社交媒体工具，革新国家档案馆员工社群内部的沟通和协作；第二，通过建立与政府社群对话的空间和平台，参与并强化与政府社群的协作；第三，利用社交媒体工具，建立和加强与研究者及公民档案管理员之间的联系。而 2017—2020 版策略的内容主要集中在四个方面：第一，利用社交媒体工具来讲述伟大的档案故事；第二，利用社交媒体平台，深化用户联系；第三，注重培养档案社交媒体用户成长；第四，注重培养国家档案馆社群的实践技能。2020—2025 版社交媒体策略的内容主要集中在以下几个方面：第一，"让访问发生"；二，与用户联系；第三，使国家档案馆对国家的价值最大化；第四，通过员工建设未来。

总体来看，旧的社交媒体策略理想主义色彩深厚，更加强调社交媒体理念对档案馆变革的影响，而新的社交媒体策略现实主义色彩深厚，不仅制定了明确的目标，而且各个目标都具有非常强的实践可操作性。

5. 三代社交媒体政策的相同点

纵观美国国家档案馆新旧社交媒体策略的形成及发展，尽管其形成的社会条件不同，目标及内容侧重点不同，但其主旨却一脉相承。首先，都随着社会条件及档案馆自身的变化而制定相应的社交媒体策略，社会条件的变化是两个社交媒体策略制定的最重要外部促动力；其次，三代策略都在保证国家档案馆积极应用社交媒体进行变革的同时，为美国其他档案机构应对社交媒体时代的挑战提供理论依据和现实手段，这是三个社交媒体策略制定的最重要内部促动力；再次，都强调不单纯从技术角度去理解社交媒体，而是将其放在更广阔的社会背景下，综合运用技术、经济、文化、社会心理等多种方法手段来实现社交媒体与档案机构的深度融合；第四，三代策略都面临着一个相同的问题，如何在社交媒体时代为档案机构争取更大的话语权，取得社交媒体时代信息机构的领导权。

（二）社交媒体相关法律

另外，美国制定了《开放政府法》《联邦记录法》《信息自由法》《隐私权法》、美国政府问责办公室发布的《联邦机构所需的信息管理及保护的政策和程序 GAO-11-605 文件》、美国国家档案与文件署发布的《利用 Web 2.0 和社交媒体网站的行为准则及内容管理责任（NARA 指南 831-2）》《美国国家档案与文件署 2014-02 布告》等基础性政策法规，来规范协调档案信息公开中的社交媒体行为。

美国国家档案馆针对社交媒体早在 2011 年 4 月就制定了《使用 Web 2.0 和社交媒体网站的行为规则和内容管理职责（中期指导政策）》，提供在 Web 2.0 社交媒体网站上进行沟通时适当行为的指导原则，向机构工作人员和承包商提供有关 Web 2.0 社交媒体网站管理内容的责任，并要求指定该机构的数字化策略以及负责联系事宜的管理服务人员；另外，美国国家档案馆还陆续制定了在博客、Dipity、Facebook、Flickr、Idea Forums、National Archives Catalog、Pinterest、Twitter、Tumblr、Youtube 等社交平台上的评论政策。

2017年美国国家档案馆公布《社交媒体成功秘诀》，该政策针对美国国家档案馆工作人员以及其他组织机构及社会公众如何成功实施社交媒体行为，总结一些技巧方法，如讲述伟大故事的技巧、深化参与技巧、发展用户技巧等，配合新社交媒体策略更好地实施。

第二节　社交媒体背景下的加拿大档案信息公开 ❶

以社交媒体为代表的新的信息及通信技术的发展，改变了人们公开传播、生成、保护以及检索档案信息的方式，这直接影响到档案机构识别、捕获归档、存储、公开获取及传播利用社交媒体记录的能力，需要重新审视我们的政策及法律框架来迎接社交媒体时代的挑战。加拿大国家图书与档案馆副馆长认为："社交媒体不仅仅是一种交流工具或闲聊的空间。在许多情况下，它是我们传播真实权威信息的地方，是影响和做出决策的地方，是法学家、历史学家和其他'信息依赖者'所需信息的地方，它是我们现代环境的关键组成部分。我们不能忽视这一事实。"❷因此，加拿大在社交媒体环境下的档案信息公开非常重视社交媒体记录的长期保存以及公开传播的真实性、可信性及可获取性，既有成功的经验，也有不足之处。

加拿大国家图书档案馆（LAC）对社交媒体的定位非常清晰，"社交媒体既是沟通工具，也是参与工具。"之所以应用社交媒体是因为国家图书档案馆是加拿大重要的记忆机构，有必要在社交媒体上保存并公开传播社会记忆，"国家图书档案馆将与潜在用户进行对话，并在社交媒体上突出 LAC 的项目、服务和档案信息公开交流活动，与政府图书档案管理部门以及省、市及国际同行在社交媒体上建立关系，帮助用户发现及利用 LAC 的馆藏。"多年来，

---

❶ 参照：张江珊. 加拿大社交媒体记录捕获归档思考［J］. 浙江档案，2016（8）：14—17.

❷ Social Media in the Public Sector,2012［EB/OL］.［2022–01–10］. https://www.bac-lac.gc.ca/eng/news/speeches/Pages/social-media-in-the-public-sector-2012.aspx.

LAC 在社交媒体上拥有强大的追随者，目前，在 Twitter 上有超过 66000 名关注者，Facebook 上有超过 62000 名粉丝，Instagram 上有超过 8000 名朋友，YouTube 上有超过 7000 订阅者。❶ 在 2019 至 2020 年，LAC 专注于改进和振兴 YouTube 战略，以增加与各种受众的互动，推动档案信息公开传播的效果。

一、加拿大档案信息公开社交媒体应用实践

（一）实践项目

加拿大国家图书档案馆、魁北克图书档案馆、大学图书馆、公共图书馆以及加拿大图书馆协会等主要社会记忆机构，共同创建了 Canadiana 在线项目，通过转录、描述及归档来保存数字化的档案文献遗产，供社会公众在线利用。在这个项目中，许多机构和个人被邀请参与转录及描述归档社交媒体记录工作。例如，国家图书档案馆开展了一个在线研究项目“战争的面孔”，❷对国防部 1939 年至 1945 年间的大约 20 万份的官方照片进行数字化转录，经过转录后的数字化照片，通过“众包”的形式邀请加拿大公众与国家图书档案馆互动，对“战争的面孔”数据库的任何照片添加注释和评论，使转录归档后的数字化照片的信息更加完整，便于公众利用。国家图书档案馆 2019 年在 Twitter、Facebook、Instagram 和 LinkedIn、Flickr 上发布了一个“退伍军人周和纪念日”的活动，该活动提供了大量第一次和第二次世界大战的日记、战争档案中的 100 个故事、相关的战争人事档案、战争照片档案以及 9 万个纪录片、无声电影等进行公开传播，与公众进行相关的话题交流。❸另外，国家图书档案馆还开展了一个名为

---

❶　Social Media［EB/OL］.［2022-01-10］. https://www.bac-lac.gc.ca/eng/transparency/briefing/2019-transition-material/Pages/social-media.aspx.

❷　LAC wraps up its crowdsourcing photography digitization pilot project［EB/OL］.［2022-01-20］. http://www.bac-lac.gc.ca/eng/news/Pages/crowdsourcing-digitization.aspx.

❸　Veterans' Week and Remembrance Day: An Essential Resource Guide for Media［EB/OL］.［2022-01-10］. https://www.bac-lac.gc.ca/eng/discover/military-heritage/Pages/remembrance-day-media-kit.aspx.

"命名项目"的针对加拿大北部地区原住民辛劳历史的照片"众包"项目，❶在这个项目中，因纽特的一些青年承担了"众包"工作，他们对网上的照片进行识别，对识别后的先祖进行在线标注描述，通过 Facebook、Youtube、Twitter、Flick 公开发表，供公众浏览利用，这种"众包"模式，使得社交媒体上发表的照片档案背景描述更加完整，有利于档案信息的公开传播及提供利用。

（二）加拿大社交媒体记录捕获归档技术方法

社交媒体捕获归档技术方法主要是选择能够捕获社交媒体记录元数据的工具来进行实施，加拿大国家图书档案馆保存网络内容是通过备份附带元数据及内容的方式来实现的，作为法律界人士，Nate Russell 选择 PageFreezer、X1 Social Discovery、WebPreserver 三种工具软件，试验如何归档并收集社交媒体证据；❷ Dera J. Nevin 研究社交媒体的电子发现，认为社交媒体"往往能够产生重要的证据"，她建议，捕获屏幕截图并输出打印社交媒体媒体记录，或者应用 Facebook、Google+ 的应用程序采集能力，导出社交媒体记录，她强调，捕获的社交媒体记录必须包含完整的元数据。❸加拿大目前并没有明确的社交媒体记录捕获技术方法的最佳实践。需要指出的是，加拿大人自己开发的旨在提高组织能力来管理数字信息的技术，已经进入国际市场，世界上很多电子文档管理软件都是由加拿大公司开发的，这对于从技术角度进一步促进加拿大档案信息公开传播具有重要意义。

二、加拿大档案信息公开社交媒体政策法律

加拿大政府为了促进信息公开，保护公众获取国家文献遗产的权利，制

---

❶ Project Naming and Canada's North［EB/OL］.［2022–01–24］. http://www.bac-lac. gc.ca/eng/news/podcasts/Pages/project-naming.aspx.

❷ Nate Russell. Of Social Media Evidence Capture and Webpreserver［EB/OL］.［2022–01–10］. http://www.slaw.ca/2015/02/24/of-social-media-evidence-capture-and-webpreserver/.

❸ Dera J. Nevin. Social Media Discovery: Its Time is Here［EB/OL］.［2022–01–10］. http://www.canadianlawyermag.com/5732/Social-media-e-discovery-its-time-is-here.html.

定了一系列法律，加拿大政府制定了一项重要的记录保存指令，并于 2009 年
7 月实施。启动了关于制定加拿大数字信息战略（CDIS）的全国讨论。《信
息获取法》赋予加拿大公众获取信息的权利，《隐私权法》赋予公众获取政府
保存的个人信息的权利，《个人信息保护及电子文献法》将《隐私权法》的条款
拓展到商业领域，这些法律所覆盖的信息都包括数字信息的形式，它们的一
个重要特点就是都认为数字信息是一种珍贵的社会财富，同时，它也引发人
们的一种期望：将这些珍贵的财富以一种长期可获取的、真实的、可信赖的
形式保存下来，为社会提供信息服务；另外，这些法律很少关注到如何应用
必须的标准和程序来捕获归档社交媒体，确保社交媒体记录长期保存的真实
性及可信性，促进档案信息在社交平台上的广泛利用。加拿大国家图书档案
馆致力于成为国家数字化记忆机构的领导者，制定了一系列原则和指导方针
来具体实施国家数字文献遗产保护策略。加拿大国家图书档案馆认为数字描
述、元数据对于数字资源的发现捕获、利用和管理是至关重要的，因此制定
了《元数据框架及资源发现》《数字出版物的资源描述：政策及建议》《网络电
子出版政策及规则》《加拿大国家图书档案馆主题词表》，并进行了一些专项
研究，诸如"在线资源描述及获取""联合管理委员会的资源开发、描述及获
取""国际图书馆协会（归档）包括的拥有分目以及电子资源索引网站的数字
图书馆"，这些政策侧重于元数据的生成及发现管理，毫无疑问，这对社交媒
体环境下的档案信息公开传播利用至关重要，但是这些原则与方针仍然缺乏
关注社交媒体背景下档案信息公开传播的具体政策和法规。

三、加拿大社交媒体背景下的档案信息公开传播特点分析

加拿大社交媒体背景下的档案信息公开传播与其他国家相比，既有自己
鲜明的特色，同时还有一些不足之处，下面我们来进行具体的分析。

（一）社交媒体背景下的档案信息公开传播与国家文献遗产保护相结合

加拿大政府认为社会文化机构所从事的文献遗产保护工作是保证加拿大

政府和社会拥有持续社会记忆的关键，它能够促进知识的保护和传播，能够促使国家政治经济的创新及发展。加拿大国家图书档案馆的《行为准则：价值观和道德观》中规定，"加拿大国家图书档案馆的任务是为了当代及子孙后代的利益，获取、保存和访问加拿大文献遗产，从而促使各团体合作，并作为社会记忆为加拿大政府及各机构服务。"❶ 加拿大国家图书档案馆认为社交媒体记录也是国家文献遗产的重要组成部分，收集了大量的数字文献遗产，其中包括"数字出版物、经过选择的网站、大型网站域名、博客、电子政府记录、数码照片和艺术、数字视听、基础地理信息、数字技术和电子论文建筑图纸、私人电子记录、广播数据等"。❷ 因此，它将社交媒体背景下的档案信息公开传播纳入国家数字化策略中，为社会打造一个值得信赖的数字资源库。可以说，将社交媒体背景下的档案信息公开传播与国家文献遗产保护相结合是加拿大社交媒体记录捕获归档的一大显著特色，它提升了社交媒体背景下的档案信息公开传播的社会责任感，使社交媒体背景下的档案信息公开传播成为一个神圣的事业，对于引导社交媒体背景下的档案信息公开传播具有积极的意义。

（二）社交媒体背景下的档案信息公开传播强调社会信任

加拿大政府及加拿大国家图书档案馆正在打造"可信数字仓储"，为了实现这一目标，加拿大国家图书档案馆于 2017 年接收加拿大政府形成的具有档案价值的原生数字资源，其中就包括社交媒体记录。在加拿大政府 2020 社交媒体战略蓝图中，捕获归档社交媒体记录，为社会提供真实可信的社交媒体数据，也是其中一个重要的组成部分。加拿大 InterPares Trust 项目致力于提供框架，支持地方、国家及国际网络有关网上数字记录可信的政策、法律、标准及规范的发展，研究组的学者 Patricia Franks 研究了社交媒体和政府信任

---

❶ Library and Archives Canada, Code of Conduct: Values and Ethics［EB/OL］. http://www.bac-lac.gc.ca/eng/about-us/Pages/code-conduct-value-ethics.aspx. 2022–01–24.

❷ Wayne Johnston. Digital Preservation Initiatives in Ontario: Trusted Digital Repositories and Research Data Repositories［J］. Partnership, 2012(7): 2.

之间的关系，他认为，虽然公众对政府的信任度有所下降，但是，通过社交媒体信息共享所形成的政府信任度却有所提升，而这正是基于社交媒体的网络关系，以及政府通过共享后的档案记录，促进社会参与实现的。❶可见，加拿大十分重视通过数字信息所建立的社会信任机制，因此，档案机构在社交媒体背景下公开传播档案信息时，强调社会信任也是题中应有之义，这也是加拿大社交媒体背景下档案信息公开传播的又一个显著特色，肯定了社交媒体背景下档案信息公开传播利用对于保持社会信任的重要价值。

（三）社交媒体背景下的档案信息公开缺乏必要政策、标准和程序

法律和政策需要符合社交媒体环境下的档案信息公开传播要求，虽然加拿大政府及加拿大国家图书档案馆都认为数字信息包括社交媒体信息是政府记录的重要组成部分，但是问题仍然存在，一是现有法律政策对社交媒体记录相关属性的认定；二是在现有政策法律框架下机构是否有能力更好地公开传播数字信息，促进公众参与，归档并长期保存社交媒体记录。加拿大国家图书档案馆对此进行了一些研究，比如制定了《元数据框架及资源发现》《网络电子出版政策及规则》《数字出版物的资源描述：政策及建议》，虽然这对于社交媒体记录的元数据捕获具有重要意义，但需要注意，社交媒体信息的快速增长伴随着对元数据模式的新要求，我们需要将元数据视为独特的财富进行管理，需要将对数字资源的要求扩展到元数据的整个生命周期，需要从致力于生成元数据，转移到促进、控制一个由用户参与的元数据框架上，现有政策并未体现出社交媒体对元数据的新要求，并且对社交媒体记录捕获归档责任并未界定，社交媒体背景下的档案信息公开传播责任、用户参与也无明确规定，现有的法律政策、规则及指导方针并不足以使机构有信心做好社交媒体背景下的档案信息公

❶　Patricia Franks, Mark Driskill .Building Trust in Government through Social Media ［C］. Proceedings of the European Conference on Social Media, UK: University of Brighton ［EB/OL］.［2022-01-10］. https://www.researchgate.net/publication/280099538_Building_ Trust_in_Government_through_Social_Media_An_InterPARES_Trust_Research_Project.

开传播工作。这是加拿大社交媒体背景下的档案信息公开传播的一大缺憾。

（四）缺乏宏观领导机构的统筹规划领导

社交媒体背景下的档案信息公开传播工作，很多情况下需要一个具体的部门来进行领导和管理。虽然加拿大成立了领导数字文献遗产的机构，加拿大文化遗产部门负责资金的规划和政策的制定，加拿大国家图书档案馆有传播部门，负责 LAC 信息的社交媒体传播利用工作。但是社交媒体背景下的档案信息公开传播还缺乏一个有效的领导机构，以解决社交媒体背景下的档案信息公开在国家不同部门及不同层次的问题。因此，很难从国家层面上统筹规划，从而制定有针对性地宏观引导社交媒体背景下的档案信息公开传播的政策，缺乏将所进行的社交媒体背景下的档案信息公开实践项目政策化，不能有效地引导整个加拿大社交媒体背景下的档案信息公开传播工作。可见，加拿大从国家层面到地方层面的社交媒体背景下的档案信息公开传播还处于各自为战的局面，缺乏宏观领导机构的统筹规划，不利于加拿大社交媒体背景下的档案信息公开传播的良性循环，这可以说是加拿大社交媒体背景下的档案信息公开传播的另一个缺憾。

（五）社交媒体记录捕获归档技术方法缺乏实施策略

社交媒体背景下的档案信息公开传播活动必然包含着社交媒体记录归档案这一流程，目前能够提供社交媒体记录捕获服务的工具非常多，有五六十种之多，有的工具提供免费服务，更多的工具需要有偿使用，因此，选择哪种工具捕获归档社交媒体记录并不能一概而论，正如电子发现最佳实践组（EDBP.com）的创始人罗西（Ralph C. Losey）所说："因为许多社交网络都有自己专有的独特方法来存储和显示数据，因之，没有一个放之四海而皆准的工具来捕获和归档所有的社交媒体。"❶选择社交媒体捕获技术方法必须和本机

---

❶ tools to help firms track social media［EB/OL］.［2022-01-10］. http://www.abajournal.com/magazine/article/new_tools_are_available_to_help_firms_track_social_media/.

构的财务能力及社交媒体应用状况等相结合，才能够做出最佳抉择。加拿大国家图书档案馆包括其他一些机构目前都还在尝试验证社交媒体捕获工具的阶段，缺乏对各种工具所使用的技术方法及成本的评价，没有形成一个捕获归档策略，诸如如何选择合适的低成本捕获工具、选择开源软件进行必要的修改、巧妙利用一些社交平台工具的导出功能、直接要求技术服务提供商提供归档服务等等。可见，加拿大目前的社交媒体捕获归档还没有一个较为清晰明确的实施策略，增加了机构捕获归档社交媒体记录的负担和成本，这也是加拿大社交媒体背景下的档案信息公开传播的又一缺憾。

四、加拿大社交媒体背景下的档案信息公开传播思考

（一）改变理念，提升社交媒体背景下档案信息公开传播的社会意识

面对加拿大社交媒体档案信息公开传播的现状，加拿大瑞尔森大学的社交媒体研究中心主任埃尔默（Greg Elmer）认为，"如果不包含 Youtube、博客、Twitter 档案记录，那么任何历史档案都将是不完整的"，❶ 所以应当寻求一种方法来存储、索引并传播利用社交媒体信息。加拿大国家图书档案馆认为，随着文化的发展，必须修正"文献遗产"的定义，"我们任务的核心是通过获取、保存和向加拿大人提供重要的文献遗产，确保尽可能最好地记录加拿大人的生活。文献遗产包括已出版和未出版的材料、私人和公共文件以及模拟或数字格式的肖像。"❷ 为了促进社交媒体背景下的档案信息传播，LAC 反思"文献遗产"的不足，于 2016 年制订了国家遗产数字化战略（NHDS），力图通过馆藏记忆的数字化发现，推动社交媒体背景下的档案信息公开传播进程。

---

❶ Report: Canada Looks to Archive Tweets, Other Social Media［EB/OL］.［2022-01-10］. http://www.govtech.com/e-government/Report-Canada-Looks-to-Archive-Tweets-Other-Social-Media.html，2022-01-24.

❷ Daniel J.Caron.Shaping our Continuing Memory Collectively:A Representative Documentary Heritage［EB/OL］.［2022-01-10］. https://central.bac-lac.gc.ca/. item?op=pdf&id=013-449-e.

正是由于加拿大社会各界对社交媒体背景下档案信息公开传播的反思，加拿大社交媒体背景下的档案信息公开虽然进步缓慢，但已经采取了一些举措，可以说，没有相应的社会意识理念，就没有相应的社会行动。

（二）形成管理框架，加强社交媒体背景下档案信息公开传播的管理

加拿大社交媒体背景下档案信息公开传播最值得我们反思借鉴的就是加强管理。社交媒体背景下的档案信息公开传播是一个需要持续关注的事情，一方面，它对政府、档案馆、图书馆、社会公众，包括其他涉足该数字领域的利益相关者，都具有重要的价值，必须对其进行管理；另一方面，社交媒体环境本身的脆弱性、技术复杂性以及高参与性，使得社交媒体环境下的档案信息公开不仅仅是一个技术问题，要将其公开传播、交流利用，必须得到管理回应，形成一个积极的管理框架，这个管理框架必须全面解决社交媒体环境下档案信息公开传播所需要的各种管理要素，诸如政策、标准、规范、程序、技术以及领导机构：

·制定有针对性、前瞻性的社交媒体政策，支持社交媒体环境下档案信息公开所需基础建设得到强有力的政策法律支持，这样的管理框架是社交媒体环境下档案信息公开传播得以实施的关键。

·开发和测试社交媒体应用技术及工具，与技术提供商及有关部门合作，寻求社交媒体环境下档案信息公开传播的有效技术解决方案。

·必须成立专门的社交媒体领导机构，与其他利益方建立强有力的合作伙伴关系，档案机构要努力在管理框架中承担领导责任。

显而易见，这个管理框架至关重要，通过管理框架的责任分配及有效运作，将为社交媒体环境下的档案信息公开提供一个良好的制度环境。

（三）社交媒体环境下档案信息公开传播必须重视跨领域、跨部门合作

社交媒体环境下档案信息公开传播归档过程中，跨部门、跨领域合作对社交媒体环境下档案信息公开传播至关重要，没有所有相关利益群体的合作不会成功，必须采取措施，建立一种各方能够共同理解信任的合作机制。加拿大国家图书档案馆已经与一些利益方展开了合作，诸如与政府部门合作，召开世界信息峰会，借助这个平台来提高国内社交媒体环境下档案信息公开传播的意识；与 InterPares Trust 项目合作，借以促进对社交媒体环境下档案信息公开传播的政策、法律、规范等管理框架的完善。与大型公共图书馆、学术和省级图书馆和档案馆、全国档案工作者协会、图书馆员、历史学家和博物馆合作，成立国家遗产数字化战略计划，以促进对全国各地馆藏档案的数字化发现。但是，这种合作的广度与深度还不够，诸如缺乏与技术服务商合作，借以提高社交媒体环境下档案信息公开传播的能力及技术水平；缺乏与社区合作，借以提高社交媒体档案信息公开传播的多样性；与公众合作的深度不够，加拿大公众只有极少数人通过众包的形式，参与数字图像的描述与知识贡献，这不能真正促进公众参与，借之提高公众对社交媒体环境下档案信息公开传播的理解与认识，增强公众对政府的信任；总之，社交媒体环境下的档案信息公开传播绝不是档案机构一方的责任，不重视跨领域、跨部门合作，必然会因一些利益方的缺失而迟滞不前。

综上，社交媒体环境下的档案信息公开传播关系到社会记忆及数字遗产的保存利用，关系到信任社会的建立，加拿大在社交媒体环境下档案信息公开传播过程中提出的"数字遗产保存""社会信任"等是其亮色，但同时也存在一些缺憾，需要提升社交媒体环境下档案信息公开传播的社会意识，加强管理，同时重视跨领域、跨部门合作，从而更好地促进社交媒体环境下的档案信息公开传播利用。

第三节　社交媒体背景下的法国档案信息公开

数字化领域的快速发展以及社交媒体的广泛应用给法国档案信息公开带来了巨大影响，法国国家档案馆顺应时代潮流，制定了相关的政策并实施大量实践项目，从而不断推进社交媒体背景下的档案信息公开工作。法国国家档案馆是根据 1790 年 9 月 12 日的法令创建的，用以集中保存国家档案并促进公民自由访问，实现行政透明化，其馆址几经变化，1808—2012 年，国家档案馆一直位于巴黎玛黑区的中心地带，自 2012 年以来，搬迁至塞纳圣丹尼斯的 Pierrefitte-sur-Seine，现新馆正在筹备中。法国国家档案馆在 Facebook、Twitter、Instagram 等社交平台上进行档案信息的公开推广，目前已有 61000 名忠实社交用户，法国国家档案馆在社交媒体背景下的档案信息公开工作一定程度上可以代表法国当前社交媒体背景下档案信息公开的水平。

一、法国档案信息公开社交媒体应用实践

法国国家档案馆相继推出了大量实践项目，以推动社交媒体背景下的档案信息公开传播利用。法国国家档案馆于 2018 年推出制作未来档案数字服务（#hackAN2018）的黑客马拉松项目，这是在 2017 年"想象用例训练营"基础上举办的社交媒体数字化推广活动，是国家档案馆数字化推广的一部分，该项目由来自档案馆人员、商业导师、技术人员、巴黎大学师生等组成了不同的跨领域团队，在国家档案馆保存的数百万数据中，选择了八个关于公民和社会主题的数据集，获胜的团队获得 4000 欧元奖励，形成了很多非常有价值的成果，诸如，针对维基百科的《开启十四世纪历史的钥匙》，目的是导入维基百科工具并将国家档案馆数据与维基数据对齐；《聚光灯下的公民》目的是通过出生地地理编码为 350000 条记录编制索引，通过军团士兵的地理位置（根据出生地点和出生日期）对整个数据库进行统计分析，改善用户根据方面搜索姓名的旅程，记录的附加协作索引；《他们已成为法国公民》目的是为了简化用户查找名称的过程，使用多个标准或方面或时间线来更轻松地访问法令图像。❶

#ProjetADAMANT 是法国国家档案馆档案数字化的实践项目，其目的是通过改进对国家 15 个行政部门和近 700 个运营商提供的数字化数据以及民间

❶ Fête du numérique des Archives nationales［EB/OL］.［2022-01-10］. https://www.archives-nationales.culture.gouv.fr/web/guest/fete-du-numerique-des-archives-nationales.

社会组织制作的数字化档案的保存和访问，确保国家档案馆提供的公共服务的连续性。国家档案馆已经存储了 50 TB 的本地数字数据，和近 2 亿个文件。法国国家档案馆的虚拟库存室储存了中央国家行政部门的公共档案、巴黎公证人和国家利益私人基金的档案，已经在线传播大约 24000 份档案，并可直接在线访问近 800 万张数字化图像。❶

#WikimediaFrance 是法国国家档案馆与维基百科在 2015 年 11 月签订的开放与知识共享项目，其目标是通过档案知识及馆藏共享，尽可能密切地陪伴互联网用户，提供对这些世界历史资源的普遍访问。当前，通过该项目，维基百科百科全书上的 1500 多条记录已被修改，超过 700 份文件的复制品已添加到 Wikimedia Commons 媒体库中，并已用于说明维基百科全书中的条目。这一成功促使法国国家档案馆继续开展行动并丰富它们，例如发布"第一次世界大战"等特定主题的文件，并在其他项目（如 Wikisource）上进行合作。国家档案馆招募公众志愿者将完整的手写档案，例如中世纪的皇家宪章，进行转录，再上传到 Wikimedia Commons 上，并通过 Wikisource 平台提供给互联网用户。❷

#Culturecheznous 是法国国家档案馆推出的应对新冠疫情隔离给用户带来的孤立感，希望通过 Facebook、Instagram 上的档案数字文化活动，让用户能够思考、娱乐、享受美感。国家档案馆每天提供一份新档案，通过一天一个故事为用户展示历史故事；举办云展览，例如"18 世纪城市中的启蒙警察、秩序与混乱"展览，为用户展示档案的丰富性与多样性；在 Instagram、Facebook 上举办趣味档案知识测验，增加用户的参与热情，分享档案知识。❸

---

❶　Fête du numérique des Archives nationales［EB/OL］.［2022–01–10］. https://www. archives-nationales.culture.gouv.fr/web/guest/fete-du-numerique-des-archives-nationales.

❷　Partenariat entre les Archives nationales et Wikimé dia［EB/OL］.［2022–01–10］. https://www.archives-nationales.culture.gouv.fr/web/guest/convention-de-partenariat-entre-les-archives-nationales-et-wikimedia.

❸　Les Archives nationales vous donnent rendez-vous［EB/OL］.［2022–01–10］. https:// www.archives-nationales.culture.gouv.fr/web/guest/les-archives-nationales-vous-donnent-rendez-vous.

二、法国档案信息公开社交媒体政策法律

法国国家档案馆没有制定专门的社交媒体政策，将社交媒体背景下的档案信息公开政策与国家档案馆的发展战略结合起来制定。自 2012 年以来，法国国家档案馆制订了两个（2013—2016、2017—2020）具有连续性的科学、文化和教育项目（PSCE），这个项目的建立是为了最终确定国家档案馆在数字技术和数字人文领域的基础。法国国家档案馆在这两个项目的基础上，并根据法国政府 2020—2024 档案现代化共同战略框架，制定了国家行政部门数字化转型的结构方法和改进为用户提供服务的政策——2021—2025 战略。❶该战略分为四个轴和 27 个目标，该策略中将公众置于政策的核心，为今后社交媒体背景下的档案信息公开工作指明了方向，诸如简化公众获取档案的数字化系统、在社交媒体上推出档案展览、在社交媒体平台上为用户推出具有纪念性的辩论题目，提高公众参与，通过社交媒体向年轻观众传播档案文化及共同价值观，从而构建数字时代的集体记忆。

法国档案信息公开的相关政策法律较为齐全，1794 年阐明了公民自由获取文件的原则，诸如《档案管理法》《行政文件访问法》《公共信息再利用法》《个人数据保护法》《遗产法典》《公共数据政策》，还制定了基础的电子归档政策 ADAMANT、档案数字化政策、档案元数据政策等。

三、法国社交媒体背景下的档案信息公开特点

（一）以公众为核心，持续改善与公众的关系

法国国家档案馆与法国文化部合作，进行全国民众档案需求调查，充分了解档案受众及其期望，根据受众需求反思社交媒体中的服务设计方法。结合 FranceArchives 门户的演变，整合机构网站的重新设计，该网站将根据公

---

❶ Stratégie 2021–2025［EB/OL］.［2022–01–10］. https://www.archives-nationales. culture.gouv.fr/web/guest/strategie-2021-2025.

民、公众、专家等对信息的不同需求进行重新设计，以提高信息类别的可读性。改善用户的数字化获取体验，建立一个全球性的、简化的接待和定向系统，保证用户对可用资源（服务、事件、访问文档的方法）的清晰访问和综合可见性，并允许他们在过程中获得自主权；这些行动将侧重于远程服务的提供、用户和档案管理员之间的对话、标识和术语的普及以及在线指导工具的简化。法国非常重视用户的参与，称用户为"一群希望做出贡献并可以成为'用户演员'的人"，高度称赞用户的参与贡献。为了进一步改善与用户的关系，法国国家档案馆推出了研究培训、参与性研究等科学社交活动，邀请公众参与一些与日常生活密切关联的实验项目，诸如 Poilus 遗嘱、Ponts et Chaussées 档案入籍政策等，提高公众的参与能力，并推出了各种众包项目，积极为用户参与档案信息公开提供各种机会与途径。

（二）注重基础数据资源建设

法国国家档案馆认为档案馆是一个信息和世界参考数据的蓄水池，在数字化转型的背景下，信息必须具备扩展性，使其在数字化及社交媒体的环境中自由获取，为此，法国国家档案馆通过简化方向指南和提高元数据的质量来赋予它意义和可理解性，重新设计系统，以实现实体和数字资源的统一访问服务融合。2020 年 12 月，法国国家档案馆根据 Bothorel 对于公共数据政策任务报告的结论，认为网络数据资源建设的难点在于如何更好地将档案资源纳入语义网络领域，与法国国家档案馆门户网站 FranceArchives 以及开放数据保持一致，以提高它们的可见性。因此，于 2021 年完成了虚拟库存室建设，实现文档和数据的统一访问。

（三）注重跨领域跨部门合作

法国国家档案馆在社交媒体环境下的档案信息公开，非常注重跨领域、跨部门合作，以此放大档案信息公开传播的实效。为了公开传播档案知识文化，法国国家档案馆与教育部门及学校合作，让学生直接接触历史档案，通过在社交平台开设具有辩论性、批判性的教育话题、推出在线云展览、推出各种青年学生能够参与的众包活动、推出媒体和信息素养课程，对青年学生进行艺人主义、公民身份、共同价值观教育。为了促进数字化建设，法国国家档案馆于2021年将档案实验室、数据管理部门和重大数字项目部进行重组，与法国档案部际服务部门、数字部门合作进行数字化创新与研究。2018年12月法国国家档案馆推出档案数字文化节，与其他档案馆、博物馆、艺术馆、技术服务商、商业导师、高校师生共同合作，完成档案黑客项目。法国国家档案馆还注重国际合作，与维基百科进行开放与共享合作，与美国国家档案馆、英国国家档案馆、美国高校等进行合作，研究社交媒体网络政策。

（四）注重档案信息公开传播与集体记忆构建相结合

法国国家档案馆在社交媒体环境下的档案信息公开传播，非常注重与集体记忆构建相结合，认为必须通过档案信息公开传播展示国家档案馆的深刻价值观："可持续性、向后代的传播以及长期社会演变的代表性"，从而展示法国国家档案馆的地位及通过档案资源展示社会记忆在公共领域的可见度。为了纪念第一次世界大战，欧洲开展了欧洲数字门户项目（Europeana Collections），法国国家档案馆与法国档案馆部际服务处和法国国家图书馆于2013年发起"伟大收藏"项目（Great Collection），❶ 目标是收集和数字化传播一战期间个人家庭存留的照片、图纸、战争勋章、行政文件、日记、信件等档案，从而能够多角度地解读第一次世界大战对法国家庭的冲突及影响，构建集体记忆。社交媒体环境下的档案信息公开传播，大大助力"伟大收藏"集体记忆项目的数字化进程，收集到的近二万张图像以及其他类型档案已经被数字化并保存在国家档案馆虚拟库存室中，这些数字化产品捐献者没有版

---

❶ Grande Collete［EB/OL］.［2022-01-10］. https://www.archives-nationales.culture.gouv.fr/web/guest/grande-collecte-14-18.

权要求，用户可以自由公开访问利用；2018 至 2019 年，在巴黎 Le Caran 和 Pierrefitte-sur-Seine 举办了"伟大收藏"的数字展览，同时在 Instagram 等平台上为用户提供数字化点播服务，大大助推集体记忆在法国社会的公开传播利用。未来法国国家档案馆将会优先收集数字档案，通过社交媒体归档案监管及数字档案质量控制，使法国国家档案馆成为法国文化部在构建集体记忆中值得依赖的合作伙伴。

（五）注重档案信息公开传播应用实践与研究工作相结合

法国国家档案馆认为社交媒体环境下档案机构的数字化转型需要前瞻性的维度和新知识的构建，而这有赖于研究工作的推进，因此，法国国家档案馆研究对馆藏档案的理解以及用户的档案信息需求，评估新技术的可行性以及用户的参与效果；借助档案馆所拥有的专业知识、与科学团队和学术合作伙伴的关系，更好地确认"研究"身份，从而成为有影响力的合作伙伴，成为研究项目的主动发起者并获得政府更多人力、财力支持。法国国家档案馆连续颁布两个科学、文化教育项目，与法国人文和社会科学研究机构合作，推出研究项目，并将研究结果通过社交媒体加以推广传播。另外，法国国家档案馆与文化部、国家遗产研究所、特定高校合作，通过社会媒体展开国对国内外档案和遗产专业人员的持续培训以及专业档案知识共享，进一步强化其"研究"特色。

第四节　社交媒体背景下的英国档案信息公开

社交媒体的使用是英国生活中常见的一部分，其影响速度、广度和深度是其他媒体不能比拟的。随着 Twitter、YouTube 等社交媒体在英国社会的流行，英国档案机构开始普遍利用社交媒体和其他数字媒体形式与公众在线交流。2018 年，英国有 4400 万活跃的社交媒体用户，其中 3800 万是活跃的移动社交媒体用户。这意味着社交媒体普及率占英国总人口的 66%，而手机社交媒体使用率为 57%。❶ 在 2019 年 6 月，Pinterest 占据了英国大约 15.61% 的社交网络市场。Twitter 在英国的社交媒体市场上占了 17.19%。近年来，Facebook 在社交网络市场上一直占据着稳定的主导地位，预计到 2021 年，Facebook 用户总数将增加到约 4137 万。❷ 英国档案部门意识到了社交媒体在档案信息公开中的重要作用，积极建立相关的政策法规，提升了自身的形象。正如英国国家档案馆馆长 Clem Brohier 所说，"社交媒体在政府部门活动中的作用越来越重要，政府机构利用 Twitter 阐释政策，通过 YouTube 推广各种举措。……后代可以通过推文了解历史，正如我们通过历史电报了解过去。"❸ 英国作为世界社交媒体使用之大国，通过研究其社交媒体档案信息公开传播现状，能够为我国社交媒体档案信息公开提供思路与启示。

一、英国档案信息公开社交媒体应用实践

（一）英国社交媒体档案归档实践

2014 年 5 月 8 日，英国国家档案馆建立在线社交媒体档案库（Online Social Media Archive，简称 OSMA），主要负责对内阁办公室、国防部等中央政府核心部门在官方 Twitter 和 YouTube 上发布的推文或视频以账户为单位统一进行归档，账户转发的推文、对其他账户的回复、互动对话不归档。它是英国国家档案馆在社交媒体蓬勃发展的背景下建设的 UKGWA（英国政府网站档案馆）的重要组成部分，通过适时将政府机构的社交媒体账户产生的信息

---

❶ UK: active social media and mobile social media users 2018［EO/OL］.［2022–01–10］. https://www.statista.com/statistics/507405/uk-active-social-media-and-mobile-social-media-users/.

❷ Leading social networks by share of visits in the United Kingdom (UK) as of June 2019［EB/OL］.［2022–01–10］. https://www.statista.com/statistics/280295/market-share-held-by-the-leading-social-networks-in-the-united-kingdom-uk/.

❸ 赵玉，王健. 英国国家档案馆在线社交媒体档案库及其特色[J]. 档案与建设，2015（12）：35—37.

有选择地作为文件列入归档范围，英国国家档案馆能够以可获取、保存背景信息和再利用的方式来保存所产生的数字文件，从而保证文件的真实性和完整性。目前，OSMA 已经保存了包括 2006 年至 2014 年早期产生的 7000 多个视频和 2008 年至 2013 年 9 月产生的 65000 条推文，这些被归档的社交媒体内容是在 OSMA 项目的试点阶段被捕获的。

OSMA 的出现和发展标志着英国国家档案馆开始捕获政府机构在社交媒体上产生的文件，并将其长期保存。2003 年以来，英国政府网站在线开放的超过 30 亿的资源（包括网页、文档、游戏等）被英国国家档案馆作为 UKGWA 的一部分归档，现在随着社交媒体的出现，这个规模将会越来越大，OSMA 保存的文件和视频，也将成为 UKGWA 众多档案资源中的重要组成部分。与此同时，OSMA 还会根据英国国内各个社交媒体平台使用的现实情况，有针对性地选择使用最为频繁地 Twitter 和 YouTube 提出具体的应用指南，具有非常强的实践指导性。

（二）英国社交媒体环境下档案信息公开宣传

社交媒体作为一个双向渠道，在影响公众舆论方面有相当大的潜力，它鼓励公众对报道内容作出回应，能够实现档案机构和公众之间双向且直接的沟通。在信息沟通交流过程中，社交媒体平台能够充分发挥意见领袖和政策专家双重作用，从而帮助国家政策的解读和实施。在当今互联网时代，英国国家档案馆也十分注重社交媒体在档案利用与宣传工作中的应用，英国政府档案网站支持多种社交媒体的订阅和分享功能，在线馆藏的每个档案专题都附带社交媒体服务，用户可在 Facebook、Blog、Podcast、Flickr、YouTube、Twitter 等社交媒体上分享或订阅档案信息。

除此之外，英国档案机构还经常利用社交媒体开展档案宣传活动。比如英国及爱尔兰档案与文件协会（ARA）于 2017 年发起了 #Archive Hour 活动，旨在通过 Twitter 平台促进英国和爱尔兰的档案与文件社区互动。#International Archive Hour 活动作为一个特别版的 #Archive Hour 活动，将范围扩大至全球，活动的六个问题均以"国际中的档案"为主题，内容主要为档案部门的国际联系、馆藏的开放性与可访问性等。虽然活动仅有一小时，但各官方 Twitter 及学者、网友在 Twitter 平台上畅所欲言、各抒己见，共同探讨国际领域的档案话题，促进了国际档案社会的业务交流。

此外，在 2020 年 4 月全球疫情局势紧张期间，苏格兰档案与文件协会（ARA Scotland）等机构还在 Twitter 平台发起一项最新活动 #Archive30。该话题以一个月即以 30 天为周期，每天都会发布不一样的"档案"子话题。用户可以在话题内分享自己有趣的经历，例如参观的档案馆与档案展览，提出的档案工作建议，又或是分享自己的档案信息资源，包括但不限于珍贵手稿、馆藏资源等内容。该活动特别强调了人人皆可参与（#Archive 30 is for absolutely everyone！），每天都会产生几百条推文，形式多样、内容丰富，参与者既包括官方档案机构、档案工作者，也包括档案利用者（社会公众），用户参与范围较广。

英国国家档案馆为公众提供了 Twitter、YouTube、Flickr、Facebook、Instagram、Pinterest 等社交媒体平台，公众可以在这些社交媒体网站上查看国家档案馆公开的档案信息，同时可以收藏、点赞、分享和评论等。

英国国家档案馆于 2008 年 10 月加入 Flickr，在 Flickr 上公开了大量的馆藏档案照片，包括历史文件、地图和艺术作品等。截至 2019 年 10 月 15 日，共有 6800 个关注者，总浏览次数为 5120 万次，随着政府部门提供的新材料越开越多，这一数字还在不断增长。❶其中，仅一张 W・A・奈特从总统穆罕默德・阿尤布・汗将军手中接过亚洲草地网球锦标赛双打奖杯的照片就获得了 13587 次浏览，该照片拍摄于 2012 年 8 月，地点在巴基斯坦的拉合尔。❷

英国国家档案馆在 Flickr 上公开图像形式的档案，而在 YouTube 社交媒

---

❶ What are these images?［EB/OL］.［2022–01–10］. https://www.flickr.com/people/nationalarchives/1069-515-11.

❷ What are these images?［EB/OL］.［2022–01–10］. https://www.flickr.com/photos/nationalarchives/7831847434/in/album-72157631177797098/.

体平台上主要公开的是声像档案。英国国家档案馆认定 YouTube 视频具备生动性、真实性特点，能够有效记录并反映国家重要事件。❶ 从 2008 年起，英国国家档案馆开始利用 YouTube 上传视频档案，最受欢迎的视频是 2010 年 2 月发布的《国防部 UFO 档案公开》视频，观看次数高达 45 万次。❷ 此外，英国国家档案馆还公开了许多历史声像档案，一个时长为 8 分 54 秒标题为《伦敦能经受得住》的视频被观看了 15 万次，该视频为黑白画面，展示了战争前人们平静的生活状态，但当夜晚来临，面对拉响的警报，人们众志成城，天亮之后，伦敦又归于平静，视频最后说道：炸弹只能破坏楼房和摧残生命，但它不能毁灭伦敦人民的精神和勇气。❸ 另外，Facebook 在英国国家档案馆利用社交媒体平台公开档案信息中也有着重要的作用，其通过照片、视频和帖子等多种形式进行档案信息公开。2019 年 9 月 24 日，英国国家档案馆在 Facebook 上发布了一则消息，声明他们已经向公众公开了 100 多份来自安全局或军情五处之前级别为绝密的档案，这些档案跨越了第一次和第二次世界大战以及战后直到 20 世纪 60 年代末。❹ 这些档案涵盖了一系列的主题，个人档案包括被列为二战德国情报人员和官员的人、冷战时期苏联情报人员、英国共产党人，以及引起军情五处注意的极端右翼活动人士。❺ 在 Facebook 上提供的具体链接中，公众可以了解到个人档案所涉及的一些人员的具体信息。

❶ 高晨翔，黄新荣. 国外社交媒体文件归档的政策研究［J］. 图书馆，2017（07）：8.

❷ UFO file release February 2010［EO/OL］. https://m.youtube.com/watch?v=MN4g2aEBxdQ, 2010-2-16.

❸ London Can Take It［EB/OL］.［2022-01-10］. https://m.youtube.com/watch?v=bLgfSDtHFt8.

❹ Latest MI5 files released［EB/OL］.［2022-01-10］. https://m.facebook.com/TheNationalArchives/photos/a.479422854639/10157578533544640/?type=3&anchor_composer=false.

❺ Latest MI5 files released［EB/OL］.［2022-01-10］. https://www.nationalarchives.gov.uk/about/news/latest-mi5-files-released/?utm_source=Facebook&utm_medium=social&utm_campaign=SocialSignIn.

（三）英国档案信息公开的公众参与

2013 年 2 月，英国国家档案馆通过 Flickr 社交媒体平台公开了有关塞浦路斯历史面貌的相册，并鼓励公众使用图片下方的评论部分来分享其拥有的关于该相片所显示的内容和背景的任何信息。❶ 公众通过添加照片描述的人物、活动、时间或地点等信息，在档案信息公开中变身为档案内容的创建者，为构建社会记忆贡献力量，成就感极大增强。此外，英国国家档案馆在 Flickr 上建立了两个博览馆：The Archive across Flickr 和 Documents all around us，将公众发布的有关档案信息的相片按照特征分类收藏，加强与公众之间的交流，其中，Documents all around us 博览馆被浏览 9200 次并得到了公众的留言互动。❷

Blog 作为社会媒体网络的一部分，因其操作简单、持续更新、开放互动和展示个性等特点被广泛使用。2019 年 10 月 16 日，英国国家档案馆在 Blog 上发出了一封题为《人和机器 —— 与文物藏品协同创作》的研讨会邀请函，本次参与式研讨会由国家档案馆与奥胡斯·斯塔德萨尔基夫合作举办，邀请公众参与探索如何通过结合新技术和公民研究的力量来开放文物藏品，研讨会将分为两部分：第一部分侧重于志愿者参与众包，第二部分考虑如何将机器学习和其他技术解决方案整合到众包环境中。❸

公民在访问过英国国家档案馆的实体馆藏或 Facebook 社交媒体账号之后，都可以通过 Facebook 这一社交网络服务网站对国家档案馆档案信息公开服务进行打分并且评价，国家档案馆得到了 4.6 分（满分 5 分），Danny

---

❶ Digital Photography Collections［EB/OL］.［2022–01–10］. https://www.flickr.com/photos/nationalarchives/8505959211/in/album-72157632854659628/.

❷ Galleries［EB/OL］.［2022–01–10］. https://www.flickr.com/photos/nationalarchives/galleries/with/72157622356099997.

❸ Workshop invitation: People and machines-co-creating with heritage collections［EB/OL］.［2022–01–10］. https://blog.nationalarchives.gov.uk/workshop-invitation-people-and-machines-co-creating-with-heritage-collections/.

Mcphail 评价说：在家庭历史资源获取方面有很大帮助；Julia 评价说：感谢档案馆的马克帮我找到了一个关于我伟大的曾祖父的无价的档案，没有他的帮助，我永远不知道去哪里看；Vera Jane Chase 之所以推荐英国国家档案馆，是因为她在国家档案馆的公开档案中发现了 1776 年美国独立战争后被驱逐到巴哈马的美国支持者的身世和名字。❶ 由此可见，英国的档案信息公开是取得一定成效的，尤其是利用社交媒体获取公众对档案信息公开的反馈意见，能够促进档案信息公开工作更好的开展。

二、英国档案信息公开社交媒体政策法规

英国政府早在《数字经济战略 2015—2018（Digital economy strategy 2015—2018）》中就提出要 "促进基础设施、各个平台以及各个生态系统的发展"❷，为英国社交媒体的应用和发展奠定了基础。在 2017 年英国国家档案馆（简称 NAUK）发布的指导英国各类档案机构（馆）发展的总体政策《解锁档案》中，尤其强调了档案馆必须重视《解锁档案》战略的开放性，突出要 "拥抱不断变化的实践，尤其是在数字记录以及数字平台访问和参与方面"❸。由此可见，英国对于社交媒体档案管理领域已经开始在立法方面有所关注，但对于社交媒体管理进行重点规范的政策文件主要集中在以下三个：

（一）《文件收集政策》（Records Collection Policy）

2012 年 11 月，为了保存中央政府网站和一些社交媒体账户的档案信息，英国国家档案馆于发布了《文件收集政策》以取代 2007 年颁布的《获取与处置

---

❶　Comments［EB/OL］.［2022–01–10］. https://m.facebook.com/pg/TheNationalArchives/reviews/?ref=page_internal&mt_nav=0,2022–01–10.

❷　丁声一，谢思森，刘晓光 . 英国《数字经济战略（2015—2018）》述评及启示［J］. 电子政务，2016（04）：91—97.

❸　张云 . 英国档案数字化进程解析——基于《解锁档案》与《2017 年档案案例研究》的调研［J］. 档案管理，2018（04）：78—81.

政策》。《文件收集政策》规定了英国国家档案馆在何时何地收集什么样的文件，明确了收集文件的范围，包括政府的结构和决策过程文件，国家和公民生活的互动文件，国家物理环境的文件等。"这些文件可能以纸张、数字、音频、电影等形式存在，也可能存在于任何媒体中，包括社交媒体平台等，但不妨碍将其永久保存。" ❶

2014 年 4 月，英国政府网站档案馆（UK Government Web Archive，简称 UKGWA）接着颁布了《操作选择政策 OSP27：英国中央政府网站》，正式对政府机构网站归档项目的范围和内容作出说明和规定，介绍了英国政府网站档案馆项目，提出"政府现以多种形式在网上发布各类资讯"的现象，认为社交媒体、数据集和更传统的 Web 内容（如网站和博客）都可以在 Web 归档技术的范围内捕获和访问，扩大了该项目收集文件的范围，且规定了什么文件可被永久保存和提供访问，也介绍了一些无法提供访问的文档。此外国家档案馆还发布了《英国政府网络档案：数字文件管理团队指南》，旨在让政府数字团队和文件管理人员更好地管理和维修网站，以确保网络中的政府文件可成功存档。

（二）《网络危害白皮书》（Online Harms White Paper）

2019 年 4 月，英国内政部与数字、文化、媒体和体育部（DCMS）联合发布《网络危害白皮书》和《在线社交媒体平台行为准则》，这是英国政府通过立法手段对新媒体时代网络危害进行监管的一次初步尝试，英国前首相特雷莎·梅将此视作互联网公司"自我监管"时代的结束 ❷。

《网络危害白皮书》的监管范围适用于社交媒体平台、文件存储网站、公共论坛和短信服务以及搜索引擎等广泛领域，首次将政府的监管行为具体化并量化惩罚措施，并提出了一系列新的网络安全管理措施，以及所有在线社

---

❶ 凌桂萍，耿志杰．国外政务社交媒体文件归档中的档案部门角色及启示[J]．浙江档案，2020（03）：25—27．

❷ 李颖．英国对网络危害监管的一次艰难探索——以《网络危害白皮书》为例[J]．青年记者，2020（21）：96—97．

交媒体平台需要遵守的原则，并通过强化社交媒体等网络平台在内容治理方面的责任，保护用户免受假新闻、极端思想和言论、网络欺凌等有害内容的影响。与此同时，英国政府还将成立全球首家负责监管社交媒体的独立监管机构，负责监管社交媒体的运行。该监管机构有权对违法的公司开出巨额罚单、关闭其网页，甚至追究公司高管的个人责任。

（三）《网络安全法（草案）》（Draft Online Safety Bill）

2022 年 3 月 17 日，英国政府公布新版《网络安全法（草案）》细节，希望打造更加安全的网络空间，开启互联网立法时代。此部草案主要针对脸书及推特这类社交媒体巨头，敦促其承担应有责任，尽快移除非法有害内容，并对未能遵守《法案》要求的社交媒体企业进行罚款。

（四）《在线社交媒体指南》

2013 年 3 月 8 日，英国警察联合会发布了《在线社交媒体指南》，为联合会代表充分使用社交媒体平台提供了指导。该文件指出社交媒体可能是大多数公民首先接触和了解政府机关的平台，因此社交媒体被全力支持并建议使用，这对沟通策略也是至关重要的。

社交媒体指南约定了七个规则：一是要透明，在利用社交媒体的档案信息公开工作中，要确保公布者身份的真实性和发布内容的确定性。二是要谨慎，社交媒体平台上公开的档案信息必须是不违反隐私、保密和法律准则的，由于社交媒体信息的广泛获取性和长期存在性，所公开的信息要得到证实和批准。三是发布确知的信息，该指南提倡贴近自己的专业领域，如果在 Twitter 等社交媒体上公开非自己专业领域的档案信息，要使用免责声明。四是注意自己的身份，档案信息公开必须符合正确的价值观并遵守相关专业准则，这将代表政府部门的形象。五是积极进行开放友好的交流，档案信息公开要有活力和创新性，可以通过社交媒体平台邀请公众回复并鼓励评论，也可以通过与其他谈论同一话题的人交流互动，让发布的信息被分享来丰富话题。六是信息内容最好具有增值性，同时要充分考虑读者是谁，尊重其多样性和个性化，政府与公众间应建立一个社区的感觉，所公开的档案信息内容如果能够帮助人们提高知识或技能、解决问题，或者理解政府的作用，那么它就具有一定的附加值。七是营造健康的辩论环境，在社交媒体平台上进行档案信息公开的过程中，可与评论者包括持不同观点的人进行良性地探讨，给档案信息公开工作带来启发和思考，但要避免针锋相对激怒他人。同时，对发表的内容要三思，当涉及敏感区域，要格外小心和慎重。❶

此外，英国还于 2005 年 1 月全面实施了《信息自由法》，该法保障了公民对政府和公共部门拥有的公共信息的"知情权"。❷ 对在社交媒体上尚未公开的档案信息，用户可以根据《信息自由法》提交申请，档案馆就会与移交档案的政府部门进行协商。

总之，虽然英国现已形成了一套以《公共档案法》为基础,《信息自由法》《环境信息条例》和《数据保护法》为分支的较为完善的国家档案法律体系，但针对目前档案领域对于社交媒体的应用现状来说，尚未有专门法案或制度对于社交媒体档案的管理活动进行明确规范和管控，政策引导与立法规制层面还有待补充。

三、英国社交媒体环境下档案信息公开服务的创新应用

（一）英国利用社交媒体档案开展政府监管实践

"社交媒体数据对执法机构和国家有利"。在此背景下，英国法律允许政府通信总部收集所有英国居民的数据，英国政府通信总部可以在没有明显原因或目的的情况下收集互联网秘密发送的所有公民信息，然后通过组合、过

---

❶ Social Media Guidelines_Police Federation [EB/OL].[2022-02-10]. https://discovery.nationalarchives.gov.uk/details/r/c722e7b952864c92a7fe660a1b2ce132.

❷ 肖永英. 英国《信息自由法》的主要内容及其影响初探[J]. 情报杂志, 2003（09）: 93.

滤和分析这些信息，来找出可能对保护国家安全有用的任何信息。这种利用社交媒体档案开展政府监管的行为一定程度上对于追踪和监管社会活动能起到有利的作用。

具体来说，《伦敦警察厅临时报告 2011》发现，警察将社交媒体既作为一种参与工具，也作为警方开展调查的重要情报工具。英国政府利用社交媒体档案进行审查和监管，社交媒体监管也逐渐被视为缓解英国国内动乱和恐怖活动的关键一环，以便高效处理不利于国家安全稳定的社会活动 ❶。例如 Facebook 会收取一定的费用来调查其用户，在英国政府和其他利益集团的要求下提取个人信息和数据轨迹。在伦敦骚乱发生后，伦敦警察厅利用社交媒体照片档案共享传播网站的骚乱期间照片相册，分析照片档案人物，以便公众帮助警察识别潜在的嫌疑犯。

（二）运用社交媒体档案信息公开传播构建国家形象

随着社交媒体的不断发展，通过社交媒体与他国公众展开交流与沟通，重塑和优化国家形象变得尤为重要。英国国家档案馆拥有七个 Twitter 账户，包括：1. @UKNatArchives 负责发布关于英国国家档案馆的博客、新闻、播客、出版物和文件发布的推文，以及上传到 YouTube 和 Flickr 的最新视频和出版物；2. @UKNatArcMedia 是国家档案馆媒体团队的官方订阅源；3. @UKNatArcSector 发布与国家档案馆在档案部门的领导角色相关的信息和新闻；4. @UKNatArcRes 发布来自国家档案馆记录专家的研究新闻和见解；5. @UKNatArcEdu 推文链接指向国家档案馆的教育资源和有关教学课程的信息；6. @Legislation 是 1267 年至今英国成文法的所在地，是 legislation.gov.uk 的官方账号，负责发布有关已发布的英国政府立法的更新以及其他相关新闻和信息的推文；7. @KIMexperts 负责发布关于信息和记录管理以及网络安全的

---

❶ 邱雅娴. 警察机关使用社交媒体情况研究——以英国警方处置突发性事件为例 [J]. 山东警察学院学报，2019，31（01）：151—160.

推文。另外英国国家档案馆还有两个 Facebook 账户，其中"国家档案馆"负责在网站上发布有关新内容的更新，"国家档案馆教育服务"则是面向有兴趣使用国家档案馆教育资源的儿童、教师和家长的社区页面。除此之外，英国国家档案馆还同时维护一个 Instagram 账户，其中包含国家档案馆的文件和现场展览的图像和视频；一个 YouTube 频道，用户可以在其中观看短片，重点介绍收藏中的故事、新文件发布和档案片段；一个 Flickr 账户，用户可以成为其官方账号中照片流的成员，以便查看其中的图像档案，参与未知主题的识别，或者可以加入其 Flickr 组，上传和分享文件或图像；一个 Pinterest 板，用户可以在其中找到、播放和下载国家档案馆的所有音频和视频播客；一个 Linkedin 频道，用户可以随时了解新的工作机会，了解反馈联系方式并阅读组织新闻；以及 Glamwiki，以方便用户贡献和改进与维基百科上的国家档案馆相关的文章。英国国家档案馆依赖其社交媒体平台，构建全方位的档案信息公开传播矩阵，围绕着英国的政治经济、文化体育、社交关系等各个方面设置议题，特别在宣传英国历史文化上，与网友进行了充分的沟通和互动，增进了世界各国对英国文化的了解，塑造了活泼、有朝气、有活力的国家形象。

（三）通过档案信息公开传播助力高等教育发展

　　一方面，英国档案机构开始利用社交媒体与高校展开合作，进行英国历史文化知识普及教育，提高学生的历史文化素养。对于英国院校来说，丰富多彩的档案社交媒体活动已经成为英国高校学生接受历史人文知识的重要渠道之一，学校与档案馆的社交媒体教育合作，通过交流历史及科学知识，可以促进学生的智力和社会格调的提升。另一方面，英国档案社交媒体平台也在为高等教育的发展带来诸多便利。英国一些高校与档案馆合作，开始通过档案社交媒体平台向外界展现其价值观念、文化内涵以及最新学术成果和成就，以提升学校的知名度。同时通过历史人文项目使师生与公众之间互相学习、交流互动，创建多元化的学习氛围，以提升学生的媒体和数字素养，让学生有更多机会参与历史人文及社会记忆构建。

（四）利用档案社交媒体平台促进公众政治参与

社交媒体是公众参与的主要场所，它可以扩大公众获取信息的权利，便于网民分享和交流信息。而社交媒体的使用往往还伴随着更高层次的政治参与，通过激发公众的政治参与积极性，有利于政治参与并且构建公众与政府的关系，促进民主政治的发展。人们通过社交网站、政治博客、政党网站、在线视频和手机上的政治广告获取政治信息或参与政治活动，当信息通过社交媒体传播时，公众就会试图关注并参与解决社会问题❶。

比如英国国家档案馆在英国脱欧期间在 Facebook 开通了"投票脱欧"的专栏，为公众参与英国是否应该离开欧盟的"公投"提供了一个表达意见平台。"投票脱欧"账号于 2015 年 10 月推出，为鼓励公众参与此活动，专栏设计有不同种类的链接、视频和图像。社交媒体在英国"脱欧"公投中的作用不可小觑。在公投期间，英国媒体的新闻报道中，倾向"脱欧"立场的报道篇幅远远大于"留欧"立场的报道，这些报道所引导的投票倾向和产生的舆论影响力，多由社交媒体的传播渠道加以实现。人们在公投中的选择、思维乃至情绪都在潜移默化中被社交媒体悄悄改变。

第五节　社交媒体背景下的澳大利亚档案信息公开

社交媒体环境下，澳大利亚的档案信息公开工作开展得有声有色，澳大利亚国家档案馆、国家电影与声像档案馆、国家图书馆都承担着档案信息公开传播的任务，地方上南威尔士州档案馆的档案信息公开工作也非常有特色，我们通过这几个典型的机构来考察社交媒体环境下澳大利亚档案信息公开的政策法律及实践。

---

❶ 李蓓岚，王玮，王宏俐. 基于 Twitter 的"英国脱欧"事件社交媒体舆情分析 [J]. 声屏世界，2021（01）：113—114.

一、澳大利亚国家档案馆

（一）档案信息公开社交媒体政策

澳大利亚国家档案馆认为，如果一个政府机构使用社交媒体进行业务活动，那么它所产生的信息就是澳大利亚政务档案，则这些档案需要被妥善管理。对于社交媒体的类型（博客、维基论坛、Facebook、Twitter 等社交网站、YouTube、Sound Cloud 等社交媒体共享网站）以及机构利用社交媒体所提供的各种服务（即时通讯、社交书签、社会策展、协作编辑），澳大利亚国家档案馆都进行了详细地说明。

尽管澳大利亚国家档案馆在信息管理方面制定了一系列的法律政策与标准（其中包括 3 条信息管理立法，17 条包含信息管理要求的立法，2 条信息管理宏观政策，4 项信息管理标准），但是由于部分信息管理法律过于陈旧笼统，这些法律政策与标准已经无法针对澳大利亚政府机构在利用社交媒体过程中所产生的档案文件提供具体的管理意见。于是，在原有的《1983 年档案法》《1999 年公共服务法》等法律条例的基础之上，澳大利亚档案馆吸收了澳大利亚公共服务委员会最新制定的《实践中的澳大利亚公共服务价值观和行为准则》❶《社交媒体：澳大利亚公共服务雇员和机构指南》❷，同时在遵守《澳大利亚政府信息管理标准》《澳大利亚政府记录保存元数据标准 AGRkMS》《AGLS元数据标准》《国际标准 ISO16175》的前提下❸，就社交媒体活动的档案捕获内

❶ Australian Public Service Commission. APS Values and Code of Conduct in Practice [EB/OL].[2022–02–24]. https://www.apsc.gov.au/publication/aps-values-and-code-conduct-practice

❷ Australian Public Service Commission.Social media: Guidance for Australian Public Service Employees and Agencies[EB/OL].[2022–02–24]. https://www.apsc.gov.au/working-aps/integrity/social-media-guidance-australian-public-service-employees-and-agencies

❸ National Archives of Australia.Information management standards[EB/OL].[2022–02–25]. https://www.naa.gov.au/information-management/information-management-standards.

容、捕获方法、责任主体等方面进行了详细的说明 ❶。在社交媒体捕获文件的实际操作过程中，澳大利亚国家档案馆建议可以通过定期捕获与临时捕获相结合的方式来进行。关于定期捕获社交媒体记录的方法主要有以下两种：一种是直接使用社交媒体平台的导出与下载功能，将特定的日期范围、信息类型（帖子、照片、视频或聊天记录）下载为 CSV、Excel 或 HTML 文件格式，在本地保存到官方 PC，再被捕获到机构的档案管理系统中。另一种则是使用第三方社交媒体管理软件的存档平台、信息传递应用程序等功能，对本地的社交媒体内容进行排序、选择、下载和保存，而在第三方社交媒体管理软件过程中形成的特定分析报告也同样应该被捕获记录 ❷。

关于定期捕获社交媒体记录的方法则有以下三种：一是使用 PC 上的 Print Screen、Snipping Tool 等第三方工具将机构在使用社交媒体过程中所产生的政策决定、行动、即时消息等相关交互的信息进行屏幕截图，保存至本地并将其捕获到机构的档案管理系统。如果机构使用的是移动设备，那么也可以通过电子邮件将图像转发到官方电子邮件账户，再应将电子邮件中的内容捕获到机构的档案管理系统中。二是使用统一资源定位器（URL）链接到社交媒体帖子和网页中的具体内容并进行本地下载，或者使用浏览器的"保存"或"另存为"命令来保存完整的网页，其保存类型应当为"网页 – 完整"选项。在上述操作完成后，机构仍然可以利用档案管理系统对已经下载到本地的网页内容进行捕获归档。三是机构自主编写一份文件注释，该文件注释应当以电子表格或其他文档的形式总结描述出机构利用社交媒体所开展业务活动的作者、主题、内容、内容上传或删除日期等信息。这些电子表格和各种形式的文件注释说明都应该被机构的档案管理系统所捕获。

❶　National Archives of Australia.Your social media policy-what about records?［EB/OL］.［2022–02–25］. https://www.naa.gov.au/information-management/types-information-and-systems/types-information/managing-social-media/your-social-media-policy-what-about-records

❷　National Archives of Australia.Managing social media［EB/OL］.［2022–02–25］. https://www.naa.gov.au/information-management/types-information-and-systems/types-information/managing-social-media

在各项社交媒体政策与管理方案下，澳大利亚国家档案馆特意提供了一份结构性《示例社交媒体政策声明》来指导员工档案信息公开传播过程中需要注意的问题，以确保决策和行动能够得到解释。

（二）档案信息公开社交媒体应用实践

1. 澳大利亚国家档案馆社交媒体应用实践

Archives At Home 作为澳大利亚国家档案馆方便公众在线探索、浏览国家档案馆收藏的项目之一，其开展的主要方式就是通过 Facebook、Twitter、Instagram、Flickr 平台每天公开发布精选集锦以供公众阅览。

其发布的精选集锦包括：（1）澳大利亚战后移民的故事，包括 22000 张抵达和居住在澳大利亚的人的照片；（2）澳大利亚新军团的故事，包括第一次世界大战和布尔战争中澳大利亚人和新西兰人的服役和遣返记录；（3）澳大利亚的家族史，包括移民和原住民和托雷斯海峡岛民的人口普查信息；（4）善待您的耳朵，包括 Spotify 中澳大利亚音乐播放列表收藏的各种唱片；（5）儿童间谍活动，包括发送隐藏机密信息、查找单词、制作双筒望远镜、调查间谍指纹与面具等在线活动游戏可供儿童下载；（6）深度档案，包括国防服务档案、移民记录、转录项目、教育资源、水印数据库等；（7）间谍、时尚和扭曲，包括充满活力的复古时尚、令人惊叹的照片、建筑计划等一系列怀旧款待；（8）展览，包括与高级策展人 Anne-Marie 一起虚拟参观 Voice/Dhuniai 展览❶。

2. 澳大利亚国家档案馆社交媒体存档实践

由于澳大利亚国家档案馆自 2016 年 6 月开设 Twitter 账户以来，每天都会推送若干条精彩内容，公众对其关注度较高，已形成主动的转发、评论等互动性行为❷。因此，澳大利亚国家档案馆在 Twitter 平台上产生的推文具有极

---

❶ National Archives of Australia.#ArchivesAtHome［EB/OL］.［2022-3-2］. https://www.naa.gov.au/explore-collection/archivesathome

❷ 杨宽. 美英加澳四国国家档案馆社交媒体应用探析［J］. 北京档案，2016（05）：37—40.

大的凭证价值。根据已有的社交媒体存档政策，澳大利亚国家档案馆的信息管理团队决定每两周一次，将官方 Twitter 账户上所捕获的纯文本格式推文导出到其机构的档案管理系统中。

2020 年 8 月，澳大利亚国家档案馆馆长大卫·弗里克（David Fricker）表示，经过广泛的市场评估，澳大利亚国家档案馆将与行业领导者 Preservica 签署一份为期三年的专业数字保存系统合同。Preservica 的主动保存软件能够确保对澳大利亚 187 个英联邦机构的信息和数字记录进行安全存储，提供安全访问并自动将文件更新为未来友好的格式❶。目前，澳大利亚国家档案馆已经迅速开展工作，将 Preservica 与现有的系统集成并迁移数字记录。

二、澳大利亚国家电影与声像档案馆

（一）档案信息公开政策

澳大利亚国家电影和声像档案馆根据国家规定的《信息自由法》《1968 年版权法》在各大社交媒体平台积极合法地公开发布内容。同时，澳大利亚国家电影和声像档案馆也鼓励公众通过各种第三方社交媒体平台参与其收藏，而公众在参与过程中则需要遵守其制定的《在线社区标准指南》❷。

（二）档案信息公开实践

澳大利亚国家电影和声像档案馆商店公开的特色产品和澳大利亚电影收藏标题能够以数字文件格式进行许可和购买，供非戏剧、教育和家庭观众使用。但是随着数字媒体的快速发展，澳大利亚国家电影和声像档案馆不再提供 DVD 或 CD 副本格式的影片资源，公众只能通过电子邮件收到以数字下载

---

❶　National Archives of Australia.National Archives and Preservica partner to secure Australia's digital memory［EB/OL］.［2022-01-10］. https://www.naa.gov.au/about-us/media-and-publications/media-releases/national-archives-and-preservica-partner-secure-australias-digital-memory.

❷　National Film and sound Archive.LEGAL NOTICES［EB/OL］.［2022-01-10］. https://www.nfsa.gov.au/corporate-information/legal-notices

形式提供的影片链接和说明。在选定某一特色产品后，公众可以直接从线上商店订购产品，并通过 FTP 交付。支付成功后，公众能够在 5 个工作日内在收到相关链接。当然，普通用户或公共图书馆的成员也能够通过 YouTube 或 Kanopy 平台访问 NFSA 频道来获得其中免费的影视资源 ❶。

澳大利亚国家电影和声像档案馆收藏了 300 多万件作品，包括电影、电视、广播节目、视频、录音带、唱片、光盘、留声机圆筒和有线录音。它还包括文件和文物，如照片、海报、大厅卡、宣传品、脚本、服装、道具、纪念品、口述历史和古董设备。公众能够在 Facebook、Twitter 等社交媒体平台上访问澳大利亚国家电影和声像档案馆的在线商店，选择自己喜欢的图片、印刷品、帆布、裱装或卡片进行打印。这些印刷品都将成为个人家庭独特的高品质墙面艺术、家居用品、礼品、贺卡或配件 ❷。

三、澳大利亚国家图书馆

（一）档案信息公开政策

由于澳大利亚国家档案馆不承担保存政府文件的角色，政府机构捕获归档社交媒体文件后需要移交给澳大利亚国家图书馆进行保管 ❸，因此澳大利亚国家档案馆也承担了社交媒体环境下的档案保管责任，它的相关社交媒体政策对档案信息公开传播也有重要影响。它针对图书馆及公众的社交媒体使用与互动过程提出了一些规则和建议来保障图书馆社交媒体官方账户与公众的权利 ❹，

---

❶ National Film and sound Archive.ONLIN.E SHOP［EB/OL］.［2022–01–10］. https://www.nfsa.gov.au/online-shop

❷ National Film and sound Archive.Beautiful Art from National Film and Sound Archive［EB/OL］.［2022–01–10］. https://www.nfsagifts.com.au/

❸ 凌桂萍，耿志杰. 国外政务社交媒体文件归档中的档案部门角色及启示［J］. 浙江档案，2020（03）：25—27. DOI:10.16033/j.cnki.33–1055/g2.2020.03.010.

❹ National Library of Australia.Social media and online community guidelines［EB/OL］.［2022–01–10］. https://www.nla.gov.au/about-this-site/moderation

其规则和建议主要可以概括为五大原则，分别是：真人监控原则、隐私保护原则、平等尊重原则、话题相关原则、产权保护原则。另外，澳大利亚国家图书馆除了发布与图书借阅、馆藏发展等相关的政策与规划外，还发布了一系列数字保存政策与信息技术战略❶。对于社交媒体档案的保存而言，这些数字保存政策也无疑为其指明了方向，政策指出国家图书馆可以根据不同的保存类别内容设置行动优先级，以确保馆藏中数字资料的可访问性和可用性。在可访问性方面，政策指出了数字馆藏应涉及的四个主要目标，所有数字馆藏都应当在该目标的基础上使用支持识别的格式对数字资料进行收藏，在保存型号和标准方面，政策则指出图书馆可以通过开发或采用符合可靠、可管理数字档案的连贯框架的做法和基础设施来实现其数字保存目标。当然，这些框架也并不是图书馆通过"闭门造车"开发而成的，而是借鉴已有的开放档案信息系统（OAIS）参考模型❷中的概念，按照国际标准和已有的实践经验（如 PREMIS❸、Open Planets Foundation 等项目），形成符合其特定业务需求的流程模型。

（二）档案信息公开实践

1. 开发基于社交媒体用户驱动的服务平台 —— Trove

Trove 不仅是澳大利亚一款新兴的小众社交媒体论坛，更是澳大利亚国家图书馆主动开发出来的新搜索引擎。它拥有包括澳大利亚 1000 多所图书馆和其他文化教育机构的数字资源，国际性馆藏机构中与澳大利亚相关的内容也可以被搜索到。它的用户是澳大利亚的研究人员、作家、历史学家、学生等

---

❶　National Library of Australia.Digital Preservation Policy 4th Edition (2013)［EB/OL］.［2022-01-10］. https://www.nla.gov.au/policy-and-planning/digital-preservation-policy#foot3

❷　CCSDS Secretariat, Program Integration Division (Code M-), National Aeronautics and Space Administration. Reference Model for an Open Archival Information System (OAIS)［M］. CCSDS Secretariat, Program Integration Division (Code M-3), National Aeronautics and Space Administration, 2002.

❸　PREMIS Editorial Committee.Introduction and Supporting Materials from PREMIS Data Dictionary for Preservation Metadata version 2.0, 2008.

各种身份的全体公众，只要有关于澳大利亚和澳大利亚人的问题都可以来这里进行查询 ❶ 。

根据澳大利亚国家图书馆官网的介绍，澳大利亚国家图书馆曾经花费三年的时间，利用社交媒体（主要是 Twitter）对其主动搭建的服务平台 Trove 进行大力的宣传，且对图书馆在 Twitter 上发布的社交媒体档案信息进行定期监测，通过关注人数、浏览量和点赞量这些社交媒体档案信息公开传播指标来进行详细的分析，并依据分析结果不断调整档案信息公开服务方案，优化 Trove 平台的功能 ❷ 。

2. 建立澳大利亚网络档案馆

澳大利亚国家图书馆收集的网站和网页文件被称为澳大利亚网络档案馆，澳大利亚网络档案馆的档案信息可以通过 Trove 社交媒体平台公开传播，促进公众利用。澳大利亚网络档案馆包括通过协作选择性的网页档案（以澳大利亚的网络文献资源存取项目而闻名，即 PANDORA），大量收集联邦政府的网页档案（即澳大利亚政府网页档案，AGWA），以及每年通过合法途径收集的所有 .au 网络域名 ❸ 。

自 1996 年以来，澳大利亚国家图书馆与州立图书馆和其他遗产组织合作，通过一个名为 PANDORA（Preserving and Accessing Networked Documentary Resources of Australia）的存档计划，选择、收集和归档并公开传播利用澳大利亚网站和在线出版物的副本。该计划的目标是确保长期获得这种重要形式的澳大利亚档案文献遗产。PANDORA 存档计划收集的内容范围也从单个文件（例如 PDF 中的文本文档）到包含数千个各种格式的文件（包括文本、声音、图

❶ 颜运梅. 澳大利亚国家图书馆社交媒体的应用与政策解读［J］. 图书馆建设，2013（08）：78—82.

❷ Alison D, Sarah S. Trove: The Terrors and Triumphs of Service Based Social media［EB/OL］.［2022–02–28］. http://www.nla.gov.au/content/trove-the-terrors-and-triumphs-of-service-based-social-media.

❸ National Library of Australia.Archived websites［EB/OL］.［2022–02–28］. https://www.nla.gov.au/collections/what-we-collect/archived-websites

像或视频）的大型网站。PANDORA 存档计划除了收集政府和学术出版物外，还捕获了包括代表文化活动、澳大利亚多元化人民、社区关注、选举活动等政治活动、体育和许多其他主题的社交媒体网站。为了捕捉更新的网页内容，PANDORA 存档计划也会定期对许多标题进行重新收集。

2014 年 3 月，国家图书馆发布了一个原型网络档案，以提供大量收集的联邦政府网站内容。根据 2010 年 5 月批准的整体政府安排，图书馆于 2011 年 6 月开始定期（至少每年一次）收集联邦政府网站。图书馆继续为 AGWA（Australian government online archives）进行联邦政府网站的大量收集，所有内容均可通过澳大利亚网络档案馆，将搜索限制在政府领域。

多年来，澳大利亚国家图书馆一直在收集来自整个 .au 顶级国家域的快照（自 2005 年以来每年一次）和数据，以便收集在澳大利亚网络域上发布的全面表示。此内容未经策划，仅代表收集时的公开网站。

四、新南威尔士州州立图书馆

（一）档案信息公开政策

社交媒体和在线服务的成功部署有利于文化遗产机构和更广泛的社区之间进行有效的数字参与。在新南威尔士州州立图书馆、档案馆和信息服务部门的推动下，《原住民（土著）和托雷斯海峡岛民图书馆信息资源网络协议》（Aboriginal and Torres Strait Islander Library Information Resource Network protocols，简称《阿特西林协议》或《ATSILIRN 协议》）顺利发布并出版。该协议在为原住民社区的数字互动以及适当使用与原住民社区历史相关材料的收集及共享传播方面提供了额外指导。

《ATSILIRN 协议》共涉及信息提供的十二个要素，覆盖了图书馆和档案馆与澳大利亚原住民社区尊重合作的关键领域，分别包括：内容和观点、公开传播知识产权、可访问性和使用、材料的描述和分类、秘密或神圣或敏感的材料、攻击性材料、治理和管理、人员配备、对专业实践的教育和培训、对原住民和托雷斯海峡岛民和问题的认识、复制和归还记录、数字环境。❶ 协议中的每一项内容都并非是硬性规定，而是旨在鼓励图书馆、档案馆和信息服务机构调整每个协议，以适应社交媒体环境下的档案信息公开传播立法和业务框架。

（二）档案信息公开实践

新南威尔士州州立图书馆在 2012—2014 年建立了一个创新项目。该项目旨在将原住民与他们的收藏品联系起来，并利用社交媒体使原住民与更广泛的社区分享这些重要的资源，以增加他们对原住民历史和经验的知识和理解。2013 年，新南威尔士州州立图书馆在某一原住民社区利用社交媒体服务进行试点工作。通过将土著人的观点和协议纳入设计，收集并公开传播社交媒体内容（包括社交元数据和社区创建的内容），图书馆成为了管理原住民文化遗产信息的最佳实践文化机构 ❷。

最终，新南威尔士州州立图书馆的创新项目确定了四个可交付成果：（1）利用社交媒体提供可持续发展的档案信息公开传播新服务；（2）在使用社交媒体促进档案信息公开传播方面提供受过培训和经验丰富的员工；（3）原住民参与档案信息公开传播活动；（4）在社交媒体环境中开发和提供服务的指导方针和协议。

五、澳大利亚档案信息公开传播的特点

（一）注重政策法规的系统性及延续性

社交媒体环境下澳大利亚档案信息公开非常注重政策法规的系统性及延

---

❶ Garwood-Houng, A., Blackburn, F.,2014. The ATSILIRN Protocols: a twenty-first century guide to appropriate library services for and about Aboriginal and Torres Strait Islander peoples. The Australian Library Journal 63, 4–15. doi:10.1080/00049670.2014.890018

❷ Digital engagement and the ATSILIRN protocols: Indigenous Australian experiences and expertise guiding the use of social media in Libraries.［EB/OL］.［2022-01-10］. https://opus.lib. uts.edu.au/bitstream/10453/122286/3/F20C1511-F077-401C-BBA9-46C2CCEDE83F.pdf

续性。澳大利亚虽然没有专门的档案社交媒体政策法规，但档案信息公开传播仍然形成了较为系统的政策法规体系，对档案信息公开传播进行规范。社交媒体环境下档案信息公开内容的披露仍然受《1982年信息自由（FOI）法》、澳大利亚信息专员办公室和总检察署颁布的《1988年隐私法》、联邦公共部门颁布的《2013年公共利益披露（PID）法》约束，在法律允许的前提下更加自由灵活地生成社交媒体信息内容，准确严谨地传播档案思想观点。对于从事档案信息公开传播的工作人员而言，则通过澳大利亚公共服务委员会制定的《1999年公共服务法》《实践中的澳大利亚公共服务价值观和行为准则》以及《社交媒体：澳大利亚公共服务雇员和机构指南》，明晰社交媒体内容传播的责任与风险，向公众提供尽可能完善的服务。而公众参与档案信息公开传播，还须符合《版权法》的有关规定，能够合法地利用档案机构社交媒体发布的内容，也能够在必要的时候维护个人的知识产权利益。

澳大利亚社交媒体背景下的档案信息公开传播非常注重政策法规的延续性，虽然传统的《1983年档案法》和《澳大利亚政府信息管理标准》对新时代背景下档案机构的社交媒体内容的捕获与存档问题没有提出详细的建议，但其中的本质理念仍有保留价值。澳大利亚国家档案馆在《澳大利亚政府记录保存元数据标准AGRkMS》《AGLS元数据标准》指导下，借鉴已有的开放档案信息系统（OAIS）参考模型及其他数字资料的保存项目，定期或临时地对档案机构社交媒体的内容捕获，并按照规定的格式和要求进行存档，以确保其可访问性和可用性。

（二）参与档案信息公开传播机构的多元性

澳大利亚社交媒体背景下的档案信息公开传播参与机构具有非常明显的多元性特征，不但国家档案馆、州立档案馆参与进来，而且澳大利亚国家电影与声像档案馆之类的专门档案馆也参与进来公开传播声像档案，同时，图书馆作为文化信息机构，也参与到社交媒体环境下的档案信息公开传播中来，国家图书馆承担了政府社交媒体文件归档及公开传播利用的责任，地方图书馆如南威尔士州立图书馆则积极与档案馆合作，承担地方文化在社交媒体背景下的公开传播工作。这种多元化的机构参与行为，使澳大利亚社交媒体背景下的档案信息公开传播工作一定程度上分担了风险与责任，更好地促进档案信息公开传播。

（三）档案信息公开传播注重服务创新

档案机构利用社交媒体进行服务创新，能够最大范围内的吸引公众参与，扩大活动的受众面，增强活动的效果，甚至可以产生部分经济效益。例如，澳大利亚国家档案馆曾经利用社交媒体来宣传"儿童间谍活动"，使得许多儿童对机密信息和指纹等知识产生了浓厚的兴趣；澳大利亚国家图书馆利用 Twitter 为其自研开发的 Trove 平台宣传引流，获得了大批新兴用户；澳大利亚国家电影和声像档案馆通过社交媒体平台的在线主题讨论与数字化点播，吸引用户转发评论、点播自己感兴趣的声像电影档案，这种个性化创新服务成功地推销了其在线商店提供的照片印刷和打印产品。

（四）建立多种模式的社交媒体归档模式

澳大利亚社交媒体环境下的档案信息公开传播非常重视社交媒体内容资源建设，通过外包、同行业合作以及众包等多种模式共同促进社交媒体归档，从而为档案信息公开传播提供坚实的内容资源基础。

澳大利亚国家档案馆的 Preservica 项目，是一种典型的提供专业数字保存服务为代表的外包模式，能够确保对澳大利亚 187 个英联邦机构的信息和数字记录进行安全存储，提供安全访问并自动将文件更新为未来友好的格式。外包模式的优点是档案机构根据严格的选拔和考核机制进行封闭式的投标筛选，中标企业往往具备较高的专业素养与工作能力，统一的存储标准也有利于社交媒体存档工作长期开展；缺点则在于外包企业仍需花费大量的时间厘清档案机构的背景与发展状况，档案机构也需要开展现有系统的集成与数字记录迁移工作。

　　以澳大利亚国家图书馆、州立图书馆和其他遗产组织合作的PANDORA
存档项目为代表的同行业合作模式，能够通过选择、收集和归档澳大利亚各
类网站和在线出版物的副本来确保长期获得这种重要形式的澳大利亚文献遗
产。同行业合作模式的优点是各机构之间的工作模式与组织结构相类似，对
待社交媒体存档与文献遗产保护都有着共同的目标与认知，彼此之间的信息
共享程度也相对较高；缺点在于档案机构容易陷入故步自封的境地，陈旧的
社交媒体存档内容可能会导致存档工作的价值贬低，完善监督机制、定期组
织培训学习、及时更新存档内容则是改善同行业合作模式的有效手段。

　　以原住民（土著）和托雷斯海峡岛民共同参与的新南威尔士州州立图书
馆项目为代表的众包模式，能够利用社交媒体使原住民与更广泛的社区分享
社交元数据等其他重要资源，增加公众对原住民历史和经验的知识和理解。
众包模式的优点在于可以最大程度调动公众参与的积极性，能够让更多的人
了解社交媒体存档工作对于历史文化遗产传播与传承的重要意义；缺点则是
该模式对于《ATSILIRN协议》的要求较高，既需要保证档案机构在项目开展
过程的统领地位，又需要尽可能多的参考公众的观点与意见。

　　总的来说，澳大利亚档案机构的社交媒体政策与社交媒体实践都较为成
熟。完善的社交媒体政策为社交媒体实践活动的开展提供了制度保障，丰富
的社交媒体实践活动也为社交媒体政策的改进提供了参考依据。因此，澳大
利亚档案机构在社交媒体应用过程中，无论是内容的生成与传播，还是内容
的存档与利用，都已经发展到了规范、可控的程度。对于澳大利亚档案机构
而言，社交媒体既是其工作内容中不可分割的一部分，也是助力其留存工作
记录与社会记忆的有效工具。

第六节　社交媒体背景下的我国档案信息公开

　　近年来，随着社交媒体的兴起与应用，我国档案部门开始关注社交媒体
在档案信息公开传播中的作用，出台相关社交媒体政策，并通过社交媒体平

台开展档案信息公开传播服务，取得了一定成绩，但也存在一定的问题。

一、我国档案信息公开社交媒体政策法规

我国档案信息公开的社交媒体政策主要集中在社交媒体文件归档案与社交媒体宣传方面。

（一）社交媒体文件归档政策

我国档案部门尚未出台关于社交媒体归档与管理的具体政策，对于社交媒体文件的归档政策散布在不同政策规定中，主要体现在将社交媒体文件列入归档范围以及对于社交媒体文件归档的规范与管理两个方面。

我国在多项文件中明确提出要注重社交媒体信息的采集，将社交媒体文件列入归档范围。国家档案局颁布的《"十四五"全国档案事业发展规划》中提到，"鼓励开展口述材料、新媒体信息的采集"，鼓励新媒体信息的采集与归档。《机关档案管理规定》中明确规定了机关档案包括机关产生的业务数据、公务电子邮件、网页信息、社交媒体档案，将社交媒体文件列入归档范围。《重大活动和突发事件档案管理办法》中第十六条要求责任部门应当将重大活动和突发事件中形成的文件材料纳入收集范围，做到应收尽收、应归尽归；其中包括业务数据、公务电子邮件、网页信息、社交媒体信息。❶可见，社交媒体已经渗入社会各项活动中，社交媒体信息成为各项社会活动的原始记录与历史凭证，需要将其列入归档范围。

对于社交媒体文件归档的规范与管理，国家档案局发布的《全国档案事业发展"十三五"规划纲要》提到要"研究制定重要网页资源的采集和社交媒体文件的归档管理办法"，我国于2016年开始关注社交媒体文件的归档管理问题。在之后出台的《电子文件归档与电子档案管理规范》中提到"网页、社交

---

❶ 重大活动和突发事件档案管理办法［EB/OL］.［2022-01-10］. http://www.wdjj.cn/info/info_5913.html.

媒体类"电子文件归档范围可参照《机关文件材料归档范围和档案保管期限规定》执行。同时，地方档案局也积极响应，出台相关政策。如河南省档案局发布《关于规范网站等新媒体信息管理的通知》，要求省档案局主办的网站、微博、微信公众号等新媒体要统一管理要求，明确采、编、发工作流程，确保信息报道真实、客观、公正；同时出台了《河南省电子文件归档与电子档案管理办法实施细则》，其中，第十五条规定"公务电子邮件以 EML 格式，网页、社交媒体类电子文件以 HTML 等格式归档"。此外，也有地方单位积极响应。如宜宾市叙州区检察院探索实施《新媒体平台档案收集与管理办法》，明确了新媒体平台资料的归档范围，即"区检察院现阶段运营的微信公众号、搜狐新闻客户端以及今日头条等新媒体平台上，由本单位直接产生的各种原创资料"❶，同时，《办法》中还明确了新媒体档案的管理方法及归档流程，严格按照"收集、确定期限、分类、编制页码、装订、排序等程序，截图并打印成册进行归档"。

（二）利用社交媒体进行档案宣传的政策

在社交媒体兴盛的时代，利用社交媒体进行档案工作的宣传，将契合公众的信息服务需求，进一步推动档案事业的发展。国家档案局在《"十四五"全国档案事业发展规划》指出，"通过展览陈列、新媒体传播、编研出版、影视制作、公益讲座等方式，不断推出具有广泛影响力的档案文化精品"。❷2018 年全国档案宣传工作要点也强调要创新档案的宣传服务形式，"适应时代发展变化，充分运用微博、微信公众号、移动客户端等新媒体和音视频、H5 页面、VR 等新技术新手段加强宣传，增强档案宣传效果，扩大档案工作影

---

❶　宜宾市叙州区检察院探索实施《新媒体平台档案收集与管理办法》［EB/OL］.［2022-01-10］. http://www.scsdaj.gov.cn/scda/default/infodetail.jsp?infoId=43c5ced6ccdc4b508127274ada301570.

❷　中办国办印发《"十四五"全国档案事业发展规划》［EB/OL］.［2022-01-10］. https://www.saac.gov.cn/daj/yaow/202106/899650c1b1ec4c0e9ad3c2ca7310eca4.shtml.

响"。❶ 2019 年全国档案宣传工作要点中提出，要认真落实主管主办和属地管理原则，加强档案报刊、网站及"两微一端"管理。同时，多次在档案宣传工作要点与政务公开工作要点中，强调对"两微一端"的管理与应用。《福建省侨批档案保护与利用办法》要求福建省档案馆面向社会征集侨批档案资料，其中包括"各新闻媒体、自媒体、社交媒体以及影视爱好者在与侨批相关的活动中形成的纪实性资料和宣传报道材料"❷。

二、我国档案信息公开社交媒体应用实践

进入社交媒体时代，我国综合性档案馆原来开通的网站加入了更多社交互动元素，使档案馆网站能为用户提供更多参与功能，开展更富成效的档案信息公开传播，但档案馆网站建设格局未有大的改变，本课题从社交媒体应用角度更关注综合性档案馆的新媒体平台建设。

（一）综合性档案馆社交媒体平台建设实践

一是综合性档案馆微博。2010 年是中国微博元年，2011 年后，各综合性档案馆有意识地开通档案微博账号，作为档案信息公开传播的新途径，档案微博注册开通呈快速增长趋势，2013 年共有 62 家综合性档案馆微博账号开通，达到顶峰，其后，综合性档案馆微博账号开通数量逐渐下降，当前，具备条件且有意将微博作为档案信息公开传播途径的综合性档案馆均已开通档案微博账号，档案官微的数量基本稳定，不会再出现大幅波动现象。根据作者调查统计，在微博上注册的蓝 V 综合档案馆官方微博账号共 198 个，其中无锡档案、南京溧水档案、望谟县档案、若尔盖县档案馆、东河口档案、衡东县档案馆、盘锦档案、灌云档案 8 家未通过档案微博平台进行档案信息

❶ 国家档案局关于印发《2018 年全国档案宣传工作要点》的通知 [EB/OL].[2022-01-10]. https://www.saac.gov.cn/daj/tzgg/201803/e55d5f99b45148d6bd57577d2f1b00e8.shtml.

❷ 省政府令第 220 号公布《福建省侨批档案保护与利用办法》[EB/OL].[2022-01-10]. http://www.fj-archives.org.cn/qpzt/zxdt/202201/t20220126_295757.htm.

公开传播活动，不具有意义，190 家档案官微通过微博平台进行档案信息公开传播活动。190 家中"本溪档案"于 2012 年 3 月停止更新微博，63 家综合性档案馆官微在 2022 年前停止更新，126 家仍在运营，运营率占比 66.3%。我国当前有 34 个省级行政区，大陆地区的 31 个省级行政区中，只有江苏、浙江、安徽、山东、湖南、四川、陕西、内蒙古自治区、广西壮族自治区的省级综合性档案馆开通了微博账号，省级综合性档案馆微博开通率为 29%。微博注重社交性，综合性档案馆官微的粉丝数是其社交的强力体现，粉丝数不足 1000 的综合性档案馆官微其公开传播影响力较小，因此，我们选取粉丝数超过 1000 的综合性档案馆官微进行研究，详情统计如下 ❶：

表 12　综合性档案馆微博 TOP31 基本情况一览表

序号	官微名称	账号主体	粉丝量（人）	发博总量（个）	最新发博时间	原创性	总转赞评量
1	浙江省档案馆	浙江省档案馆	10.4 万	6796	2022-12-15	有	3897
2	福州档案	福州市档案局	5.5 万	3831	2023-01-29	无	902
3	湖南档案	湖南省档案局	5 万	1938	2018-11-13	有	881
4	昆明档案	昆明市档案局	4.2 万	3308	2023-01-29	无	1303
5	中山档案方志	中山市档案馆	3.5 万	4864	2023-01-20	有	7908
6	四川档案	四川省档案馆	2.9 万	2329	2023-01-29	有	3998

❶ 2023 年 1 月 29 日登录微博，对粉丝数排名前三十一的综合性档案馆官微进行搜索，查看微博更新的时间及相关内容。

续表

序号	官微名称	账号主体	粉丝量（人）	发博总量（个）	最新发博时间	原创性	总转赞评量
7	江苏档案	江苏省档案局	2.8 万	3657	2023-01-18	有	6901
8	南昌市档案馆	南昌市档案馆	2.5 万	847	2023-01-10	无	153
9	浦东档案shpdda	上海浦东新区档案局	1.9 万	966	2023-01-19	有	5847
10	陇南档案	陇南市档案局	1.6 万	6207	2022-12-30	无	3562
11	南京档案	南京市档案局	1 万	1993	2023-01-20	有	1.5 万
12	东城档案	北京市东城区档案馆	6930	3962	2022-11-17	无	3817
13	银川档案方志	银川市档案局	5807	1677	2023-01-11	无	683
14	白银市档案局	白银市档案局	5057	2	2013-07-29	无	24
15	佛山市档案馆	佛山市档案馆	3868	4909	2023-01-29	有	5668
16	海口市档案馆	海口市档案馆	3539	1007	2023-01-28	无	612
17	南平档案	南平市档案局	2964	2157	2018-02-28	无	1486
18	珠海档案	珠海市档案局	2440	350	2022-08-26	无	581

续表

序号	官微名称	账号主体	粉丝量（人）	发博总量（个）	最新发博时间	原创性	总转赞评量
19	蓉城档案	成都市档案局	2411	911	2023-01-28	无	1603
20	清风召陵档案2014	漯河市召陵区史志档案局	2066	1375	2017-04-03	无	169
21	清风史志兰台	漯河市舞阳县史志档案局	2017	15040	2018-06-01	无	627
22	陕西档案	陕西省档案馆	1899	1606	2023-01-20	无	817
23	陇南两当档案	陇南市两当县档案局	1763	18016	2023-01-29	无	5010
24	文县档案办公室	陇南市文县档案局	1705	5776	2023-01-20	无	3718
25	双流档案	成都市双流区档案馆	1638	21590	2023-01-20	无	1万
26	龙泉档案	成都市龙泉区档案馆	1528	6573	2023-01-18	无	3677
27	永城档案	永城市档案局	1444	2120	2017-12-02	无	2286
28	陇南武都档案局	陇南市武都区档案局	1372	2551	2017-05-08	无	826

续表

序号	官微名称	账号主体	粉丝量（人）	发博总量（个）	最新发博时间	原创性	总转赞评量
29	陇南康县档案馆	陇南市康县档案局	1183	11059	2022-03-20	无	3603
30	礼县档案馆	陇南市礼县档案局	1106	8170	2023-01-20	无	1819
31	金堂档案	成都市金堂县档案局	1008	586	2022-01-10	有	1433

　　根据统计结果，从粉丝数看，前十一名综合性档案馆官微粉丝数超过了1万，占统计总量的35.5%，其余的粉丝数在1000至7000，占统计总量的64.5%，人气较低。从总转赞评数与总发博数的比率来看，比率最高的为南京档案馆官微，平均每条微博有将近7.2个转赞评，第二为浦东档案，平均每条微博有将近6个转赞评，其余档案馆官微平均每条微博转赞评基本都不超过1，有的如浙江省档案馆，平均每条微博只有约0.5个转赞评，"陇南两当档案"平均每条微博的转赞评仅为0.28，也即需要发三至4个微博才能得到一个转赞评，而"清风史志兰台"平均每条微博转赞评仅为0.04，也即需要发25条微博才能得到一个转赞评，用户参与率极低。这些说明，档案馆官微的档案信息公开传播影响力整体较小，对用户的吸引力比较弱，用户通过档案馆官微参与档案信息公开的社交能动性较低。从微博更新时间看，7家停更的时间在1年以上，24家综合性档案馆微博保持了较好的更新率，基本上达到了月更的频率；从原创性来看，有9家综合性档案馆有原创性内容，22家基本都是档案新闻动态发布、政治新闻、抗疫、科普类信息的转发，缺乏原创性内容，公开传播内容缺乏吸引力；加之已开通的微博账号有33.7%停更时间超过一年，省级档案馆微博账号开通率仅为29%，这些情况说明，在档案信

息公开传播的过程中，档案馆官微的普及率及运营管理并不理想，档案信息公开传播影响力较弱，整体情况不容乐观。

二是综合性档案馆微信公众号。档案馆微信公众号社交媒体平台建设起步略晚于档案微博，微信的强交流、弱社交功能，使档案微信公众号的档案信息公开传播视野局限于朋友圈。档案界在 2013 年 3 月成立第一个档案微信公众号，2014 至 2016 年上半年，档案馆微信公众平台的注册趋势持续高涨，❶ 至 2017 年下半年，注册趋势相对放缓，进入一个比较稳定的状态，当前，大部分综合性档案馆都已开通档案微信公众号，短期不会再出现较大波动。据作者调查，当前我国综合性档案馆微信公众号共 119 个，我国大陆地区 31 个省级行政区中，除了海南省档案馆未开通档案微信公众号，其他均开通了档案微信公众号，省级开通率达 96.8%。作者对综合性档案馆微信公众号按其传播影响力进行统计 ❷，占据前六十的账号基本情况见下表。

表 13 2022 年度综合性档案馆微信公众号 TOP60 基本情况一览表

序号	公众号名称	账号主体	WCI	发文量	原创量	总阅读量	总点赞量
1	金山记忆	上海市金山区档案局	751.82	25	25	590053	15165
2	金陵档案	南京市档案局	655.27	118	60	612121	6232

❶ 何思源，张弛，曲春梅．档案"微"平台发展现状及运营策略研究——以档案微信公众平台为例[J]．山东档案，2016（6）：6—11.

❷ "档案微平台研究"是由档案社交媒体联盟发起的一个研究项目，针对全国档案馆微平台运营情况对其传播影响力进行测算排名，具有一定的权威性。2023 年 1 月 20 日进入"档案微平台研究"公众平台首页，点击"榜单查询"查看 2022 年全国档案微信号总榜（TOP100），并对 WCI 排名在前 100 的微信公众号进行筛选，综合性档案馆微信公众号共 60 个（其他类型档案微信公众号共 40 个，如企业档案微信公众号、高校档案微信公众号、档案学术机构微信公众号等，这些不在本课题研究范围之内，不予统计），对 60 个综合性档案馆微信公众号检索并统计其发文量、原创量、总阅读量及总点赞量。

续表

序号	公众号名称	账号主体	WCI	发文量	原创量	总阅读量	总点赞量
3	吴江通	苏州市吴江区档案局	641.62	183	167	548828	13482
4	福建档案	福建省档案馆	605.42	364	82	581847	26532
5	苏州档案	苏州市档案局	564	153	94	290961	10121
6	皇史宬	中国第一历史档案馆	549.93	138	70	326263	4723
7	江西档案	江西省档案馆	538.48	106	60	280827	4861
8	档案春秋	上海市档案馆	515.51	138	75	282493	3948
9	宁波档案	宁波市档案局	513.21	104	99	245971	3633
10	江苏档案	江苏省档案局	490.29	156	44	219503	5142
11	宣威档案	宣威市档案局	482.91	941	168	499125	3203
12	国家档案局	国家档案局	461.07	86	12	323824	3501
13	浙江省档案馆	浙江省档案馆	432.28	247	86	206802	2982
14	潍坊档案	潍坊市档案馆	413.52	49	15	105695	3935
15	记忆泰州	泰州市档案局	413.5	58	58	186952	2912
16	枣庄档案	枣庄市档案馆	410.51	52	51	127521	2805
17	记忆浙江	浙江省档案局	407.07	57	13	108037	2644
18	嘉兴档案史志	嘉兴市档案馆	359.65	187	59	122346	1122
19	秦风档案	陕西省档案馆	346.63	313	58	109852	2812
20	霍州档案	霍州市档案馆	345.8	251	124	87532	3722
21	佛山档案方志	佛山市档案馆	335.99	231	132	71263	16556

续表

序号	公众号名称	账号主体	WCI	发文量	原创量	总阅读量	总点赞量
22	顺德档案史志	佛山市顺德区档案馆	329.98	167	51	67827	1772
23	山东省档案馆	山东省档案馆	317.66	216	12	99360	1728
24	龙江档案	黑龙江省档案局	316.66	110	40	59532	1652
25	记忆南通	南通市档案馆	315.62	55	39	55683	1326
26	杭州档案	杭州市档案局	315.45	171	32	95323	1268
27	甘肃档案	甘肃省档案馆	315.42	865	52	84632	1736
28	三明档案	三明市档案局	310.16	14	12	38349	1579
29	北京市档案馆	北京市档案馆	304.28	62	37	56128	824
30	南京浦口档案史志	南京市浦口区档案局	302.9	51	17	40435	849
31	四川省档案馆	四川省档案馆	296.18	186	2	70922	3384
32	云南档案	云南省档案局	289.46	147	68	51489	1021
33	扬州档案方志	扬州市档案馆	287.21	207	63	53529	808
34	上饶记忆	上饶市档案局	286.25	19	12	55645	604
35	张家港档案	张家港市档案局	275.6	49	26	34563	943
36	内蒙古档案	内蒙古自治区档案馆	271.44	602	32	54283	1672
37	上海普陀档案	上海市普陀区档案局	270.74	103	49	43696	1433

续表

序号	公众号名称	账号主体	WCI	发文量	原创量	总阅读量	总点赞量
38	延安档案	延安市档案馆	269.26	612	28	58762	1536
39	贵州档案方志	贵州省档案馆	262.37	382	58	59364	1216
40	唐山档案	唐山市档案馆	261.66	112	56	54526	772
41	天津市档案方志	天津市档案馆	261.4	217	24	69230	848
42	泉州档案	泉州市档案馆	261.3	143	37	51152	852
43	昆山档案	昆山市档案局	256.58	110	23	45069	663
44	礼县档案局	陇南市礼县档案局	255.89	63	1	32610	733
45	中山档案方志	中山市档案馆	252.13	190	19	55096	529
46	天汉档案	陕西省汉中市档案局	247.54	187	9	37298	1914
47	淄博档案	淄博市档案馆	246.9	272	7	59719	1727
48	南海档案史志	佛山市南海区档案馆	244.24	56	8	45627	1192
49	滨湖档案	无锡市滨湖区档案局	242.45	76	21	29452	865
50	浦东档案	上海浦东新区档案馆	240.79	90	34	45314	736
51	广州市档案馆	广州市档案馆	240.45	127	19	42490	431
52	宝鸡档案	宝鸡市档案馆	234.01	329	28	41331	1568
53	山西省档案馆	山西省档案馆	231.15	487	2	40680	1623

续表

序号	公众号名称	账号主体	WCI	发文量	原创量	总阅读量	总点赞量
54	青浦档案	上海市青浦区档案馆	229.06	61	31	35694	497
55	威海档案	威海市档案馆	228.39	269	29	36105	1446
56	湖州档案	湖州市档案馆	221.81	64	9	26974	442
57	记忆台州	台州市档案馆	220.59	147	32	38450	1282
58	虹口往事	上海市虹口区档案局	218.26	111	26	33648	1223
59	西青档案	天津市西青区档案局	217.19	310	69	18625	1241
60	红色兰台	连云港市档案馆	217.14	20	19	2952	189

　　微信传播影响力排名前六十的综合性档案馆，有 2 家国家级档案馆、18 家省级档案馆、27 家地市级档案馆和 13 家县区级档案馆。这些综合性档案馆主要来自江苏、上海、福建、北京、广东、浙江、山东等经济较发达省市，由此可见，综合性档案馆微信公众号的档案信息公开传播与地区经济发展水平有一定关联，经济发展所带来的档案信息需求压力在一定程度上会转化为社交媒体环境下开展档案信息公开传播的动力。在作者调查的 2022 年期限内，传播指数最高的为金山记忆，发文数最多的为福建档案，原创数最高的为吴江通，总阅读量最高的为金陵档案，总点赞数最高的为福建档案。平均下来，金山记忆微信公众号的档案信息公开传播效果最好，各项数据远高于其他综合性档案馆微信公众号，原创率最高，达到了 100%，每条原创推文的平均阅读量达到 2.3 万，平均点赞量达到 606 个，对于一个由区县档案馆主办的微信公众号而言实属不易。金山记忆微信公众号之所以档案信息公开传播指数独占鳌头，不仅在于其精心运营管理，更在于其内容为王的取胜法宝，

高质量的原创内容使其赢得了用户的青睐。如阅读量及点赞量最高的文章《上海白酒的记》(阅读量 10 万 +、点赞量 2279),就是在对档案信息资源加工的基础上讲好档案故事的优秀代表。紧随其后的金陵档案、吴江通等微信公众号皆是如此,由此可见,综合性档案馆微信公众号的档案信息公开传播效果与其运营质量有较大关联,保持稳定的更新频率,提升档案信息公开传播内容质量,是提升档案信息公开传播效果的重要途径。

此外,从该表中我们亦可发现,我国综合性档案馆微信公众号的档案信息公开传播效果差别较大。仅从 WCI 指数看,排名第一的"金山记忆"比排名第六十的"红色兰台"高出 534.14;即使与排名第二的"金陵档案"也相差96.55。同时,从整体上看,WCI 指数在 300 以下的有 30 个,300 至 400 之间的有 12 个,二者占据统计总数的 70%。

三是综合性档案馆抖音号。据课题组统计,截止目前,抖音上有"蓝 V"认证标志的各档案局馆开设的官方抖音号共有 18 个,分别为北京朝阳区档案馆、太原市档案馆、黄陵县档案馆局、芒市档案局、陇南档案、西安档案、陆良记忆、上虞档案、萍乡档案、日照档案、精致档案与史志、荔浦市档案馆、石家庄市档案馆、马龙档案、淄博市档案馆、威海兰台、兰台新乐、博山区档案馆、衡阳市档案馆。一个档案馆官方抖音号的粉丝量、作品、动态、获赞量、关注等数据能够直接展现抖音号的活跃程度。根据调查结果,按粉丝量排名对公共档案馆馆抖音号的运营数据进行了统计,如表所示。

表 14　综合性档案馆抖号基本情况一览表

序号	抖号名称	账号主体	粉丝量	作品量	获赞量
1	陆良记忆	陆良县档案局	18.3 万	1464	372.2 万
2	荔浦市档案馆	荔浦市档案馆	9863	62	7.3 万
3	石家庄市档案馆	石家庄市档案馆	4613	101	4.4 万
4	兰台新乐	新乐市档案馆	3260	80	2.7 万
5	淄博市档案馆	淄博市档案馆	1530	36	1.9 万

（续表）

序号	抖号名称	账号主体	粉丝量	作品量	获赞量
6	马龙档案	曲靖市马龙区档案馆	1283	61	4697
7	衡阳市档案馆	衡阳市档案馆	633	312	3644
8	威海兰台	威海市档案馆	566	0	0
9	黄陵县档案馆局	黄陵县档案馆局	354	26	1724
10	西安档案	西安市档案局	236	10	241
11	芒山市档案局	芒山市档案局	79	1	13
12	博山区档案馆	博山区档案馆	63	19	100
13	陇南档案	陇南市档案馆	62	70	587
14	萍乡档案	萍乡市档案馆	41	10	45
15	上虞档案	绍兴市上虞区档案馆	41	6	60
16	太原市档案馆	太原市档案馆	39	0	0
17	精致档案与史志	老河口市档案馆	9	0	0
18	日照档案	日照市档案馆	7	0	0

当前省级综合性档案馆还未有入驻抖音平台的，全国仅有18个蓝V账号，综合性档案馆入驻抖音平台还处于较低水平。从统计结果来看，"陆良记忆"的运营情况最好，作品最多，获赞最多，能够及时更新动态，积极准确地回复读者的咨询和评论，粉丝数18.3万，作品平均点赞量达到2542个，数据明显高于其他综合性档案馆抖音号；排名靠后的档案馆抖音号，荔浦市档案馆、石家庄市档案馆、兰台新乐、淄博市档案馆的账号运营情况相对较好，能够保持账号最基本的活跃度与互动度；威海兰台、太原市档案馆、精致档案与史志以及日照档案仅建立了账号，均未发布作品，还未借助抖音平台开展档案信息公开传播，不具备统计意义；其他档案馆账号的活跃度整体较低。从内容的原创性来看，除了陆良记忆与荔浦市档案馆，基本都没有原创内容，很难吸引用户关注，并进行相关的转赞评互动。从各档案馆抖音账号的关注

来看,各档案馆抖音账号基本没有互相关注,缺乏联动性。而在课题组调查期内,原来开通的档案馆抖音账号,如济南市济阳区档案局馆、杏花岭区档案馆、太原市小店区档案馆、德宏州档案局、漳州档案、北京市档案馆、牡丹江档案史志、内蒙古自治区档案馆、青岛市档案馆等,已经退出抖音平台。以上情况表明,综合性档案馆抖号的运营管理比较差,利用短视频平台开展档案信息公开传播的能力亟待提升。

(二)实践项目

我国国家档案局参与世界记忆项目中国国家委员会,负责中国档案文献遗产工程的入选审核工作,并尝试通过社交媒体对入选的珍贵档案进行管理开发利用,例如由国家档案局、福建省档案馆、福建省广播影视集团联合摄制出品的侨批纪录片《百年跨国两地书》,在 CCTV3 播放,❶一经播出好评不断,该视频还通过百度好看视频、CCTV 视频官网等社交平台进行公开传播利用,进一步促进档案信息公开传播利用的范围及成效。

河南省档案馆联合河南省家谱协会搭建的全省范围的家谱档案馆,对家谱档案进行数字化利用,现已将《河南如堂黄氏宗谱》《河南桐柏毛集毛氏家谱》《韩文公门谱》等著录完毕,并从数字人文的角度进行探索挖掘,沈阳市档案馆建立家庭档案众包项目,邀请公众参与家庭档案的众包建设。这些项目是对社交媒体环境下公众参与档案信息公开传播活动的有益尝试。

浙江省台州市档案馆与中国人民大学合作,推出"台州古村落"数字记忆项目,该项目研究了古村落数字资源的采集、加工、组织、创意呈现和案例应用,形成了一套系统的古村落数字记忆建设理念、方法和技术应用,❷提出

---

❶ 一纸牵故土,两地话相思,侨批纪录片《百年跨国两地书》播出后收获良好反响[EB/OL].[2022-01-10]. https://www.saac.gov.cn/mowcn/cn/c100445/202111/3e6da60f5fa74fb6aef01c9a8edf8991.shtml.

❷ 王茂焕. 台州:"台州古村落数字记忆建设研究"项目通过国家档案局验收[EB/OL].[2022-01-10]. http://www.zjda.gov.cn/art/2019/4/23/art_1378485_33511559.html.

古村落数字记忆平台"前站后库"的框架结构、古村落数字资源建设流程与方法、元数据方案、古村落数字资源库和"高迁古村数字记忆"网站，通过该社交网站推进高迁古村数字档案资源的公开传播利用，开拓了社交媒体环境下利用档案资源进行乡土中国文化记忆构建传播的新理念和新路径。浙江省档案局馆与腾讯·大浙网创新性地开展新媒体全平台合作，成功推出了档案文化类互动栏目《浙江往事》和《乡音浙江》，利用档案信息资源进行浙江历史文化的公开传播推广。

2019 年，南宁市国家档案馆与南宁市民宗委等部门强强联合，推出"口述·非遗（南宁壮语山歌）"项目，整合各方资源，发挥各自优势，以"非遗 + 档案 + 融媒体"的崭新方式面向非遗传承人及民间歌手开展壮语山歌（南宁）抢救性口述记录，完成了 2020 年壮语山歌（南宁）档案采集，并编撰完成《南宁壮语山歌 2020 年档案采集成果汇编》，其中的一些影像视频档案可在南宁市融媒体平台上公开传播利用。❶

三、我国档案信息公开社交媒体应用的成效

社交媒体环境下的我国档案信息公开已经初显成效，社交媒体政策逐步完善，公共档案馆微平台建设基本完成，实践项目稳步推进，社交媒体环境下的我国档案信息公开传播已经向纵深方向不断推进。

第一，社交媒体档案信息公开传播已经形成规模化发展体系。根据对我国的档案信息公开实践的调研显示，短短十几年间，以微博、微信、抖音为代表的我国的档案社交媒体平台经历了爆炸式增长到基本稳定的阶段。传统的综合性档案馆为了适应社交媒体时代的到来，一方面纷纷涉足微博、微信、抖音平台，另一方面也提升档案馆网站的交互性能，以便更好地公开传播档案信息。总体看，综合性档案馆对应用社交媒体的热情比较高，社交媒体档

---

❶　粟盛民，卢胜坚 . 继续开展壮语（山歌）抢救采集建档工作［EB/OL］．［2022-01-10］. http://www.chinaarchives.cn/mobile/category/detail/id/37693.html.

案信息公开传播已经形成相当规模，以档案馆网站、档案馆微信公众号、档案馆微博及档案馆抖音视频号为基础公开传播平台的体系已基本形成。

第二，档案信息公开传播能力与水平持续上升。综合性档案馆微平台作为创新档案信息公开传播管理和服务的新方式、新渠道、新载体，充分发挥了跨地区，跨层级的信息支撑和保障作用，全方位提升了综合性档案馆的信息公开服务能力与水平。如浙江省档案局与腾讯大浙网创新性地开展新媒体全平台合作，成功推出了档案文化类互动栏目"浙江往事"和"乡音浙江"；湖南省档案馆红色档案资源开发工作中注重传统媒体和新媒体融合互动；成都市档案局依托丰富的馆藏资源，以"带你了解这座城市的历史记忆"为主题，通过官方微信、微博、官网等新媒体，为市民公开传播原创档案文化信息。在新冠疫情期间，各级档案馆通过其门户网站和社交媒体平台，向公众公开传播科学医疗信息，并通过提供家庭档案建档服务缓解公众情绪，提升档案信息公开服务质量。

第三，公众参与持续推进。参与是档案信息公开治理的一个关键层面，也是档案信息公开可持续发展的支柱之一。通过公众参与调查，根据综合性档案馆门户网站及社交媒体平台向公众提供信息和参与服务有关的内容，我国综合性档案馆在档案信息公开传播、在线互动方面做了大量工作，从仅向公众提供档案展览、网络调查、政策发布、工作动态、档案开放等被动告知性档案信息参与，到向公众提供在线互动、在线查档、咨询建议等主动性档案信息参与，到向公众提供更高层次的档案管理员、在线拍档、在线晒宝、在线建档、讲述档案故事等多种形式的自主性参与，公众参与的层次及深度在持续推进。

第四，档案信息公开传播治理政策法律框架不断完善。随着社交媒体技术应用的不断深化，档案信息公开传播面临的风险与挑战也在不断增加，档案信息公开传播治理的范式也在悄然发生转变，我国档案部门开展了利用数字治理框架为中心的数字策略，以创新的方式实现档案价值。近年，为了应对复杂多变的网络环境，实现可持续的档案信息服务，使社交媒体发挥更大作用，我国档案部门以数字治理为核心，相继制定了一系列政策法规与管理标准，例如制定了电子文件元数据标准、电子文件归档标准、社交媒体归档方案、社交媒体宣传推广政策等，推出社交媒体资料征集及捐赠政策等，档案信息公开传播治理政策法律框架在不断完善。

四、社交媒体背景下我国档案信息公开的现实困境

虽然档案信息公开传播的社交媒体应用成效明显，但社交媒体环境下的档案信息公开工作仍存在现实困境。一方面，社交媒体环境下档案信息公开政策法律不健全，技术与机制错位，档案信息公开供给与需求脱节；另一方面，公众参与档案信息公开的诉求并未达到预期，现有的档案信息公开无法满足公众的档案信息诉求，公众参与热情不高，一些参与乱象凸显，这些表明社交媒体的新技术应用未能推动档案信息公开真正升级。

（一）档案信息公开政策法律不健全

目前，我国的档案信息公开法律调控主要是以《档案法》为主的法制调控体系，缺乏直接的国家层面的权威性的档案信息公开法，且《档案法》与相关的档案信息公开法律《政府信息公开条例》《知识产权法》《个人信息保护法》等还存在一定的冲突，配套政策法规也不健全，不能解决档案信息公开中遇到的很多问题。

首先，《档案法》与《政府信息公开条例》的冲突依然存在，社交媒体环境下档案信息公开法律适用还存在难点。档案信息公开与政府信息公开如何对接已经被诸多研讨，学界基本达成共识，即档案信息作为一种特殊信息，它的公开适用于上位法《档案法》，而非《政府信息公开条例》。因此，各档案馆保存的档案信息，则按《档案法》规定，"县级以上各级档案馆的档案，应当自形成之日起满二十五年向社会开放。经济、教育、科技、文化等类档案，可以少于二十五年向社会开放；涉及国家安全或者重大利益以及其他到期不宜开放的档案，可以多于二十五年向社会开放。国家鼓励和支持其他档案馆向

社会开放档案。"❶二十五年的保存期限规定，对档案信息公开是一个大大限制，在档案信息公开实践上会导致利用《档案法》来规避档案信息公开义务。在档案信息公开司法实践中，部分法院会对档案信息的归档程序进行严格审查，其程序上的纰漏，会导致法院否定对档案信息的认定。按照《档案法》规定，未到规定移交期，政府机关提前将信息移交至档案机关，所涉及信息公开事项仍由原制作或者保存政府信息的单位办理，其公开仍应按照《政府信息公开条例》进行处理。某些司法案例中，政府机关将本应在机关档案室保存的档案提早移交档案馆，被法院认定归档程序违法，虽档案信息事实进入档案馆，但其公开仍适用于《政府信息公开条例》。司法的严格审查，主要是防止《档案法》被滥用来规避档案信息公开义务。然而司法实践中的做法，仍然无法避免社交媒体环境下档案信息公开的法律适用难点。纸质环境下，政府信息移交档案馆转化为档案，界限比较清晰。然而社交媒体环境下，如果政府信息在移交档案馆的同时，仍然以数字形式保存在原机关，这些信息是否属于档案？这种双重保存的数字空间，应该以哪一种作为档案信息公开的法律依据？

其次，社交媒体环境下的档案信息公开传播与《知识产权》《个人信息保护法》等的冲突。社交媒体环境下的档案信息公开传播具有公众高自主性、高参与性、高互动性、高社交性的特点，在 Facebook、Youtube、微博、微信、抖音上公开传播的文本、图片、视频类档案信息，很容易被二次、三次，乃至多次编辑转发，这种行为虽然大大促进档案信息的公开传播范围及程度，但很容易侵犯知识产权与用户的个人隐私权，从而导致知识产权、个人信息保护与档案信息公开传播出现冲突。2013 年 5 月，李国强作为收信人未经权利人同意擅自将钱钟书、钱媛等 66 封私人书信手稿委托中贸圣佳拍卖公司准备进行拍卖，该公司为了进一步获利，还将相关书信手稿转化为数码照片并

---

❶ 中华人民共和中档案法（新修订版）［EB/OL］.［2022-01-10］. https://baike. so.com/doc/63791-67294.html.

刻进三份光盘售卖，此外还将部分手稿文字通过社交媒体公开传播，构成了对钱瑗、钱钟书先生书信手稿著作权的严重侵犯。钱钟书之妻、钱瑗之母杨绛先生将拍卖公司和李国强诉至法院。最终，法院判决该拍卖公司停止拍卖活动及侵犯涉案书信的著作权等行为，并支付钱钟书之妻杨绛 20 万元赔偿金额。❶ 该案件体现出社交媒体环境中对著作权保护的监管失控以及保护的复杂性，中贸佳圣拍卖公司为了获利将书信手稿肆意通过社交平台售卖并公开传播，用户浏览公开传播的信件文档事实上也造成了对著作权权益人的二次伤害。2014 年，西班牙男子冈萨雷斯（Mario Costeja Gonzalez）向西班牙数据保护局投诉谷歌，起因是他用谷歌搜索自己名字时，发现自己的名字与一篇他因债务危机被“征收房产”的负面信息产生关联，他认为，这则信息已经过时且会对自己名誉带来负面影响，谷歌应删除相关搜索链接。西班牙数据保护局支持其主张，谷歌随后向法院上诉，最终法院仍然支持西班牙数据保护局的做法，支持冈萨雷斯的诉求并要求谷歌删除相关链接。❷ 2015 年，我国公民任甲玉投诉百度，认为百度将其名字与以前任职的企业信息进行关联，而该企业深陷负面信息报道，任甲玉认为这会对自己名誉及未来的求职产生负面影响，要求百度删除这一关联信息，但法院并未支持任甲玉的诉求。❸ 从司法实践来看，个人信息保护的自由裁量尺度比较大，从不同角度去理解个人信息保护，则会对档案信息是否公开得出完全不同的结论，而在社交媒体这种更为复杂的环境中，协调个人信息保护与档案信息公开传播则会显得更加艰难。

再次，缺乏配套政策法规。社交媒体背景下的档案信息公开传播不仅需

---

❶　张芙蓉. 基于利益平衡的数字资源权益保护策略研究［J］. 电脑知识与技术，2016，12（12）：18—20.

❷　Homo Digitalis.The case Google Spain v AEPD and Mario Costeja Gonzalez of the Court of Justice of the European Union：A Brief Critical Analysis［EB/OL］.［2023–01–23］. https://www.homodigitalis.gr/en/posts/2900.

❸　数据法盟. 中国被遗忘权第一案 | 任甲玉诉百度案二审判决书［EB/OL］.［2023–01–23］. https://www.sohu.com/a/289881758_733746.

要一部权威的国家层面的档案信息公开法律，还需要形成配套的政策法规，避免档案信息公开制度成为制度孤岛。从前面的美欧国家档案信息公开社交媒体应用来看，美国出台了档案社交媒体政策，英国出台了档案社交媒体在线指南，法国出台了档案现代化共同战略框架，指导本国的社交媒体应用，截止目前我国尚未出台类似的社交媒体政策，无法显现对档案信息公开社交媒体应用的宏观指导作用。其他的诸如配套的隐私权法、电子政务法、政府信息公开法、公众参与法、开放政府法等也未出台，不能形成一个完善的档案信息公开法律体系，来解决档案信息公开中遇到的各种问题。

此外，在我国还存在着类型众多的档案馆，比如综合性档案馆、城建档案馆等行业专业档案馆、企业档案馆、高校档案馆等，这些档案馆由于种类繁多，体制情况复杂，既有隶属于国家档案局的综合性档案馆，也有隶属于有关行政管理部门的行业专业档案馆，又有隶属国有大型企业的企业档案馆和隶属于高校的高校档案馆，有关管理部门尽管制定了一些相应的规章办法，但由于这些规章办法的力度不大，且执法主体不同，对档案信息公开的法律调控带来不少困难。

（二）社交媒体技术与档案信息公开制度的错位

社交媒体环境下的档案信息公开，技术应用是显著特色，单从技术应用角度而言，社交媒体环境下的档案信息公开建设已经有了较大改善，取得可观进展，但是制度和机制并没有相应的随着技术的改进而同步改进，并且技术前置，使得我国综合性档案馆耽于表层效率提升而忽略了档案信息公开制度的革新。

1. 社交媒体技术的应用局限

社交媒体环境下的档案信息公开传播必然需要新技术支持，它是构建在互联网技术与新媒体技术之上的。国内外档案信息公开社交媒体应用实绩可以证明，档案信息公开传播借助社交媒体技术，能够进一步提升档案信息公开的效率和利用价值，技术理性直接渗透至档案信息公开传播流程之中，对于公众而言，获取档案信息不再受到时空约束，档案信息获取成本大大降低。大数据、云计算、社交媒体等各种新技术的不断发展，也给档案公开利用提出新要求，应这种变化，我国各地档案部门相继成立了专门的数据资源管理部门，如福建省的公共档案信息平台、北京市工商登记档案信息共享平台、苏州市民生档案数据交互服务平台、杭州档案大数据平台等，对档案数据进行统一管理和公开利用，为公众提供更加便利的档案信息公开获取服务。但是，从档案信息公开角度而言，现有的档案信息管理模式并没有摆脱固有的行政主导的窠臼，档案数据的整合共享更倾向于为政府的内部管理和决策服务，社交媒体环境下的档案公开程度和步伐并不受公众权利主体制约，与档案信息公开传播的价值导向也没有实质性贯通。从我国现有的社交媒体技术应用来看，微博、微信、抖音等确实使档案信息公开传播更迅捷，公众获取档案信息渠道更多元，但同时，综合性档案馆微博、综合性档案馆微信公众号、综合性档案馆抖音号在档案信息公开内容质量及服务上并无更多调整，公开传播影响力有限，现有的档案社交媒体并没有实质性改变传统的官方主导的档案信息公开格局，仍是传统公开模式中的一种有限技术改良，缺乏档案信息公开理念与制度的创新。如若没有内在制度的回馈，社交媒体技术对档案信息公开传播效应的放大很可能与原有的综合性档案馆主导的档案信息公开格局相冲撞，并导致档案信息公开在某些领域的收缩。

2. 社交媒体技术应用与档案信息公开制度的错位

如果脱离制度革新的意图，单纯强调技术的先导作用，仅仅是在原有档案信息公开模式之下的一种低层级的改进而已。技术如果完全是以维系原始的档案管理模式和制度为目的的，其深度应用的结果往往仅限于对档案管理效能的提升，而难以在档案信息公开的深层次社会文化领域进行突破，这也是国内综合性档案馆微平台建设公众参与度不高、文化传播影响力低的重要原因。当然，公众也能间接享受这部分提升带来的效应，但对档案信息公开最核心的数据开放部分，在技术应用之后，档案馆对选择性公开档案数据的掌控更加强化，通过权限设置，其开放范围、程度和内容均可被量化管理，这种模式，从某种程度上反而强化了档案馆对档案信息公开的垄断控制。

技术主导的负作用，还包括技术应用有可能将进一步加大公众参与档案信息公开传播的难度。随着社交媒体技术的不断升级，政府信息生成趋向于电子化，从生成至归档、传播利用越来越无需公众参与，档案众包的数字化转录、加注、加标签等行为或许可在档案信息生成之初即完成，公众的参与进一步被消解，这与技术应用提升公众参与能力的原始初衷越来越远。这种弱化了公众参与的档案信息公开，无论公开的是何种档案信息，缺乏公众参与，其公开传播影响力必然非常有限。如果强调技术先导，则会将提高档案信息公开技术效率作为一种目的，而非改善公众参与档案信息公开传播的一种技术手段。这种错位，使得档案信息公开制度成为技术的附庸，是技术主导之下的传统档案信息公开制度的延续。如此发展下去，公众对档案信息公开从技术应用之初的期待到后来的漠视，公众热情降低，互动参与越来越少，档案社交媒体平台持续发展将难以维系，社交媒体环境下的档案信息公开传播技术红利将大大降低。

（三）公众参与不足

从我们的调查来看，综合性档案馆抖音号及综合性档案馆微博的公众参与度明显不足。档案馆抖音号除"陆良记忆"外，其余账号公众参与度极低，公开传播影响力非常小，以致有些档案馆已经退出抖音平台。档案馆微博平均每个帖子公众互动的转赞评基本是个位数，号召公众参与档案信息公开传播的微博议题参与情况也不理想，如浙江省档案馆创建的#浙江红色档案#议题，讨论次数69次，参与原创的人数为24人，阅读次数120万。"杭州档案"发起的#档案法制知识#议题，参与原创的人数为3人，讨论次数94次，阅读次数4.3万。而由其他机构微博账号发起的档案议题，热度数倍于综合性档案馆，比如最高人民检察院发起的议题#百年党史中的检察档案#，参与原创的人数为560人，讨论次数8.4万，阅读次数则有7666.5万；由央视新闻发起的#红色档案#议题，参与原创人数3053人，讨论次数8.9万，阅读次数 5.2 亿。这种档案议题公众参与的强烈对比，说明综合性档案馆社交媒体账号缺乏吸引力，无法吸引用户参与话题讨论，互动参与性不足。出现这种问题的原因主要在于我国社交媒体环境下的档案信息公开公众参与尚停留在档案宣传活动中，缺乏实际的制度支撑和措施保障。

1. 档案信息公开公众参与的制度性缺失

我国当前还缺乏国家层面的权威性的公众参与法。事实上，我国宪法、民法中有公民参与权利的相关法条，党中央国务院和各部门出台的条例规章及政策办法以及媒介传播领域有较多法律的规章制度中也有一些涉及到公众参与权利的表述，2019 年国务院发布的《重大行政决策程序暂行条例》，其中有专门的章节对公众参与重大行政决策进行了规定，其特征被归纳为四点：有秩序、理性、自主、适度。❶但从严格意义上讲，这些都不是公众参与法，而只是行政性法律法规，法律层级较低，法律效力不够。与公众参与直接相关的档案法规《中华人民共和国档案法》第七条规定"国家鼓励社会力量参与和支持档案事业的发展"，这则规定过于笼统，社会力量表述不够明确，且"鼓励"一词也无法律强制约束力，无法构成公众参与的制度性保障。单靠重大行政决策的法律位阶的提升，公众参与档案信息公开在实际中的效果明显是不足的。

2. 公众参与与档案信息公开制度衔接断层

社交媒体环境下的档案信息公开被视为公众参与的前提，如果对档案信息公开内容无从获取，则难以对档案信息公开公众参与的路径、方式及所需资源形成观点，导致公众参与形同虚设。但是，将公众参与置于档案信息公开之上，将社交媒体环境下的档案信息公开传播视为公众参与的工具，实际上并未真正厘清两者的关系。社交媒体环境下的公众参与和档案信息公开难以简单分割，公众参与的全过程，即是社交媒体环境下档案信息公开传播的全过程。社交媒体环境下从档案信息的生成、归档、存储、公开传播至利用

---

❶ 魏星河. 我国公民有序政治参与的涵义、特点及价值［J］. 政治学研究，2007（02）：36—40.

的全过程，是公众参与始终缠绕的过程。公众对档案信息公开传播过程的参与，本质上也是推动社交媒体环境下的档案信息公开的过程，或者可以说，公众参与档案信息公开传播本就是社交媒体环境下档案信息公开的题中应有之义。而公众参与被放置在档案信息公开之后，本质上是档案信息公开的知情权与公众参与权的衔接断层。

我国档案法尚未对公众参与权进行立法确定，档案信息公开制度一直在等待权利理念迎来破局。与此同时，社交媒体环境下档案信息公开制度也在期待公众参与的落地。《档案法》《政府信息公开条例》在立法层面上，均没有采用"权利"的说法，但是《政府信息公开条例》的法律救济思路，将信息公开与信息参与的理论连接，为档案信息公开中的公众参与打开一个窗口，随着社交媒体的发展，档案信息公开制度也存在权利创新的可能。我们期待出台像美国、法国的社交媒体政策，对公众参与档案信息公开的权利进行明确规定，使社交媒体环境下的公众参与能真正融入档案信息公开全过程。

（四）社交媒体环境下档案信息公开传播乱相凸显

当前，我国互联网进入高速发展阶段，截至 2022 年 6 月，中国网民规模达到 10.51 亿，互联网普及率达 74.4%，❶我们的社交媒体用户基础非常好。从课题组调查来看，短视频平台个人档案用户数量众多，抖音平台以档案馆命名的个人用户共有 473 个，占总量的 96.3%，而综合性档案馆蓝 V 用户仅有 18 个，占 3.7%。快手平台以"档案馆"命名的用户共 438 个，均为个人用户。

从调研情况来看，某些个人档案用户发布信息存在一些问题：一是个人用户没有档案信息公布权，却以各种变相行为发布历史档案、明星档案、城市记忆档案、外星人档案、情感档案等，导致档案信息公开的真实性与权威性下降。有的个人用户为了在社交媒体上吸引用户眼球，言论屡屡突破道德

---

❶ 中国新闻网. 中国互联网发展报告［EB/OL］.［2023–02–01］. https://www.360kuai.com/pc/9d3d8908f1a562444?cota=3&kuai_so=1&sign=360_57c3bbd1&refer_scene=so_1.

底线与法律界限，例如抖音"绝密档案馆"账号，发布的很多视频真假不一，其中"武大郎真相"视频中，说清河县武家祠堂的武值是武大郎，为七品县令，身高一米八等等，该断言既无档案文献记载，也无史实考据，会误导大众将民间传说当做历史事实；抖音"神秘档案馆007"账号，发布"张译自称衰神，竟因7岁花光好运？"以及"甘肃惊现算命村，村民各个精通占卜术"等等，皆为博用户眼球的无稽之谈，在网络上产生不良影响。二是公民档案员个人素质也存在一些问题。社交媒体环境下，出现了全民档案员的现象，人人都可以随时拍摄上传图片、视频类的档案，这些上传的图片、视频，缺少把关机制，其真实性难以保障；而用户通过档案众包参与档案转录、加注、加标签的行为，也有可能因为个人素质不够而出现一些加错注，加错标签的行为。

当然，社交媒体环境下档案信息公开乱象凸显的原因多种多样，除了以上所说的用户问题外，官方档案馆社交媒体平台档案信息公开难以满足公众档案信息需求，公众档案信息需求外溢也是重要原因。公众档案权利意识日益高涨，而公众在参与档案信息公开传播过程中，无法获得满足感，就会将视线转向其他社交媒体互动，加之社交媒体上活跃的主体有一些"低年龄、低学历、低收入"的人群，这类群体不太具备公共理性，因此，容易发表一些虚假的、非理性的信息，从而形成档案信息公开参与乱象。

（五）档案信息供给与信息需求相脱节

当前综合性档案馆微账号运营差以及公众参与满意度低是较为显著的问题，这表明档案信息供给与档案信息需求是相脱节的，并没有真正满足公众的档案信息公开利用需求，而脱节只是结果，其间夹杂着综合性档案馆传统惯性的服务思维局限，用户自身参与能力不足等问题，社交媒体环境下进一步激发起来的档案信息公开需求缺乏足够匹配的档案信息公开传播机制予以安放，最终的结果表现出档案信息公开供给与档案信息公开需求相脱节。社交媒体环境下的档案信息公开供给和需求双方的矛盾，一方面，公共档案馆作为档案信息供给方觉得社交媒体环境下的档案信息公开任务重、工作量大，还要面临公众质疑批评，已不堪重负。另一方面，公众需求方则认为，档案馆回避关键问题，网上公开数据不够，逃避档案信息公开义务，档案信息公开传播透明度不够，传播内容原创性不足。

造成供需互斥局面，一是因为社交媒体环境下档案信息公开存在地域性差异，部分综合性档案馆逃避档案信息公开义务和公众参与公开档案信息公开传播失序同时存在，很难通过统一的条款对这两种极端形式进行平衡，由于各地尺度不一，导致综合性档案馆和公众均存在不满情绪。其二，社交媒体环境下综合性档案馆的档案信息公开供给尚未达到社会预期，因档案数字化程度不够或技术支持不足或公开内容受限或原创度过低等原因，公众无法通过社交媒体获得自己想要的档案信息，而传统渠道获取档案信息甚至需要行政诉讼、司法救济来完成，进一步加大了用户获取档案信息的成本，更激化了社交媒体环境下档案信息需求方和供给方之间的矛盾。

社交媒体环境下档案信息公开供需之间的互斥，是一种档案馆与社会公众进行权利博弈的反映，透过这种表象，可以从建立档案馆与社会公众的新型社会关系入手，进行档案信息公开制度的变革，是有效缓解这种现实困境的可行思路。

第五章　社交媒体背景下的
档案信息公开治理

　　社交媒体环境下，档案馆档案信息公开传播能力与水平在不断提升，公众参与也在不断深化，但与此同时，法律侵权时有发生、公众参与度不足、各种负面现象与档案信息供需脱节等问题纠缠在一起，极大地削弱了社交媒体带给档案信息公开传播的红利。因此，如何管理和规范社交媒体环境下的档案信息公开传播被提上了日程。

　　治理的本质意义在于规范管理和引导，它并非是针对社交媒体背景下档案信息公开内容的控制和表达限制，是一种更广泛意义上的信息公开传播行为管理，主要指应用科学的手段促进档案信息公开活动的规范有序运行。社交媒体背景下档案信息公开治理应如何开展？我们尝试以社交媒体背景下档案信息公开权力逻辑演变为主线，通过分析政府、综合性档案馆、社会公众三方力量博弈及合作，找到档案信息公开治理的思路。在这里，社交媒体背景下的档案信息公开治理主要是一种依法的制度性和规范性约束，是一种宏观的政府管理行为。也即是说，政府作为治理主体，需要制定社交媒体环境下的档案信息公开规章制度，重新考虑对档案信息公开的定位，将社会理性与技术理性相结合，再造社交媒体技术与档案信息公开制度的关系，实现档案信息公开制度中权利的平衡。就档案馆而言，主要表现为一方面强化综合性档案馆对公众参与引导及内容表达引导的作用，另一方面加强综合性档案馆的管理能力，从组织支持、资金投入、公私合作、人才培养、社交媒体运营管理以及监督评估等多个维度加强档案馆的管理能力。就公众而言，主要在于加强公众参与的引导与管理，这需要引导并培育公众参与意识、引导公众有度参与、提升公众参与能力，并促进公众深化参与，最终打造社交媒体背景下档案信息公开的三维治理体系。

第一节　社交媒体背景下
档案信息公开各方力量的互动与平衡

社交媒体是新媒体的一个分支，是一种给予公众极大参与空间及参与能力的网络媒体。档案信息既是公开传播的对象内容，也是维系政府、公众与综合性档案馆在社交媒体上正常互动的基本要素。在档案信息公开传播的过程中，政府、档案馆和公众实际上成为了档案信息公开进程的三个最重要的力量，在这三者的背后分别呈现着特定利益诉求的国家权力机关、综合性档案馆和公众，档案信息公开的过程就是三者进行权力博弈互动的过程。政府作为国家权力的象征，为了维护国家利益、意识形态和主流价值观而存在，通过制定档案政策法律制度，来规范档案信息公开传播秩序，进而对档案信息公开发挥作用，换言之，档案信息公开过程受到政府主流价值观的影响。综合性档案馆作为政府授权实施档案信息公开的代理机构，全面执行档案信息公开的实施。与此同时，公众具有一定独立性，可以通过在社交媒体上主动地参与档案信息公开传播和互动，来对档案信息公开传播产生一定影响。

一、政府对档案信息公开的影响力

权力从来不会凭空产生，它必然与时代相融合，在不同的时代背景下，形成相应的驱动力。"如君主专制时期的'君权神授'的权力来源观，法国大革命时期权力来源的契约学说，后现代时期米歇尔·福柯认为权力通过话语和规训来表现和渗透，迈克尔·曼认为权力来源于意识形态、经济、政治和军事的互动网络。"❶ 不同时代的权力学说，都为政府作为国家权力的执行者，找到其权力的来源，它承载着国家公共行政权力，并以国家武装力量确保其权力可以强制执行，从该意义上讲，政府就是国家权威性的代表。政府作为国家权力的代表，需要通过信息管控来表达主流意识形态和主流价值观，并维护国家的信息利益。从中外档案信息公开的发展史来看，档案最初作为政府文件的原始记录转化物，是政府的天然财产，政府拥有对档案的绝对控制管理权。政府的档案信息公开影响力主要通过两种途径实现，一是政府依靠司法、行政力量的控制，通过设置专门的法律机构（如全国人大）、管理机构（如国家档案局）等，制定档案信息公开法律制度，来规范并监督档案信息公开。二是利用综合性档案馆对政府的财政拨款依赖性而实行的非强制性调控。政府通过法制的强制性、档案局的督查管理，以及综合性档案馆对政府的天然依赖性对档案信息公开产生实质性影响。

二、综合性档案馆对档案信息公开的影响力

综合性档案馆作为政府成立的天然保管政府文件的场所，被政府授权来实施档案管理，由此，综合性档案馆的天然的档案保管权则是其档案权力的基础。珍妮特·巴斯蒂安在对西方档案理论和发展的中心地位的简短但有启发性的历史回顾中，说明了这段历史如何产生了一种有利于根深蒂固的政治和社会权力现状的所有权和控制系统。❷ 巴斯蒂安和特里·库克❸ 的档案原则和实践是当今占主导地位的档案权力范式的基础，是由欧美国家档案馆设计的，在19世纪末和20世纪得到加强。1898年的《荷兰手册》关于档案整理和描述的理论阐明了档案出处和原始顺序的概念❹——这些概念在控制权转换时相关的

❶ 桂美锐. 技术赋权——互联网时代档案权力关系的嬗变与规范路径［J］. 档案学通讯，2019（4）：34—39.

❷ Jeannette A. Bastian, "Taking Custody, Giving Access: A Postcustodial Role for a New Century," Archivaria, 2002(53): 61—73.

❸ Terry.Cook. "What is Past is Prologue."

❹ 詹金逊. 档案管理手册［M］. 档案学经典著作丛书. 辽宁大学出版社，2017.

档案保管范式中具有特殊意义。美国国家档案馆的谢伦伯格将档案保管义务的原则解析为包括占有或实物保管、法律责任或法定保管。❶"来源控制"说明档案馆承袭于国家政治与社会权力管理的结果，而"法定保管权"则反向说明档案馆成立的初衷是代表国家政府实施档案管理，那么由档案馆实施的档案信息公开则必然代表着政府权力主导话语体系表达。因此，综合性档案馆的档案信息公开具有巨大的权威性和影响力，它通过对档案信息进行专业化的收集、整理、分类、鉴定、组织，所公开的档案信息具有高可信度及高质量的特点；它用制度化的、持续的档案信息开放，来满足人们对档案信息的全面需求，在档案信息公开的进程中，起到了主导作用。综合性档案馆的一个重要功能就是通过档案记录的管理，记录社会记忆，反映社会变化，并主动地有意识地把档案信息公开传播的任务放在环境监测的框架之下。尤其是在社交媒体背景下，公众参与的个性化日益分裂着社会共识，综合性档案馆在档案信息公开的过程中，必须密切关注个性化档案信息需求，通过引导，主动地干预公众参与的导向。综合性档案馆正是通过其对社会及公众需求的密切关注引导和专业化的服务水准，在档案信息公开传播中实现其影响力。

三、社会公众对档案信息公开的影响力

社交媒体的自由空间，使得"人人都有麦克风"，公众可以前所未有的自由表达观点，话语表达不再迷信官方权威，分散至每个个体，话语权的分散，对中央集权式的信息传播模式形成很大冲击，个体力量聚沙成塔，普通公众通过个体的力量也能够影响社会关系发展进程。正如 van Dijck 所解释的那样，我们现在处于一种由技术创新所产生的连通文化中，这些创新有助于模糊我们当代存在的私人和公共之间的界限，在档案文化中同样如此。❷用户通

---

❶ ［美］谢伦伯格．现代档案——原则与技术［M］．档案学经典著作丛书．辽宁大学出版社，2017.

❷ J van Dijck. The Culture of Connectivity: A Critical History of Social Media［C］, Oxford University Press, Oxford, 2013.

过各种社交媒体平台，将自己的所见所闻所感拍摄记录并上传发布，或者参与综合性档案馆档案信息公开传播的互动交流，促进了档案信息公开权的底层化、平民化，深刻改变着档案信息公开的结构。因此，这种档案信息公开方式具有较强的草根性，代表了部分利益公众群体的意见，在社群范围内会引起人们的共鸣，使普通个体得以从远离档案信息公开传播权力到分享档案信息公开传播权力的转变。以微博为例，每一次参与转赞评都是公众话语的表达，通过这种表达造成了公众社会关系的连接，当这种连接增多，个体声音就汇聚一起，表达并实现个体话语权和行动权。因此，我们可以得出公众档案信息公开的权力是基于社交媒体赋权给公众的参与权力及自由表达权力。

作为新媒体分支的社交媒体，使得公众可以在线进行对话交流、公开发布传播档案，发表自己的观点，表达自己的档案利益诉求，从而使公众的个性化表达不再局限于传统的官方档案叙事系统，而是更多层面地追求自身特定档案利益诉求的实现，这也造就了档案信息公开发展的多元化。尤其是针对中青年群体而言，以往档案馆对个体档案意识的形成及主流档案文化推进的功效变得不再显著，而更多从社交媒体的接触中，参与档案信息公开活动，进而实现在档案信息公开传播中的影响力。

四、社交媒体平台对档案信息公开的影响力

社交媒体从萌芽到蓬勃发展，经历了技术萌芽期、社交狂热期、范式冲突期与深度商业化时期四个阶段，与之相对应的话语则分别表现为：反主流话语、政治经济赋权、新经济范式以及权力合法化的逐步形成与发展。❶进入深度商业化时期，社交媒体平台伴随着对公众注意力的全方位攫取，在最大层面上进行利益收割，成为新的档案信息公开权力主体。今天，以谷歌、Facebook、Instagram、苹果、腾讯、阿里巴巴、京东、百度为代表的一些互

---

❶　蔡润芳.“民主”的陷喻与幻灭：社交媒体创新扩散与技术话语的互动分析［J］.新闻大学，2018（3）.

联网平台，他们凭借强大的互联网技术的发展和应用占据了较大的互联网市场份额，拥有大量的用户与财富，因而这些互联网巨头也获得了一定的身份，他们同时掌握并控制了大量的档案信息资源，形成了由自己独占并垄断支配的数据中心。可见，社交媒体平台的档案信息公开权力来自于对互联网数据的垄断控制权力，他们一定程度上控制着数据向谁公开，公开程度及公开内容。2018 年 3 月，Facebook 被指控在未经用户同意的情况下，与英国政治咨询公司剑桥分析公司合作，同意剑桥分析利用近 5000 万用户的 Facebook 个人档案数据，依此建立用户画像，并根据算法推测用户的兴趣爱好，在 2016 年的美国总统大选期间对这些用户进行定向政治广告宣传，进而影响美国大选，从而使 Facebook 陷入泄漏用户个人档案数据的丑闻中。❶ 更有甚者，一种社交媒体国家化的概念开始出现。美国学者麦金农认为 Facebook 无论从用户规模还是经济规模来讲，已经超越一个国家的规模。❷ Facebook 创始人扎克伯格将社交媒体定位为后国家的人类联结模式，是社会的重要基础设施，他甚至提出建立自己的内容发布标准，组建 Facebook 最高法院。如果该法院成立，那么 Facebook 将会对档案信息的发布、存档、公开传播等拥有非常大的控制权力。Facebook 这种作法有可能改变作为一个企业与公共权力之间的关系，由被监督管制走向竞争与替代。档案馆在面对这样的互联网信息垄断机构时，已经没有绝对的权力优势来行使自己的档案信息公开传播权力。

另一方面，用户担心自己的个人数据在社交媒体平台公开传播会影响到个人隐私信息保护，提出被遗忘权利，一些国家通过立法保护用户的被遗忘权，2012 年欧盟出台《通用数据保护条例》规定控制者有义务无延误地删除个人数据。❸ 2013 年美国加州出台"橡皮擦法案"，该法案要求社交网站在不违

❶ 华尔街见闻. 还原 Facebook 史上最大数据外泄事件始末［EB/OL］. 2018-03-21［2022-03-10］. https://wallstreetcn.com/articles.3256863.

❷ Rebecca MacKinnon.Consent of the newworked:The worldwide struggle for Internet Freedom［M］. Basic Books, Inc, 2013.

❸ 李爱君，苏桂梅. 国际数据保护规则要览［M］. 法律出版社，2018：355.

反言论自由与新闻自由的前提下可以允许未成年人擦除自己的上网痕迹。我国 2021 年通过的《个人信息保护法》中也有社交媒体平台应该撤回用户个人信息情形的规定。即使法律目的是为了保护用户个人信息，但这些法律仍然让社交媒体平台对用户个人档案数据是否公开传播拥有一定的决断权。

五、各方力量在档案信息公开互动中的交集与背离

如上所述，社交媒体环境下，政府、档案馆、社会公众与社交媒体平台各自通过特定方式对档案信息公开产生影响。在档案信息公开过程中，社交媒体平台在当前不具有显著影响力，因此本课题暂不讨论该主体，其他三者存在交集与背离两种可能。前者表现为三方档案信息公开指向的一致性，利益诉求处于平衡状态；后者表现为三方档案信息公开指向的冲突性，利益诉求处于失衡状态。

（一）各方力量在档案信息公开互动中的交集

社交媒体背景下档案信息公开传播的形成过程恰恰是政府、综合性档案馆与社会公众档案信息公开指向交集达成共识的过程。在互联网及社交媒体的公开传播权力场域中，"个人权力不再由国家权力分配，这表现出权力主体间的竞逐与权力关系的改造。换言之，网络空间为档案权力主体的竞争与权力关系的重塑提供了新的场域"❶。三者的互动产生越来越多交集，并对档案信息公开指向形成一定的共识，这就是参与式档案信息公开，通过公众参与，使档案信息公开中的三方产生互动交集，共同赋予档案信息公开新内涵及意义。

政府关注互联网及社交媒体的发展，出台相关政策法律，规范互联网平台及用户的网络行为，同时关注用户及社会的档案需求，进行政策引导。比

---

❶ 杜璇宇. 参与式档案管理中社会力量参与权力的来源与实现研究［J］. 档案与建设，2021（2）：9—13.

如美国政府发布《开放政府指令》，将透明度和公众参与纳入开放政府建设，美国国家档案馆推出三代《社交媒体策略》，来对美国档案信息公开施加影响力。公众则通过网站或社交媒体平台，提出对档案社交媒体政策法律的意见，从而给档案信息公开政策法律的制定与实施施加压力。我国 2021 年新版《档案法》在公布前，也多次在互联网上向全社会征集档案法修改意见，在多方意见的综合下，最终出台 2021 版本的档案法，其中的档案信息公开条款是多方在互动中形成的共识性结果。

社交媒体环境下，综合性档案馆在档案信息公开过程中，开始重视公众参与，积极反思，认为传统档案馆的档案信息公开过于注重官方话语，忽略了普通民众及弱势群体的话语表达。澳大利亚和加拿大的档案工作者组织了一个非洲土著档案项目，他们关心非洲土著在国家档案馆的档案记忆中被边缘化或被消除声音，这些档案工作者已经开始认识到，"需要彻底的转变，才能让档案记录中的多种权利得到尊重、承认、代表和管理"。❶ 档案馆与公众在档案信息公开互动中形成共识，向边缘人群、底层民众敞开大门，建立档案信息公开传播的"第三条道路"❷，在这条道路上，双方通过互动合作，从而解决传统档案信息公开传播的过于官方化的缺陷，档案信息公开不再是一种官方社会记忆的传播构建，而是一种合作记忆的传播构建，"社会领域的各活动主体努力留存自我活动痕迹，作为国家叙述系统的补充，充实与印证更为广泛的社会记忆"❸。

档案信息公开不是某一个主体可以单独完成的事情，政府的档案信息公

---

❶ Evans, Joanne, Sue McKemmish, Elizabeth Daniels, and Gavan McCarthy. "Self determination and Archival Autonomy: Advocating Activism" [J]. Archival Science 2015(15): 337–368.

❷ Anne Gilliland, Sue McKemmish. The Role of Participatory Archives in Furthering Human Rights, Reconciliation and Recovery [J]. Atlanti, 2014(24): 71–85.

Gilliland 和 McKemmish 提出"第一条路"是"传统档案馆"，"第二条路"是"社区档案馆"。

❸ 陆阳. 权力的档案与档案的权力 [J]. 档案学通讯，2008（5）：19—22.

开政策法律需要得到民众的响应和认同，档案馆的档案信息公开也需要得到公众的认同和呼应，而公众参与档案信息公开则需要在政策法律的许可之下，通过合理途径来实现。社交媒体环境下，档案信息公开的和谐稳定，很大程度上取决于三者互动交集的大小。交集的大小决定了档案信息公开效果的呈现，政府、档案馆和公众的交集表现出社交媒体背景下档案信息公开所达成的共识。

（二）各方力量在档案信息公开互动中的背离

在社交媒体环境下，我们应该认识到存在着政府与档案馆的官方话语体系和社会公众的民间话语体系的"双重话语空间"，因此就不可避免地出现三方档案信息公开互动背离的可能。社交媒体环境下，政府、档案馆与公众在档案信息公开的过程中也存在冲突的情况，有时是一种官方话语表达和个性化表达的冲突，有时是公共理性与情绪化的冲突，有时则是个体利益与其他利益的冲突。

近年，在社交网络上，综合性档案馆公开发布的一些新闻动态、政策解读以及信息开放，往往由于官方色彩过浓，缺乏阐释力和影响力，形成的反映寥寥。诸如江苏省镇江市档案馆微信公众号"京口史志档案"提供的红色档案故事——百集微纪录·红色档案【永远在路上】，阅读量多是个位数及十位数，基本没有用户点赞。相反，由公众个体在社交平台上对历史档案的个性化解读，则异常活跃，抖音用户"全球历史档案馆"发布了一则图片档案，图片描绘的是小学课文《金色的鱼钩》所表达的"老班长放弃食物，把生存机会让给其他小红军"的故事，作者对老班长去世前说的话"小梁，别浪费东西了，我……我不行了……"进行画外配音，看着图片听到富有感情的画外配音，引起很多用户共鸣，点赞高达39.7万，评论8085条，转发2026条，有的用户说听到配音，就哭了，这是最让他感动的一篇小学课文；有的用户说老班长等其他人走后，默默地拿出了康师傅牛肉面；有的用户评论军需处去哪里了；还有的用户则回忆起学这篇课文时被罚抄生词的痛苦；有的用户则感叹小时候不理解这则故事，现在更能体会体会革命前辈的伟大；有的用户说这么好的故事应该让孩子多读等等。这些评论的社交用户很多是中学生、大学生以及参加工作不久的毕业生，当然这些评论有一些调侃、曲解，但这体现了社交媒体环境下用户参与档案信息公开互动中与档案官方话语体系的背离。法院为了司法公开及法律震慑，将审判结果记录的裁判文书档案在网上予以公开，但这遇到很多当事人的不满，认为裁判文书档案的公开使自己的个人信息曝光在网络上，给个人名誉带来很大影响，纷纷上诉请求撤回网上的裁判文书，这就是档案信息公开过程中非常典型的个人信息保护与公众群体知情权利益的冲突。

当政府、档案馆与公众在档案信息公开传播的互动中出现背离时，也即是三方力量在档案信息公开过程中产生冲突之时，这种冲突在所难免，正是在冲突中三方力量展开博弈竞争与谈判妥协，通过博弈竞争实现相互的包容与接纳，政府与档案馆为了继续保持自己在档案信息公开中的权威性和公信力，则不得不关注公众的档案信息需求，改进档案信息公开政策法律，提高档案信息公开服务与管理水平，接纳用户力量参与档案信息公开，实现三方互动更大的交集，从而达到一个动态的平衡。

六、各方力量在档案信息公开互动中的动态平衡

在社交媒体环境中，原本由政府、综合性档案馆把持控制的话语权开始向社交媒体背后的个体及群体分散，草根大众阶层有了条件和可能去表达多元化的档案利益诉求，去参与档案信息公开，他们和政府、综合性档案馆都拥有了影响档案信息公开的机会与能力。政府与综合性档案馆、社会公众的档案信息公开互动更加频繁，三方的互动既会产生交集，也会产生背离，这种背离并不表明三方一定是对立的，随着参与性文化的深入发展，各方存在更多利益协商的可能，当大众的利益诉求和意见指向符合社会发展预期，并不产生负面影响，相反可能促进政府档案信息政策法规改进、档案馆档案信息公开服务水平提高时，政府和档案馆则可将其意见纳入建设性的轨道；对

负面的参与乱象或不理智的信息行为，则可通过规章制度约束以及综合性档案馆引导，尽可能减弱负面影响，通过协商对话促进三方之间的包容和接纳，并确立各自活动的权力边界，从而使其互动形成良好的循环效应。当然，由于这种对话空间权力博弈的不确定性，档案信息公开的传统权力主体政府、综合性档案馆，与新兴的权利主体社会公众之间的权力界限存在不确定性，随着档案信息公开进程中各方力量谈判博弈的展开，可能会导致其权力边界发生改变。社交媒体环境下档案信息公开权力的动态变化将档案信息公开的边界放入"更大的历史和社会景观"，❶档案信息公开的权力边界，如 Wurl 在种族档案信息描述项目中所说，变得"动态和可变"❷，并且难确定。各方力量需要重新平衡档案信息公开的角色、身份和期望。

就政府而言，在社交媒体环境下的档案信息公开力量体系中，仍然处于主导地位，因此必须发挥其顶层设计、规划引导、监督管理的作用。一方面，权力部门应该清楚自己作为社交媒体环境下档案信息公开传播规则制定者、档案信息公开传播活动组织者以及档案信息公开共享平台构建者的多重领导身份，在现有档案信息公开传播基础上，积极制定与更新社交媒体环境下的档案信息公开传播政策；建立健全社交媒体环境下的档案信息公开法律制度体系，用法律规章明确各主体在档案信息公开事务中的权利与义务、地位与职能、业务流程、法律责任等，确定各权力主体的活动边界；加强对社交媒体环境下档案信息公开传播的监督与管控，强化对综合性档案馆及公众档履行案信息公开权力与义务的监测及评估，明确档案信息公开传播利用过程中的风险，严禁非法公开传播利用公众的个人档案数据，保护公众的个人隐私。总之，国家及政府权力机构要充分发挥作用，制定社交媒体环境下的档案法律与道德体系，最大限度地保护档案信息公开传播过程中各方主体的权益，

---

❶ Ham, F. Gerald.Archival Strategies for the Post-Custodial Era［J］.American Archivist, 1981(44): 207–216.

❷ Wurl, Joel.Ethnicity as Provenance: In Search of Values and Principles for Documenting the Immigrant Experience［J］. Archival Issues, 2005(29): 65–76.

建立互联网时代档案信息公开传播权力扩张与异化的边界，促进多元权力的良性协作互动。

就综合性档案馆而言，在社交媒体环境下的档案信息公开力量体系中，综合性档案馆因档案资源垄断而成为了档案信息富有者，在档案信息公开传播中拥有较高话语权。为了运行更加健康，档案馆必须勇于承担社会责任，为大众提供更多优质档案信息公开服务。因此，档案馆在充分认识到自身在信息公开传播中所拥有的资源与话语权优势的同时，一方面要与国家信息权力部门协作，制定符合互联网伦理道德发展的信息公开传播行业规范，严格遵守国家相关的信息政策法规，通过法律法规以及行业内部的标准规范对自身进行监督约束，防止滥用权力，并确立档案信息公开的主流价值观，引导公众有序参与档案信息公开，保持信息话语体系的公正客观。另一方面，要建立档案数据开放平台，积极向政府、其他社会组织以及广大公众提供全面优质的档案信息公开服务，从而缩小信息贫穷者与信息富有者之间的信息鸿沟，促进档案信息的开放交流，使档案馆所拥有的信息资源成为社会发展的信息财富。正如国际档案理事会倡导："档案工作者在其机构使命和目标用户群体的背景下，积极促进公开和公平地访问他们所关心的记录。它们最大限度地减少限制并最大限度地提高访问便利性。它们促进了所有格式档案材料的持续可访问性和可理解性……" ❶

就社会公众而言，在社交媒体环境下的档案信息公开力量体系中，因社交媒体赋权而拥有了一定的参与权及自由表达权。因此，一方面，社会公众要提升自身参与的权利意识，积极利用社交媒体平台了解和参与档案信息公开工作，如参与家庭记忆及社会记忆构建，通过档案信息公开传播发出自己的声音，获得社会存在感；通过档案信息公开获取，满足自身及其他公众的档案信息需求，实现档案信息资源的价值；通过档案信息公开传播，监督档

---

❶ the current SAA's Code of Ethics document http://www2.archivists.org/statements/saacore-values-statement-and-code-of-ethics［EB/OL］. 2022-01-24.

案行政管理职能的行使，促进档案公共事业的发展并提升社会责任意识。另一方面，社会公众要提升媒介素养。美国著名的"媒介素养中心"（CML）认为，"媒介素养是 21 世纪教育的重要路径。媒介素养为近用、分析、评估、创作和参与各种媒介信息提供了一个架构。这些媒介从印刷媒介到影像再到互联网。媒介素养不但能够帮助我们理解媒介在社会中的作用，同时也为民主公民提供了质询和自我表达的必要技能。"❶媒介素养要求培养公众对信息内容本身的理解和使用，同时要求公众掌握基本技能，能够利用新媒体的互动资源，富有创造性开展媒介内容的创作与传播。❷通过培养媒介素养能够进一步促进公众参与档案信息公开传播的能力，提升公众话语权，并促进档案信息公开传播权力的资源的合理分配。

社交媒体背景下档案信息公开力量的变化，为我们治理档案信息公开提供了从主体入手的研究思路。但也要看到，在新旧档案信息公开力量的转换下，对档案信息公开的研究需要更积极与敏锐的视野，各方力量的关系始终是共生与博弈的关系，社交媒体技术在某些方面强化了这种关系。所以，如果从社交媒体环境下档案信息公开权力格局的变化去把握档案信息公开工作，能够更精准的把握各方力量在档案信息公开中的作用及档案信息公开的发展趋向。档案信息公开各方力量要正视自身的影响力，政府要加强对档案信息公开传播政策法规的完善与修订，以适应新兴权力崛起带来的档案信息公开传播变化；综合性档案馆要规范行业发展，主动承担更多社会责任，促进档案信息资源的全面共享与合理配置；公众要积极参与档案信息公开传播活动，行使自身权利的同时促进档案公共事业发展。通过档案信息公开各权力主体发展路径的构建，促进各方力量协同演进，使档案信息公开传播的互动达到

---

❶ 张艳秋 . 理解媒介素养：起源、范式与路径［M］. 人民出版社，2012：81.

❷ Zacchetti, M. Literacy and Image Education: A European Approach, in Promote or Protect? Perspetives on Media Literacy and Media Regulations［C］. Feilitzen, C., &Carlsson, U.(eds.), Mordicom Gotebory University: The International Clearinghouse on Children, Youth and media, 2003: 65.

动态平衡。

第二节　社交媒体背景下档案信息公开的制度治理

社交媒体环境下的档案信息公开日益进步，情况日益复杂，它最大的特点在于公众参与，其公开传播内容更多涉及到社会及大众利益，因而其公开传播表达场域具有公共领域的特质。这就需要我们从公共治理的角度加以思考，也即是由开放的公共管理与广泛的公众参与相结合而形成的一种治理模式，主要以提高档案信息公开传播的制度理性为根本目的。

一、完善法律法规建设

社交媒体背景下的档案信息公开治理，最重要的是促进档案信息公开法规建设，制定档案信息公开传播制度，建立档案信息公开传播的规范与秩序。

（一）促进并完善档案信息公开立法

《政府信息公开条例》的颁布实施，是我国信息公开制度建设的重大进步，然而《条例》本身规定较为宽泛，且对档案信息公开与政府信息公开的关系没有明确界定，而《档案法》的档案开放利用条款也过于简单，对于负责档案信息公开事务的主管机关设定，法律监督、司法救济、法律责任等程序都存在漏洞，难以保证社交媒体环境下，档案信息公开传播的顺利实施。因此，我们需要提升我国信息公开的法律位阶，出台一部权威的、国家层面的信息公开法，将档案信息公开纳入信息公开法律规定中。首先，在法律中需要明确规定档案信息公开的领导机构，避免各地档案馆因无专门领导机构而使档案信息公开工作陷入停顿或延误的状态，很多国家的信息公开法都明确规定本国的档案信息公开领导机构名称及职能，如美国《信息自由法》规定档案信息公开工作由美国国家档案馆信息公开办公室负责，牙买加由档案和记录局信息公开处负责，德国则由档案记录保护和公开办公室专门上负责档案信息公开工作❶。当前我国各档案馆的档案信息公开领导工作并未明确指定领导机构，这与信息公开立法不完善有很大关系，一定程度上导致了我国社交媒体背景下的档案信息公开工作非常自由散漫，发展不均衡。其次，为公众提供行政申诉的途径，在法律中明确设立信息专员或监察专员之类的行政管理监督人员，负责处理档案信息公开申请投诉、负责监督审查档案馆档案信息公开责任义务的履行情况并提出建议。相对于到法院提起诉讼来说，向专员寻求救济是一种有益的，实用的选择，因为它可以使民众自主与专员解释沟通，无需寻求法律专业人士的帮助，从而节省法律救济成本，只有当行政救济无效，民众才会选择司法救济途径。

（二）将与档案信息公开相关的政策法规的管理边界延伸到虚拟空间

现有的档案信息公开的相关政策法规很多都是针对传统档案信息公开的调控而设立的，针对虚拟空间的档案信息公开调控存在相当大的空白。因此，将与档案信息公开相关的政策法规的管理边界延伸到虚拟空间，将虚拟空间的档案信息公开传播行为纳入调控范畴是非常有必要的。诸如社交媒体环境下用户个人信息保护与档案开放利用之间产生矛盾，从而呼吁用户拥有个人信息在互联网被遗忘的权力，各国对其法律应用不一，欧盟《通用数据保护条例》第17条规定：数据主体有权要求控制者无不当延误地删除其有关的个人数据，且在数据处理不必要、数据主体撤回同意、数据主体反对且处理无法据、数据被非法处理、法定删除义务、因向儿童提供信息服务而收集数据等特定条件下，控制者有义务无延误地删除个人数据。美国加州出台"橡皮擦法案"，该法案要求社交网站应允许未成年人擦除自己的上网痕迹。❷我国被遗忘权保护的法律也在不断地完善，2016年我国《网络安全法》第43条规定，个人发现违反法律规定或约定收集、使用其个人信息的，有权要求网络运营

---

❶　王敬波．政府信息公开国际视野与中国发展［M］．法律出版社，2016：284—288.

❷　李爱君，苏桂梅．国际数据保护规则要览［M］．法律出版社，2018：355.

者删除其个人信息；发现收集、存储的其个人信息有错误的，有权要求网络运营者予以更正。2021 年通过的《个人信息保护法》第 47 条，亦对个人信息处理者应当主动或者根据个人的请求删除个人信息的情形加以罗列。被遗忘权情境中的数据保护法律框架暂时没有被纳入我国档案信息公开管理事项，争议的焦点在于被遗忘权是否会影响网络信息存档，档案销毁鉴定工作是否会受影响等等，但网络社会确实存在诸多档案信息不当公开传播利用的情况，尤其在数字转型期，档案用户隐私风险会导致侵犯用户合法权益、破坏数字档案信息生态、冲击档案部门社会信用等问题，被遗忘权介入档案信息公开利用法律法规则无可厚非，在后续的档案信息公开法律中要仔细考量如何既保持社交媒体环境下档案机构的专业性，又能更好地保护公民的个人隐私。

二、档案信息公开制度的再定位

社交媒体环境下档案信息公开制度的再定位是对社交媒体环境下档案信息公开法规功能的一次澄清。由于社交媒体环境下档案信息公开多元利益需求的涌入，使档案信息公开制度并未达到应有原义，档案信息公开制度的定位需要再次明确。因此，需要回到理论层面，对档案信息公开制度的认知和功能放在已有的档案信息公开实践经验中重新分析。

（一）档案信息公开认知的制度化考量

社交媒体环境下，传统档案信息公开内涵"档案解密与开放利用"，似乎显得过于狭窄，而事实上，电子文件及社交媒体信息的传播利用、个人档案数据的开放与保护，在线晒档拍档，档案故事的二次加工传播等等都和档案信息公开传播关联密切，这既说明社交媒体环境下的档案信息公开传播深入人心，也说明我们对档案信息公开的认知已经有很大拓展，跳出了传统档案信息公开制度"解密与开放"的范畴。现有的档案信息公开法规衔接还存在断层现象，难以提供权威的规定和释义，因此，社交媒体环境下档案信息公开认知的问题，责任实质并不在于档案信息公开本身，而是法律制度没有提供足够的支持，需要将档案信息公开的各种认知落实于法律的制定过程中，档案信息公开立法要考虑与互联网立法、社交媒体立法、政府信息公开立法、个人信息保护法等的衔接，将各种新兴认知内化于档案信息公开法律中。当然，这种认知的制度化安排需要满足以下条件：需要社交媒体环境下各种新兴权力主体的不断成熟并完成制度构建，需要在社交媒体环境下的档案信息公开实践形成认知共识，还需要社会各界对社交媒体环境下档案信息公开功能的认识回归理性。

（二）档案信息公开功能的回归

社交媒体环境下的档案信息公开存在功能泛化现象，但对民主法治的推进具有正面效应。在理论和实务界，信息民主、社交媒体公众参与、档案知识共建共享、集体记忆构建等信息行为都是社交媒体环境下档案信息公开传播功能衍生的结果，传统的档案信息公开制度的严格边界已经被打破，不再局限于档案内容的开放利用，前面我们所描述的档案信息公开现实困境也正来源于此。笔者认为，我们应针对档案信息公开的现实困境，对原有的档案信息公开制度进行补充，缓解社交媒体环境下公众对档案信息公开的日益高涨的期望值，让档案信息公开回归其在社会媒体环境下具有的功能定位，发挥其应有的制度作用，而非仅是一种象征性的口号。社交媒体环境下的档案信息公开制度的功能再定位，必须先考虑对档案信息获取权的保障，这是因为档案信息公开作为一项衍生自知情权的信息制度，档案信息获取权是国内外档案信息公开法律的本位和原义，也是其实际作用的边界和局限、与其他制度渠道的分野和区别所在。将档案信息公开视为一种信息供给行为，根据社会及公众实质上的档案信息需求是否已得到满足来判断是否属于档案信息公开功能，故上述档案信息行为从现有的《档案法》法理上来看可能不属于档案信息公开制度的功能，但其本质都是为了促进公众档案信息获取的权利的实现，因此社交媒体环境下的档案信息公开制度的功能需要回归其本质理性，不仅是档案内容的开放利用，也应指向信息权利的保障，从而为社交媒体环境下档案信息公开领域的拓展提供刚性制度保障。

三、建立科学理性与社会理性调节下的档案信息公开制度

在社交媒体和现代化的语境中，个体权利意识的崛起为档案信息公开提供了更充沛的动力。但是在科学理性和社会理性失调的档案信息公开制度下，公众参与的社会理性不被重视，个体权利扩张遭遇瓶颈后，公众的参与热情或是在冷漠中被消解，或是走向反面的撕裂式对抗，正如档案微平台遇冷以及各种参与乱象等，这就需要重新考虑在政策法律中协调档案馆的科学理性与公众参与的社会理性之间的关系，建立科学理性与社会理性调节下的档案信息公开制度。

（一）科学理性存留的价值

法兰克福学派批评社会科学的科学实证主义方法，特别是科学实证主义与"最大善"理念的伦理关联，认为社会科学可以像自然科学一样发展出可概括的、严格的、理性的法则。批判理论家认为，这种科学主义观点导致了一种实体化，它赋予"特定与普遍、个人与社会之间的特定历史关系以及本体论地位"，"对社会过程各个方面的拜物教"冻结了现状，和"具体的去语境化"导致语境的丢失和创造性选择的重大限制。加拿大档案工作者特里·库克在他有影响力的文章《过去是序幕》中提到，有必要与档案机构发展的静态科学主义概念作斗争，以支持适应记录、机构、系统变化的"不断发展、不断变化"的思维和用途。❶库克在其他地方继续说，档案工作者在他们的工作过程和自我概念中"在很大程度上是科学理性主义遗产的一部分"❷。

---

❶ Cook, Terry. "What is Past is Prologue: A History of Archival Ideas Since 1898, and the Future Paradigm Shift." Archivaria 43(1992): 17–63.

❷ Cook, Terry. "Electronic Records, Paper Minds: The Revolution in Information Management and Archives in the Post-Custodial and Post-Modern Era." Archives & Social Studies 1(2007): 399–443.

科学理性尽管倍受西方档案学者批判，但其体现的是科学、效率和专业，其作为一种理想的形式，是工业化社会基本的制度理性，Michael Winter 断言，结构合理化和信息从业人员（如档案管理员和图书馆员）专业化的科学实证主义方法导致行业标准和最佳实践的"强化"❶，这是最低专业期望所需的。更专业的知识和基础设施资源——对社交媒体环境下元数据描述的严格控制、专用存储设备、用于社交媒体归档的数字平台建设、数字化资源密集型政策、严格的公开访问和使用安全措施等，公众无从着手，需要专业的档案机构来开展，因此，以科学理性为特征的档案馆档案信息公开具有非常重要的不可替代性。社交媒体环境下的综合性档案馆如果放弃了专业化的科学理性指导，将彻底丢失自己的本位，丧失社交媒体时代的信息话语权；而且由于缺乏强有力的高效专业档案信息公开驾驭能力，也将难以应对社交媒体环境下不同群体复杂的档案利益诉求，如果处理不当将会进一步激化社交媒体环境下各群体的档案利益冲突。

（二）公众参与社会理性的引入

科学理性在后现代化的社交媒体冲击下不断弱化，碎片化的信息打乱了原有权威官方档案叙述的影响力，权威官方档案信息公开应对乏力，尽管社交媒体环境下档案信息公开渠道更加多元化，公开形式更加亲民化，官方档案信息公开供给与需求可以保持短暂稳定，但是社交媒体环境下社会档案信息需求始终都在寻找突破口。这也暴露了现有档案信息公开体系中，科学理性占据主导，而综合性档案馆社交媒体平台尚不足以满足社交媒体环境下的外在档案信息需求，公众不得不寻求其他媒介，通过非官方媒介的档案信息公开传播来与官方的科学理性为主的档案公开抗衡，并在社交媒体技术的推动下不断加强其优势，导致双方的差异和分歧越来越大，因而出现抖音、快

---

❶　Michael Winter.How scalable is sustainable intensification?［EB/OL］. https://pubmed. ncbi.nlm.nih.gov/27243658/, 2022-02-01.

手、微博等平台的综合性档案馆官方账号相对沉寂，而个体档案用户、档案学术机构则异常活跃。不能片面地说档案馆主导的档案信息公开模式与公众参与的社会理性不能调和，事实上，社交媒体环境下政府、综合性档案馆与社会公众的权力博弈中，综合性档案馆的科学理性也在逐渐接收与包容用户的社会理性，在档案信息的生产到公开传播过程中，综合性档案馆接纳用户力量，并为用户在档案存档、档案描述、开放及记忆共建等方面提供参与机会，只是由于科学理性为特征的档案馆档案信息公开长期的专业化及档案话语垄断性，常以强势和冷漠的方式消磨了公众社会理性的声音。社会理性被忽略，档案信息公开就无法在社交媒体环境下对公众形成共鸣。实际上，社交媒体环境下的档案信息公开制度必然是综合了科学理性与社会理性的要素，两者很大程度上应该是统一的。

不过我们也要看到，社会理性和科学理性本就是一种理想状态，在社交媒体环境下，二者是综合出现的，因此重点是让档案信息公开制度中的公众参与社会理性进一步增加。公众参与的社会理性引入，并非是在社交媒体平台上简单的对公众征求意见或互动，而是从档案公众的心理需求出发，开放式的接纳公众在档案信息公开各个环节的深度参与，逐步将社会参与理性体现在档案信息公开各个环节之上，通过社交媒体让用户参与档案信息生成、存档、保管、公开传播、文化遗产保护、档案记忆构建等各个环节，建立信任、合作、协商的参与式档案信息公开环境，在更加开放包容的社交媒体场域中实现档案用户个体参与权、自由表达权等。

（三）建立两种理性共存共生的档案信息公开制度

分别认识到两种理性的价值，就需要考虑社交媒体环境下档案信息公开制度中两种理性的关系，不能因为需要引入公众参与的社会理性，就全盘否定档案机构的科学理性。因此，我国在档案信息公开政策法律中，需要明确综合性档案馆的领导地位及职能；还应像欧美等国的档案社交媒体政策法律一样明确公众参与的权力、途径等。如果在科学理性的过程中始终都有用户社会理性的深度参与，二者相互渗透相互影响，最终结果必然是两种理性在社交媒体环境下档案信息公开实践中逐渐磨合和融合，兼顾科学理性与社会理性的优势，形成更为合理的参与性档案信息公开制度。

我们要实现两种理性之间的贯通，不仅仅是直接和间接的权力压力传导，综合性档案馆主导和公众参与档案信息公开应同步推进，将科学理性与社会理性更好地融合，尽量规避两种理性的缺点，使两种理性共存共生。档案馆一方面应遵守档案信息公开制度，发挥其专业性优势，继续将社会关注度较高的档案信息主动公开，做好档案的数字化工作，将其在数字平台上有序逐步公开；档案馆还应保护公众正常的档案信息表达权以及参与权，避免对个人信息、隐私权、知识产权、商业秘密等档案信息的越界公开利用；纵向时间拉长，横向范围扩展，尽可能满足社会档案信息需求。公众则应借助参与式档案信息公开制度，尽可能提升参与档案信息公开的层级，从被动式、主动式成长为自发式档案信息公开传播的主体，在遵守档案信息公开法律的基础上，促进档案知识传播共享，避免失控无序参与。当然，参与性档案信息公开制度的参与边界会在档案信息公开场域中，通过档案馆与公众的权力博弈，最终将共识性的内容通过档案信息公开制度的政策法律条款予以确定。

四、档案信息公开制度与社交媒体技术的关系回归

我国档案信息公开现实困境还存在技术与机制错位的问题，社交媒体技术与档案信息公开制度的关系必须扭转，社交媒体技术的高效性不能代替档案信息公开制度的开拓性，单纯的社交媒体技术改造应用无法带来档案信息公开质量的真正提升，档案信息公开制度的内在完善才能促进档案信息公开进步，两者在档案信息公开体系中的位置和功能是有差异的。

（一）社交媒体技术对档案信息公开的作用

社交媒体技术对档案信息公开具有重要的作用，我们可以运用社交媒

技术、大数据技术、云计算技术、云端存储技术等提升档案机构信息公开的效率和能力，加大档案信息公开的力度。一方面，利用社交媒体平台，选择最合适的档案信息公开渠道，"微信、微博强调与用户的交互，博客适合发表长文，图片、视频等资源适合发布在 Flickr、Youbube 等平台上"❶，档案机构有选择性地在社交媒体平台上发布信息，充分利用各种不同社交媒体平台的优势，使档案信息公开效果放大。另一方面，利用社交媒体平台强大的互动功能，推出各种公众参与档案信息公开项目，吸引用户深度参与档案信息公开。

技术能达到的远不止上述这些内容，还能进一步通过多种社交媒体平台，开发和利用丰富的数字档案资源，"对海量的数字信息集成、分析、挖掘、定制，针对用户的个性化需求，快速应对用户的各种需求，能动地为用户提供知识解决方案"❷，将信息技术应用于档案信息公开，可以智能化检索用户的档案信息需求与档案信息公开的匹配度，发现档案信息公开中存在的疏漏，及时把握用户的档案信息动态需求变化，根据用户的档案信息需求偏好，提醒档案机构及时、有重点、有针对性地合法合规地推进档案信息公开；还能通过社交媒体等技术实现跨部门、跨领域、跨地区的档案信息公开数据共建共享，并分析比对社交媒体环境下的档案信息公开具体成效，提供翔实的数据，从而帮助完善社交媒体背景下的档案信息公开制度。社交媒体技术不仅对档案馆档案信息公开工作有深刻影响，公众通过社交媒体技术也会进一步提升影响档案信息公开的能力。

（二）破除档案信息公开中的社交媒体技术迷信

社交媒体技术能否实现诸多档案学者所期待的档案信息开放格局与效果，取决于社交媒体技术在促进档案馆档案信息公开传播效率的同时，能否与社

---

❶ 贾琼. 基于社交媒体的档案信息资源传播研究［D］. 长春：吉林大学，2017：42—43.

❷ 初景利. 网络用户与网络信息服务［M］. 北京：海洋出版社，2018：101—102.

会及公众的档案信息需求形成充分的对接。这不是社交媒体技术能独自处理的问题，而是档案信息公开制度在社交媒体技术应用后的升级改良才有可能的应对。社交媒体技术的作用是作为社交媒体环境下档案信息公开制度完善的手段，而非倒置。如果单纯的应用技术而缺乏档案信息公开制度改良的意图，那么形式上的高效，并不能真正满足公众的档案信息需求。现有的档案信息公开现实困境，已经暴露出这方面的问题，因此，不应以社交媒体技术应用为中心，满足于表层的效率提升，怠于档案信息公开制度改良。这一过程需要社交媒体技术对原有档案信息公开系统的改造，更需要档案信息公开制度的自我改良来打通社交媒体环境下档案信息公开传播的障碍。如果冀望于社交媒体技术的应用会自然带来制度的变化，那就太低估传统的档案机构权力惰性了。在承认社交媒体技术重要性的同时，也要破除"技术迷信"，回到档案信息公开制度的初始意图，从公众档案信息获取权保障的角度检验社交媒体技术运用方向是否正确。正如美国国家档案馆社交媒体政策的不断改进，恰恰是从第一代政策的技术崇拜，到第二代政策的社交媒体技术应用，到第三代为了更好地维护公众档案信息获取权利进行的深层次改革。其本质在于，通过社交媒体技术更好地为用户提供档案信息公开获取体验，保障公众的档案信息获取权利。处理好社交媒体技术与档案信息公开制度之间的关系，以社交媒体技术推动档案信息公开制度的改良回应技术变革，这也是社交媒体环境下服务型档案机构的基本理念，是社交媒体环境下档案机构制度改革的应有之义。

五、档案信息公开制度中的信息权利平衡

从当前档案信息公开的现实困境来看，社交媒体环境下档案信息公开权利的创设和界定尚不清晰，知情权、知识产权、隐私权、被遗忘权及相关概念之间的联系与分野尚不明确，需要对权利的界限进行界定，明确档案信息公开制度的权利基础，正视权利的冲突，在各种权利保障、平衡的基础上，统筹协同，构建档案信息公开制度。

（一）确定档案信息公开的基本信息权利

学界普遍认为，知情权是人们拥有的一项基本信息权利。欧美信息公开法普遍以知情权做为档案信息公开制度的法理基础。知情权作为基本的权利概念，尚未进入我国《档案法》与《政府信息公开条例》以及相关的档案社交媒体政策法规体系的表述中，这意味着我国档案信息公开的权利边界还需拓展，需要参与性社会文化环境的构建，档案信息公开理念转换、档案信息公开流程再造等各项基础条件的完备，以真正适应社交媒体环境下档案信息公开的全新格局。另一方面，社交媒体环境下档案信息公开的现实困境倒逼对档案信息公开权利进行释疑定义，以加固档案信息公开制度的法理基础。我国现阶段社交媒体环境下的档案信息公开尚处于初级阶段，是将档案信息公开权利进一步扩张，抑或是在现有权利基础之上的稳步推进，将考验档案立法机构的智慧。以现有的档案信息公开实践反馈为基础，首先应确保已有的法律权利能落到实处，同时能回应社交媒体环境下档案信息公开出现的各种缺憾，即对民众享有的依法利用档案的权利予以确认，对知情权暂时搁置，考虑到我国刚修订《档案法》，难以在短期对《档案法》再次修订，可以考虑通过司法解释的方式将"档案信息获取权"纳入解释范畴，作为后续开展权利保障的法律来源，在此基础上逐步考虑《档案法》与知情权的承接。

（二）平衡各种信息权利

社交媒体的特性使得档案信息公开权利在与秘密权、个人隐私权、知识产权的竞争中，在社交媒体场域中似乎是档案信息公开获取权占据优势，但是后面几种权利的保障在社交媒体环境下也不应忽视，尤其是社交媒体的技术脆弱性，使信息安全问题更加凸显，隐私权、知识产权、秘密权也是社交媒体环境下档案信息公开制度变革不可缺少的重要权利。我国长期以来缺乏尊重个人隐私、知识产权、商业秘密等的社会氛围，不能以社交媒体环境下的开放参与为由无限扩张档案信息公开的范围，不断压缩个人隐私保护、知识产权保护、秘密信息保护等的范畴，造成整体权利的失衡。从权利平衡出发，对社交媒体环境下档案信息公开获取权与隐私权、档案信息公开获取权与著作权、档案信息公开获取权与知识产权、档案信息公开获取权与秘密权的权利竞争找到共存的有序基础，这有赖于档案信息公开制度的平衡调节。因此，在社交媒体环境下的档案信息公开立法进程未有结果之前，应通过司法解释等方式调整档案信息公开获取权、个人隐私权、商业秘密权等的权利逻辑关系，尽量减少裁量空间和模糊地带。当然，当前我国档案信息公开制度并未明确规定档案信息公开获取权，也同样未对个人隐私权保护进行明确规定，造成各种权利的发展并不平衡，在没有专项档案信息公开法规对各权利进行制衡的时候，我们需要关注相关法律法规的发展，从而动态审视档案信息公开各权利之间的平衡关系。

第三节　社交媒体背景下档案信息公开的组织管理

社交媒体背景下的档案信息公开，从生成场域来看，它是官方话语表达和民间话语体表达向公共网络空间转移的结果，从媒介属性来看，它是网络媒介的组成部分。因此，单独针对社交媒体环境建立一套组织管理体系并不现实。对社交媒体背景下的档案信息公开管理，需要放到整个档案管理工作环境中，在整体治理的同时采取有针对性的组织管理策略，才能起到内外结合，标本兼治的作用。

一、明确管理体制

我国参与档案信息公开的主体有政府、综合性档案馆、社会公众以及互联网精英等，其中又以政府、综合性档案馆与社会公众之间的互动最为显著，因此，我们认为，需要明确管理主体，建立相对完善的组织和管理体系，以促进档案信息公开各方主体的良性互动。

一是建立"国家档案主管部门"负责统筹的领导体制。将国家档案主管部门作为档案信息公开管理的主导部门，有其必要性和必然性。主要在于我国的档案管理体制从建国后的局馆分离到局馆合一再到现在局馆分离，分分合合间，我国的档案管理工作一直受国家档案局直接领导，国家档案局是适合于综合统筹管理的重要权威部门。所谓国家档案主管部门负责统筹，主要是指国家档案主管部门责统筹协调、监督指导全国档案开放工作，研究制定档案开放有关政策和工作规范；县级以上地方档案主管部门负责统筹协调本行政区域的档案开放工作，对本行政区域内地方各级国家档案馆的档案开放工作实行监督指导。事实证明，国家档案主管部门主导的管理体制在档案信息公开推进工作方面作用巨大。2021年中华人民共和国档案法修订并颁布实施，为了加强管理，推进档案信息公开工作，国家档案局根据新版《档案法》制定了《国家档案馆档案开放办法》，同时废除《各级国家档案馆开放档案办法》《外国组织和个人利用我国档案试行办法》，新的办法对于新时期档案信息公开的推进起到了非常好的作用。必须指出的是，国家档案主管部门在今后的档案信息公开工作中，必须加强其保障和监督的作用，为社交媒体环境下综合性档案馆开展档案信息公开工作创造条件，对拒不履行档案信息公开职责的档案馆，应当督促整改，依法依规给予相应处理。如果国家档案主管部门没有尽到监督管理责任，那么档案信息公开管理必然是乏力的。

二是确立综合性档案馆作为主导的档案信息公开实施主体。我国档案机构类型众多，有综合性档案馆、专门性公共档案馆、企业档案馆、高校档案馆、文件中心等多种类型，但综合性档案馆作为国家文化事业机构，是国家档案信息资源的存储中心，因此，综合性档案馆的档案信息公开水平决定着整个国家的档案信息公开水平，它主导着我国档案信息公开。在社交媒体环境下，在遵守《国家档案馆档案开放办法》的基础上，统筹建设开放档案查询利用平台，推动开放档案跨区域共享利用，积极利用网络、互联网政务媒体、社交媒体等向公众公开传播档案信息。一方面，综合性档案馆应优化组织结构，使档案馆的管理工作更适应社交媒体环境。对应社交媒体环境的变化及要求，重新划分各部门及工作人员的职责权限，将社交媒体运营纳入日常管理工作，设置新的职位创新组织机构管理，如设置首席运营官、首席数据官等；划分组织内部人员角色；明确不同人员在社交媒体环境中的角色和责任，从而保证档案馆内部组织机构权责清晰，具备高效领导力，为社交媒体环境下的档案信息公开提供全方位支持。另一方面，指定负责社交媒体实施的运营部门，这个部门具体负责组织社交媒体项目的研究、开发、设计、生产、项目协调和伙伴关系协调，从而支持整个档案馆的社交媒体项目建设。这对我国档案馆来说是一个新的尝试，可以在借鉴国外经验的基础上，根据社交媒体建设的任务，对该运营部门的团队进行规划。美国国家档案馆成立的"社交媒体策略和生产团队"，在团队的内部设立了社交媒体理念实验室、工作流、工作组、趋势团队、社群经理、活动计划联络办公室等六个内部机构，其中"社交媒体理念实验室"下设数据实验室和理念实验室两个机构，"数据实验室"负责举办讲习班，帮助国家档案馆社交媒体内容创作者获取社交媒体数据分析方面的实际经验，从而促进社交媒体数据的智能性和创造性使用；"理念实验室"负责将社交媒体档案内容制作各环节的工作人员连接起来，把平台选择、内容编辑、视觉设计指导、技术研究等各环节的创意变成现实；"工作流"负责在档案社交媒体的内容创建者和视觉设计师之间提供一个交流平台，方便他们之间进行合作，从而制作具有连贯视觉视别的独特档案内容；"工作组"负责为内容创建者提供一个平台，让他们探索如何创新利用技术，激励公众通过社交媒体平台进行档案分享；"趋势团队"负责研究热点新闻、标签、平台和时事，使美国国家档案馆了解与历史、文化组织、政府和社交媒体使用有关的最新趋势，从而帮助国家档案馆将社交媒体档案内容与新闻和热点联系起来；社群经理负责在档案社交平台上分享新的数字化和可获取的档案信息内容，并采取措施促进公民档案管理员活动；"活动计划联络办公室"负责协调各部门之间的活动，并负责美国国家档案馆与其他有关联的组织机构以及社群的沟通和协作。美国国家档案馆档案社交媒体组织领导体系见

下图。❶

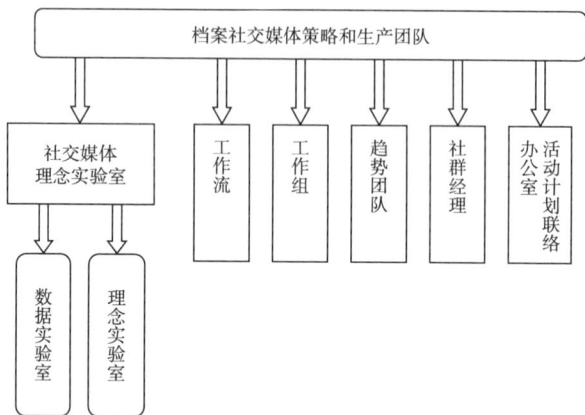

图 6　美国档案社交媒体组织领导体系图

二、争取多元化建设资金投入

以开源资金参与解决方案为基础，推进社交媒体背景下档案信息公开实施，能够大大降低档案信息公开的成本，提高社交媒体背景下档案信息公开的收益。这是因为，档案机构需要有足够的资金用于技术投入、社交媒体实践项目开展、档案工作人员培训以及与社交媒体创新有关的其他项目，另外还需要负担来自于社交媒体环境下与用户的互动、档案信息公开传播中的合作交流等相关行动所带来的附加成本。资金充沛度，一定程度上决定制约了档案信息公开传播的程度、水平及等级。通常情况下，政府会通过财政拨款维护档案馆的正常运营管理，但这笔经费经过档案馆的统筹分配，是很难保证档案馆社交媒体项目所需的全部经费，除了正常的财政拨款，档案馆还需寻求更多的资金渠道，以寻求更多的资金支持。

当前，我国综合性档案馆资金来源主要为政府财政拨款，其他类型的资金来源基本没有。根据江苏省和山东省两省档案信息官网各自公布的《江苏

---

❶　张江珊.美国国家档案馆社交媒体策略发展的比较研究及启示[J].档案学研究，2018（4）：117—122.

省档案馆 2020 年度部门决算公开》和《2020 年度山东省档案馆部门决算》，在 2020 年度部门决算中，江苏省档案馆财政拨款收入占本年度收入的 100%，山东省档案馆财政拨款收入占本年度收入的 93.82%。❶ 从现实状况来看，仅仅依靠财政拨款来保证正常运营的档案馆，不管是在档案社交媒体运营管理体系建设方面，还是开发档案信息公开传播项目，或是进行公众培育等方面的资金支持明显不足，资金支持力度小成为制约社交媒体背景下档案信息公开传播长期开展的一大难题。因此，在财政拨款的基础上进一步拓宽融资渠道，是档案馆的必然选择。

一方面，争取政府专项资金支持是必要途径。例如，法国国家档案馆发起一些专项研究项目，获得更多政府专项资金支持。法国国家档案馆连续颁布两个科学、文化教育项目，并与法国人文和社会科学研究机构合作推出研究项目，将研究结果通过社交媒体加以推广传播，从而赢得法国教育部、文化部等多个机构的额外专项资金支持。我国档案机构也有类似的项目，例如，浙江台州古村落数字记忆项目、广西南宁"口述·非遗（南宁壮语山歌）"项目等都争取到了政府专项资金支持，今后应根据社交媒体环境下档案信息公开传播的发展，选择更多优秀项目，争取更多政府专项资金支持。

另一方面，争取社会资金支持是必然选择。美国档案机构更倾向于通过基金会筹募的方式获取更多资金。美国自 1980 年以来共建立 17 个档案基金会，其中美国国家档案馆基金会（NAF）影响力非常大，它成立于 1992 年，1993 年正式运营，NAF 设立的目标为："扩大公众对 NARA 活动、项目的参与度；提高对国家档案利益的认识；通过一系列展览、活动扩大对会员的吸引力，寻求融集资金以及其他资源的机会。"❷ 作为美国国家档案馆的合作伙伴，自建立以来，为美国国家档案馆诸多线上云展览、社交媒体公众参与

---

❶ 陈勇. 我国档案志愿服务发展存在问题及对策研究［J］. 浙江档案，2021（12）：25—28.

❷ 楚艳娜，谭必勇. 档案基金会资金筹集与运用策略探析——以美国国家档案馆基金会为例［J］. 档案学研究，2017（1）：111—117.

项目等提供资金支持。NAF 通过设立 Membership、Young Founders Society、Signers Circle、Corporate Council 等几种方案来筹募资金，不同的方案下设定不同的捐款额度与相应的会员等级，并为不同等级的会员提供不同的权益与服务。例如，公司理事会（Corporate Council）主要面向企业筹募资金，其会员分为三个等级，赞助者（捐款金额 5000 美元）、监护者（捐款金额 10000 美元）、创建者（捐款金额 15000 美元），并在 2014 年 8 月推出仅公司理事会创建者及以上级别方可参加的纪录片电影《危机：总统承诺的背后》会员接待会。当然这种档案基金会的成立需要一定社会基础，还需要良好的基金会运营才能筹募到资金，美国慈善文化比较发达，据统计，"全美 75% 的家庭都对慈善事业有某种程度的捐赠，平均每年每个家庭捐赠 900 美元，占家庭总收入的 2%" ❶，因此，NAF 作为非营利慈善机构能够吸引到愿意为慈善做出贡献的普通美国民众及各界人士；另一方面，NAF 还积极运营，与各机构合作，以公众需求为中心，将筹集资金用于开发多元化档案文化产品，借助社交媒体不断创新服务类型，提供高质量服务，从而维持档案基金会的活力及吸引力，使源源不断的公众参与资金筹集。我国综合性档案馆除了单一的财政拨款资金渠道，还可以尝试通过档案基金会等模式，从普通公众、社会知名人士、企业、其他基金会等筹集资金，扩充资金来源，从而为社交媒体环境下的档案信息公开传播工作提供充足资金保障，使其顺利发展。

三、加强多元化公私合作

社交媒体倡导的参与性、社交性决定了综合性档案馆档案信息公开合作的广泛性，因此需要加强多元化公私合作。社交媒体环境下的档案信息公开提供了通过所有利益相关者之间的合作来获取档案信息权利的机会。为了保障档案信息获取权，确保社交媒体环境下档案信息公开传播取得成效，应该

---

❶　王厚辉. 美国基金会的发展及运作监管经验的借鉴［D］. 厦门：厦门大学，2007：98.

鼓励所有利益相关者参与其中。

社交媒体环境下综合性档案馆的档案信息公开传播合作有多种类型，具体包括：与政府有关部门的合作、与非营利组织以及私营部门之间的合作、与公众之间的合作。

（一）与政府有关部门合作

第一，档案馆与政府各部门的合作。综合性档案馆与政府部门的合作主要表现在制定不同层级档案馆在社交媒体环境下档案信息公开传播的政策及合作项目。如澳大利亚国家档案馆与澳大利亚公共服务委员会合作制定的《实践中的澳大利亚公共服务价值观和行为准则》《社交媒体：澳大利亚公共服务雇员和机构指南》、澳大利亚数据融合伙伴关系（Data Integration Partnership for Australia，DIPA）资助项目，目的是实现澳大利亚档案机构与其他公共部门合作，实现澳大利亚政府数据资产利用和价值最大化。法国国家档案馆与法国档案部际服务部门、数字部门合作进行数字化创新政策与项目研究，与法国教育部门及学校合作，让学生直接接触历史档案，通过在社交平台开设具有辩论性、批判性的教育话题、推出在线云展览、推出各种青年学生能够参与的众包活动、推出媒体和信息素养课程，对青年学生进行艺人主义、公民身份、共同价值观教育。我国也有类似的合作，如南宁市档案馆与南宁市民宗委等部门进行合作，推出"口述·非遗（南宁壮语山歌）"项目，今后可以加大与政府部门在政策制定、社会记忆与集体记忆项目实施、文化推广以及爱国主义教育等方面展开更多合作。

第二，档案馆与图书馆、博物馆、艺术馆等的合作。在北欧国家，有一个描述档案馆、图书馆与博物馆合作的机构，称为 ABM 机构，"A"代表档案馆，"B"代表 biblioteker，这是斯堪的纳维亚语中图书馆的意思，"M"代表博物馆。丹麦、挪威等北欧国家广泛建立了 ABM 合作机构。2003 年 8 月 1 日在德国柏林以档案馆、图书馆、博物馆的合作为主题召开了世界图书情报会议，会上多位专家对档案馆与图书馆、博物馆展开合的重要性予以认可，并从多种角度提出合作的标准、方式及内容。学者 Ruth Hedegaard 认为档案馆需要与图书馆、博物馆展开合作，是建立共同数据标准表达数据、传播数字文化遗产的前提与基础。❶ Robert S. Martin 认为档案馆与图书馆、博物馆建立文化合作伙伴关系，有利于拓展档案馆作为社区文化中心的作用，并促进档案馆在不断变化的文化环境中扮演更重要的角色。❷ 2018 年 12 月法国国家档案馆推出档案数字文化节，与其他档案馆、博物馆、艺术馆、技术服务商、商业导师、高校师生共同合作，完成档案黑客项目。北京市档案馆曾成功与北京市文物局、北京市博物馆联合举办了"北京的胡同四合院"展览，云南省档案馆与云南省博物馆联合举办"家国情怀——抗战时期云南军人家书公函展"，第二历史档案馆与南京博物院联合举办了"孙中山先生生平事迹展"。社交媒体环境下，档案馆在文化传播方面与图书馆、博物馆、艺术馆等有着更广阔的合作空间，我国档案机构可以尝试与这些机构开展社交媒体应用方面的合作。

（二）与非营利组织以及私营部门合作

与非营利组织合作主要表现在综合性档案馆跨领域、跨国界与一些公益性非营利组织的合作，目的是为了促进学术交流、促进档案文化传播以及筹集资金。例如 InterPARES Trust（ITrust；2012—2019）项目是由加拿大北美档案学界发起的一个跨国、跨学科学术研究合作的非营利性组织，旨在探索在线环境中记录和数据的可信度和可信度问题。其目标是生成理论和方法框架，以制定地方、国家和国际政策、程序、法规、标准和立法，以确保基于良好治理、强大数字经济和持久数字记忆的证据的公众信任。ITrust 是一个研

---

❶ Ruth Hedegaard.Benefits of Archives Libraries and Museums working together［C］.［2003–08–01］. World Library and Information Congress: 69th IFLA General Conference and Council.

❷ Robert S. Martin.Cooperation and Change: Archives, Libraries and Museums in the United States［C］.［2003–08–01］. World Library and Information Congress: 69th IFLA General Conference and Council.

究合作伙伴关系，由北美、拉丁美洲、欧洲、非洲、大洋洲和亚洲（国际联盟）的 50 多所大学和各国不同类型档案馆组成，研究人员是档案科学、记录管理、外交、法律、信息技术、传播和媒体、新闻、电子商务、健康信息学、网络安全、信息治理和保证、数字取证、计算机工程和信息政策方面的专家。通过 ITrust 组织的合作研究，已经形成了关于社交媒体环境下档案信息公开传播的政策、法律、规范等管理框架的一系列成果。我国高校档案团队已经与 Itrust 展开了一些较为深入的合作，而档案馆与非营利组织的合作较为欠缺，今后可进一步加强跨国性国际交流合作。

与私营机构的合作主要表现在与技术开发商、技术平台等的合作。美国国家档案馆在三代社交媒体战略中都非常注重与私营机构之间的官商合作，以应对社交媒体技能的挑战，并分享有关的社交媒体环境下档案信息公开传播的经验、知识以及可能的资源。美国国家档案馆与开放数据研究所、维基百科等合作推出研究计划，以帮助孵化档案信息公开社交媒体应用、工具和服务，并通过技术战略委员会为企业家提供进一步的支持。我国档案馆也展开了与私营机构之间的合作，开发档案软件及应用程序、进行档案信息化建设，极大提高了我国档案馆的技术应变能力。

（三）与公众合作

与公众合作主要表现在社交媒体环境下综合性档案馆为公众提供的各种档案信息公开参与活动。与公众合作，支持公众参与档案信息公开传播，既是社交媒体环境下公众权利意识兴起的驱动，又有档案机构主导推动发展因素的影响。随着公众知情权、参与权、监督权等权利意识的增强，公众个体档案利益的诉求将更加迫切和成熟，将会不断要求通过档案信息公开参与，实现档案信息权利和社会良性发展。这种公众参与档案信息公开传播，也是综合性档案馆与公众合作的必然结果。综合性档案馆应提供更多公众参与的机会，以增加公众对档案馆核心使命活动的反馈，确保公众的参与权利及自由表达权利得以实现。通过与公众合作，公众参与度低、档案信息公开供给与需求脱节及相关的参与乱象问题才能逐渐解决。我国综合性档案馆微信公众号、档案馆网站、档案馆微博等提供了不同层级与类型的公众参与服务，一定程度上促进了公众参与档案信息公开传播，今后需进一步拓宽公众参与途径及参与深度，为公众提供更多的参与机会。

四、大力培养人才

综合性档案馆为了使档案信息公开工作从传统环境成功过渡到数字化环境，必须加大人才培养力度，为员工提供学习和领导的机会，建立一种包容、赋权的工作场所文化，使员工拥有完成社交媒体环境下档案信息公开传播工作所必需的技能，如数据处理、分析和理解能力，社交媒体技术应用能力，与外部环境沟通能力等等，减少档案馆工作人员的匮乏并缩小数字鸿沟，为社交媒体环境下的档案信息公开传播提供人才支持。

我国对档案从业者的称呼较多，有的称"档案工作者"、有的称"档案人员"、有的称"档案管理者"，杨光认为档案职业主体有且仅指公共档案馆中的档案管理人员❶，这有利于从社会分工上明确界定档案职业者的工作属性，将其与其他档案人员区分开来，也有利于我们聚焦综合性档案馆的人才培养。

孙大东在对档案职业公信力的调查分析中指出，档案职业主体对档案职业公信力的影响力最大❷，可见综合性档案馆中的档案管理人员素质对档案职业公信力的影响是最大的。闫静对档案职业问卷调查结果显示，仅有24.22%的从业者对档案职业感到满意，58.39%的从业者对档案职业不置可否，离职人群中有超过半数（54.35%）将原因归结为"自我实现感的丧失、薪资福利较差、工作枯燥"❸。这样的离职原因，一部分在于综合性档案馆的人才培养计划

❶ 杨光．社会分工视野下档案职业主体概念的界定［J］．档案管理，2017（5）：16—19．

❷ 孙大东．档案职业公信力调查研究［J］．档案学研究，2017（4）：49—53．

❸ 闫静．档案专业毕业生职业状况与专业知识满意度实证研究（二）［J］．档案学通讯，2016（2）：20—25．

出了问题，员工没有领导力，自我实现得不到满足；工作分配与绩效考核难以满足员工需求，缺乏有效的职业发展规划等。这也与胡鸿杰教授多年来对档案职业的观察结果相一致，他认为档案职业当前最大的问题在于女性化比重过高（占比 66%）档案职业伦理不健全、缺乏档案职业培训与技能拓展的教育、档案职业准入制度争议以及档案职业生涯发展缺乏规划等几个问题。❶我国综合性档案馆要培养自己社交媒体环境下的档案信息公开人才，当然要从解决这些方面的问题入手。

　　首先，培养领导力。社交媒体作为一种新媒介，成为各种信息机构角力的新战场，每类信息机构都试图在这个新的领域掌握更多信息话语权。综合性档案馆要想在这一领域拥有更多信息话语权及领导力，那么必须要拥有强有力的领导团队。因此，档案馆可以针对管理层员工开展领导力培训，制定发展计划，进行定期培训和馆际交流，提高管理层领导力，并制定标准和度量来评估该领导力提升的有效性。其次，及时补充人才。档案馆必须拥有高素质、高积极性和多元化的员工队伍，以实现机构的战略目标。现实中，档案馆的人才总是匮乏的，社交媒体环境下的档案信息公开需要大量档案人才，因此必须有一个有效的招聘程序，适度引入职业准入制度，提高职业门槛，以便在竞争激烈的市场中找到最优秀的人才。再次，为员工规划职业发展路径。员工的"职业生涯路径"是一个结构化的过程，我们需要通过分析组织单位来减少管理控制范围，重新设计核心工作以提高员工的积极性和生产力，并确保一个更加公平和有效的绩效管理体系。档案馆的员工只有具备更多工作积极性，才能使档案馆成为工作有效的单位，从而实现档案馆的工作使命和目标。因此，必须解决组织结构、工作分配和绩效管理标准的不平衡问题，以更好地提升员工的积极性和敬业度。最后，建立员工职业发展计划，从而支持综合性档案馆向社交媒体环境转型。社交媒体环境下的档案信息公开工作是在一个全新的电子化环境中，综合性档案馆必须确保员工准备好过

---

❶　胡鸿杰，刘耀鸿. 我国档案职业研究综述［J］. 档案管理，2021（5）：28—31.

渡到一个完全电子化的环境，并准备好为其他机构档案信息公开提供新的指导和专业知识。因此，综合性档案馆必须提供一个健全的职业发展计划，包括培训和经验学习，让所有员工识别和规划新媒体环境下职业发展机会和发展能力。

五、提升社交媒体运营服务能力

我国有一些综合性档案馆社交媒体账号运营服务能力较强，如金山记忆微信公众号，内容更新较快、原创性强、文字优雅、配图精美，给人传递非常深厚的上海人文底蕴。2022年还与兰州电视台《兰州新闻》主播赵刚合作，对《上海白酒的记忆》进行朗读，并通过提供上海白酒礼品的方式，邀请用户参与互动，引起了较大轰动。这种运营服务能力使《上海白酒的记忆》2022年阅读量、点赞量及评论量非常高，运营服务能力非常强。然而，从我国综合性档案馆微平台建设的整体调研状况看，绝大部分运营服务能力较弱，亟待提升。

（一）提升综合性档案馆自身的社交媒体运营能力

综合性档案馆作为档案社交媒体运营的主体，必须提升自己的运营能力。首先，提升运营意识。档案馆官微及档案馆抖音账号整体活跃度不高，内容更新缓慢、原创性较低、用户关注度低、缺乏热度话题，这些说明综合性档案馆缺乏社交媒体运营意识。为此，综合性档案馆必须提升运营意识，应积极响应国家网信办的号召，进驻社交媒体平台，注册官方账号，在可能的条件下成立档案馆联盟，在社交媒体平台上共同开展档案文化推广，扩大网络传播效果，提升用户的认同感以及档案馆的影响力。其次，进行专业化运营。目前大多数综合性档案馆的社交媒体账号运营工作缺乏专人负责，兼职人员由于知识和经验不足，难以提供专业的新媒体运营服务。因此，在综合性档案馆抖音号运营队伍的组建上，需要像金山记忆微信公众号那样组建专业队伍，配备社交媒体管理与营销及数据管理专门人才，以专业化团队促进高效的档案馆社交媒体账运营，认真设计账号 logo 标识、名称、账号简介页面，掌握档案内容文体和风格，将社交媒体账号打造为综合性档案馆的一张名片，提升品牌形象和价值，传达文化内涵与服务品质。再次，做好用户运营管理，提升用户关注度。失去用户的关注，档案社交媒体账号就没有了存在的意义。从我们的用户参与调查中，我们发现用户的需求是多方面的，参与目的、心理特征等也存在较大差异，根据用户的个性化需求提供个性化服务是提升用户关注度和参与度的必然选择，也是综合性档案馆社交媒体运营管理与服务能力的体现。为此，档案馆必须认真研究用户，分析档案社交媒体用户大数据，掌握用户的属性、兴趣和需求，进行"用户画像"，对特定目标人群进行精准的档案信息推送。档案馆要通过正确的运营方式吸引用户关注，用优质的内容来吸引用户关注，努力创建相关、及时且有明确号召性用语的帖子；设定自己参与档案信息公开传播的目标以及受众在该目标中的位置；积极回应粉丝追随者的问题以及想法，增加与粉丝的互动，增强粉丝粘性；将自己的档案信息公开主题与社会热点趋势结合起来，增加用户的兴趣值，但对有争议热点趋势要慎用，不能以损害公众对档案馆作为中立管家的信任为代价，这种大胆谨慎的立场，会使粉丝产生更大的信任，从而提升在粉丝中的影响力；善于使用各种主题标签，如浙江省档案馆微信公众号及微博账号使用了"浙里读档""记忆浙江""档案里的'共富'故事""跟着档案去旅行"等标签，使帖子在相关的社交媒体平台阅读主题更加凸显，将对该标签主题感兴趣的公众聚拢在一起，提升用户关注的可能性。

（二）内容为王，加强内容建设

内容是综合性档案馆社交媒体账号的核心竞争力，如果内容不能吸引用户，档案馆的档案信息公开就难被用户接受并进行裂变传播。档案馆社交媒体号运营的关键是必须将档案文化巧妙地融入到档案信息公开内容中，生产出精彩实用的档案故事或者短视频，让用户在观看后，既能了解一定的档案文化知识，又能获得一定的情感归属和文化认同，才能吸引用户关注，进入良性运转。从用户参与调查可知，用户非常关注参与过程中的档案信息内容原创性，而当前各社交媒体平台的综合性档案馆账号的原创内容较少，高质量原创推文更少，很难引起用户的共鸣互动。金山记忆、吴江通等的成功运营，说明综合性档案馆有能力做出高质量的档案推文。此外，一些其他类型的档案社交媒体账号，如"北京卫视档案"，在抖音上非常受欢迎，它讲述的一个个故事都是依托于档案文献，视频选题独特、编辑精良，比如讲述二战时期苏联女战士卓娅的故事受到广泛好评，点赞 184.3 万，收藏 4.5 万，转发 3.5 万，说明高质量档案原创推文的受众面非常广，必须重视内容质量。

为了提升内容质量，首先，实行内容分类管理的方法，帮助用户节省大量搜索档案信息、了解档案行业现状和趋势的时间。档案社交媒体内容大致可以分为管理、规范、社交、知识及阐释等内容。管理类主要是档案馆日常管理活动所形成的信息，诸如各类档案会议、档案宣传活动、档案馆人事管理变化等；规范类主要指档案馆工作应遵循的法律法规及政策等；社交类主要指档案馆与用户互动的内容，以及用户与用户互动的内容；知识类主要指档案学术研究类知识；阐释类主要指档案知识内容的转译，根据用户喜欢对档案内容进行知识性叙述改编，也即创作档案故事。对管理类、规范类和知识类内容需要强调内容的准确真实及权威，必须由专业人员及主管领导审核才能发布。社交类内容要注重与用户的互动性，及时回应用户的评论，关注用户情绪。阐释类内容则要注重档案故事选题，篇幅短小精悍、简单易读。其次，找准用户定位和内容定位，利用专业化的团队，生产出高质量的档案故事原创推文。综合性档案馆社交媒体内容生产必须摆脱以自我为中心的传统媒体思维，针对档案专业领域在社交媒体平台进行内容垂直深耕，为用户设立阅读场景，让用户能够代入情绪阅读，配上合适的图片，增加内容感染力，站在用户视角设计档案推文内容，让档案故事与用户产生共鸣。再次，设立参与话题，邀请用户，参与生成原创性的档案推文，这样既能实现与用户的双向互动，满足用户自由表达，创意及分享的需求，又能进一步提升档案馆的认识度。例如重庆江小白酒业有限公司的社交账号不仅成为企业产品信息输出的集散地，也成为了用户表达情感、创作内容的一个入口，"我有一瓶酒，有话对你说"的微博标签成为了用户的表达瓶，用户参与创作，使社交媒体账号拥有了生动的内容情绪。当然，档案馆也要注重网络社区中的意见领袖，邀请历史专家、档案专家、新闻媒体人士及各行业名人参与档案原创推文的内容生产，借助其意见领袖的影响力改变用户的行为和态度，并对原创内容进行质量把关。

六、建立档案主管部门主导、各方面协调监督的社会化监督体系

社交媒体环境下的档案信息公开传播的有序推进，离不开完善的监督评价体系保障。我国档案法规定，由档案主管部门对档案工作进行监督检查，这种监督评价主要是档案官方机构主导，缺乏相应的社会监督，这种相对单一的监督方式导致出现了档案信息公开不深入、不全面、信息质量不高、供给与用户需求脱离等问题。另外，这种监督方式使得监督较为封闭，自我监督的形式容易流于形式化，监督效果有限；且这种监督部门特性非常严重，缺乏通用性，不能够解决社交媒体环境下档案信息公开一些具有共性的问题。因此，社交媒体环境下的档案信息公开监督评价需要与社会发展同步，在原有的行政及法律监督基础上，引入用户与社会团体、公众等社会监督机制，不断完善我国档案信息公开的监督评价体系。

档案主管部门监督，需要通过档案立法预防性法律机制的约束，有效监督档案信息公开实施，促使档案信息公开取得更好的效果从而起到监督保障的作用。我国新版《档案法》第六章的监督检查，明确规定档案主管部门有权依照法律、行政法规有关档案管理的规定，对档案馆和机关、团体、企业事业单位以及其他组织的档案利用及档案信息化建设进行监督检查；同时在第七章法律责任中明确规定，不按规定向社会开放、提供利用档案的，由县级以上档案主管部门、有关机关对直接负责的主管人员和其他直接责任人员依法给予处分；擅自运送、邮寄、携带或者通过互联网传输禁止出境的档案或

者其复制件出境的，由海关或者有关部门予以没收、阻断传输，并对单位处一万元以上十万元以下的罚款，对个人处五百元以上五千元以下的罚款；并将没收、阻断传输的档案或者其复制件移交档案主管部门。我国档案法授予档案主管部门监督档案信息公开传播的权利，但这种监督具有一定局限性，它需要有良好的法治环境，也需要有一套完整的监督法律及强有力的执行，这方面显然还有一定欠缺，期待今后法治环境的进一步改善与档案立法的进步。档案主管部门监督是档案信息公开监督保障最有效也最能起到监督作用的环节，主要体现为层级监督性，也即上级档案主管部门与下级档案主管部门分层级监督，各自承担相应的监督责任。国家档案局负责统筹协调、监督指导全国档案公开工作；县级以上地方档案主管部门负责本行政区域内地方各级国家档案馆的档案公开工作实行监督指导，同时各级综合性档案馆应当在每年 1 月 31 日前向同级档案主管部门提交上一年度档案开放工作年度报告，将档案开放工作计划执行情况、提供档案利用服务情况以及档案利用典型案例向档案主管部门汇报以便监督。

综合性档案馆的专门监督。主要是指在档案馆内设立专门的档案信息公开机构或者专员进行监督。很多国家已经开始探索档案馆专门监督，专门的信息公开机构或者信息专员不仅能有效处理社交媒体环境下的档案信息公开管理事务，也能有效起到监督的作用。例如，美国国家档案馆内部即设立了政府信息公开办公室（the Office of Government Information Services），负责审查国家档案馆的档案信息公开工作，对用户与档案馆的档案信息公开争议进行调解，发布咨询建议。澳大利亚国家档案馆实行首长负责制，由澳大利亚国家档案馆馆长负责监督全馆的档案信息公开工作。我国的层级监督已经经过多年实践，并取得了一定效果，当前，档案馆还可尝试通过设立信息专员的方式，进一步加强档案信息公开的专门监督。

用户与社会团体监督，主要指通过公民与社会团体的监督，促进社交媒体环境下的档案信息公开更好地开展。社交媒体环境下的档案信息公开传播，目的是为了保障用户的档案信息获取权，满足用户及其他社会组织的档案信息需求，实现档案信息价值。在档案信息公开传播过程中出现的信息公开不及时、不全面、不深入或者以权谋私的情况，会极大损害国家档案馆的公信力及权威性，产生较大危害。因此，应发挥公民监督的作用，通过向档案主管部门、国家司法机关、举报中心等反映情况，时刻监督档案馆的档案信息公开履责情况。社会团体监督可以说是公民联合监督的形式，常常通过"中介组织""非营利性组织"等档案行业协会、团体等形式出现，社会团体监督的权利由特定法律实现，它本身并不主动行使权利，采用召开会议或形成文字调查报告等形式监督档案机构的档案信息公开的实施，并提出监督建议，但它并不具备强制性或惩罚性。例如中国人民大学电子文件管理研究中心与档案社交媒体联盟主办的"档案社交媒体圆桌会议"就很好地承担了这一任务。但我们还要看到，公民与社会团体监督还未制度化，我们还需进一步发挥公民及社会团体的监督作用。

公众社会舆论监督，是指通过社交媒体平台，公众公开表达对档案事务的意见、看法，并最终基本趋于一致的态度的总和。社交媒体环境下，技术赋能给公众自由表达观点的权利，个体的观点或有差异，但当众多用户通过微博、微信、抖音等社交媒体平台，对档案事务发表看法，其形成的合力就具有较大的影响力，这种舆论声音对档案机构会有较大的监督制约力，并在监督的过程中发挥越来越重要的作用。美国国家档案馆馆档案故事主题的选择、档案众包项目的开展、国家档案馆网站的页面设计及功能呈现，很大程度上都受到公众讨论后的舆论影响。我国也在一定程度上发挥了公众社会舆论监督的作用，但从综合性档案馆微平台的发展现状来看，公众参与力度不足，公众社会舆论监督还需进一步加强。

总之，社交媒体环境下的档案信息公开监督评价，需要从自我监督向社会化监督发展，对社交媒体环境下的档案信息公开进行全方位监督评价，从各方面发现不足，吸取各社会力量的意见，使法律监督、行政监督、用户监督、行业团体监督、舆论监督等进行分工与合作，形成以档案主管部门主导，各方面协调监督的社会化监督体系，更好地实现监督评价的作用。

第四节　社交媒体背景下公众参与的引导与管理

公众参与对于社交媒体环境下档案信息公开传播的创新和拓展起到了非常重要的作用，公众在社交媒体空间，基于身份认同，志同道合的人们进行档案文化交流，档案知识共享，进行档案生产创作及传播，这种交流互动构成了档案信息公开不可忽视的重要社会力量，但当前我国档案信息公开还存在公众参与不足，参与程度较低以及参与乱象等问题，政府及综合性档案馆需要对众参与进行引导与管理。

一、引导公众形成参与意识

公众参与社交媒体环境下的档案信息公开，需要激活传统档案信息公开的被动参与者——公众的参与意识，否则，具有参与意识的公众缺席档案信息公开，社交媒体环境下的档案信息公开工作就失去了活力与创新动力。

（一）社交媒体对公众参与意识的影响

传统纸媒时代，档案信息公开传播是一种典型的自上而下的单向档案信息公开传播方式，人们只能被动地接受档案信息，不利于公众参与意识的发展。数字媒介、社交媒体的兴起与发展改变了人们的参与理念，正如麦库姆斯所说："社会因媒介成为可能，因新媒介而成为新的可能"。❶ 近年来，人们通过网络、抖音、微博、微信等社交媒体对档案工作及档案信息、知识的报道，公众能够及时获取档案信息，并通过转赞评、加标签、讲故事等方式表达自己对档案信息公开传播的认知、态度和情绪。公众与档案馆之间依托社交媒体技术进行互动与合作，构建起融合社交媒体技术与多元主体参与相

---

❶ 马克斯韦尔·麦库姆斯. 方程设置：大众媒介与舆论［M］. 郭慎之译，北京：北京大学出版社，2008：2.

融合的一种开放多元的档案信息公开体系。社交媒体丰富了公众参与档案信息公开的渠道，扩展了公众参与档案信息公开空间，从而大大促进公众参与意识发展。具体而言：第一，以 Facebook、Twitter、Instagram、微信、微博、抖音为代表的社交媒体为档案信息公开传播提供了更加直接而有效的环境，提升了档案信息公开传播的透明性，为公众参与档案信息公开意识的形成提供认知来源。第二，社交媒体的开放性、多元性、知识共建共享性，使公众的档案信息公开传播参与突破传统档案馆权力的制约，一定程度上消除了国别、语言、文化传统的差异，公众可以自由选择自己想要获取的档案信息，表达自己的档案观点，传播自己的档案知识，对推动公众参与意识的发展起到了实质性作用。第三，社交媒体平台的匿名性使得公众可以匿名参与档案信息公开传播，一定程度上消解了公众保护个人隐私的心理障碍，同时保障公众的话语权得以实现。可以说，这在很大程度上提升了公众参与的能动性，对公众参与意识的形成与发展具有很大的助推作用。

（二）公众参与意识的障碍因素

尽管社交媒体环境下公众参与档案信息公开取得了很大成效，但不可否认，那就是公众参与意识的现有水平仍不足以匹配社交媒体环境下档案信息公开传播发展的需要，仍存在"公众关注度、参与度、参与基数以及贡献度都有限" ❶ 问题。因此，有必要分析现阶段我国公众参与意识水平低下的主要原因，并基于此，引导并培育公众参与意识的发展。

1. 公民精神匮乏

公民精神，主要表现为公民对自己"公民"身份的认同，从而延伸至对公共事务及公共利益的关心，并在此基础上从心理上肯定自己的参与公共事务行为，从而以正面的情绪积极参与各项公共活动，它是公民型政治文化的一

---

❶ 周文泓. 公众参与理念下的档案信息资源开发研究[J]. 档案管理，2017（4）：31—34.

种简称。公民精神直接影响到公众参与档案信息公开的认知、情绪及态度，决定并塑造社交媒体环境下公众参与档案信息公开的行为，故而，良好的公民精神会促使公众参与实践不断将其融入，在这个过程中公众参与意识会不断发展。然而，我国的公民精神还不够发达，纵观中国档案工作发展的历史脉络，不难发现，中国传统档案文化中的臣民意识一直占据统治地位，档案的收集保管是为了皇家统治的正常运转，为了更好地管理民众，让民众顺从王权统治，而非为了档案信息公开利用，垄断性、保密性是其典型特色，民众无法参与到档案信息公开传播工作中。到了近现代，这种顺民文化并未完全消除，至"文化大革命"时期，又以新的形式被延续下来，档案馆虽然具有了公共文化性质，但政府与综合性档案馆在档案信息公开上的绝对权力使得档案领域的公民精神极不发达，公众主动参与公共档案事务意识薄弱。当代，随着我国民主法治体系的发展，我国公民的主体意识、权利意识都在不断增强，呈现出蓬勃向上发展的局面。但是，由于我国处于发展的高速转型期，公民精神面临着转型社会冲突及社会利益分化带来的威胁。表现为人们在社交媒体环境下的道德滑坡、信仰迷失以及理想缺失的现象，这必然不利于公民精神的持续发展。公民精神的匮乏与缺憾是阻碍社交媒体环境下公众参与意识发展的重要原因。

2. 公众参与法治不健全

当前，我国《政府信息公开条例》《档案法》等法规制度均无公众参与档案信息公开的制度性规定，档案信息公开法律法规尚不能为公众参与提供足够的法律保障，这也在一定程度上阻碍了我国公众参与意识的形成与发展。我国《宪法》明确规定了公民有管理国家事务和社会事务的权利，享有参与权，国务院的《重大行政决策程序暂行条例》规定了公民有参与重大行政决策的权利，然而，参与权的宪法化或重大行政决策的法律位阶的提升并不意味着公众享有参与档案信息公开传播的权利，公众参与档案信息公开传播的创造性与积极性被极大降低。再者，公众参与法律救济不足，"无救济则无权利"，若权利救济渠道不畅，则公众的参与权利也只能是一纸空谈，我国当前档案社交媒体政策法律还缺乏明确的公众参与救济规定。公众参与档案信息公开作为一种民主社会的显性约定，通过作用于公众参与档案信息公开的法律规则来影响公众参与档案信息公开实践的发生，相反地，档案信息公开公众参与法治不健全，档案信息公开参与理念就无法通过档案信息公开实践作用于公民意识中。

3. 公众参与意识的自我桎梏

公众作为参与意识发生的主体，是参与意识最直接的联结因子，公众自身的参与心理直接影响到社交媒体环境下公众的参与认知、参与情感、参与态度以及参与动机，而它们恰恰是公众参与的意识构成，不健康的参与心理会直接影响公众参与意识的形成与发展。消极的心理状态下，公众往往忽视自己在社交媒体环境下的档案信息公开传播参与权利，亦或知道自己有这样的权利，但并不主动发生相应的档案信息公开传播参与行为。公众产生这样的心理状态，一是传统政治文化的影响，缺少公民文化的基础，不具备独立的公民人格，顺民文化使得公众常常以旁观者的身份对档案信息公开传播选择置身事外，最终只是被动接受档案信息公开传播。即使社交媒体环境下某些公众愿意主动进行档案信息公开传播交流，但可能会因为缺乏档案机构及社会认可而降低参与意愿，参与心理状态低迷。二是社交媒体平台的开放性、社交性，使得公众在借助社交媒体平台实现档案信息公开参与的同时，也会更加注重个人隐私保护，公众可能会担心随着档案信息公开传播行为而泄漏个人隐私，这样的心理状态，也会使公众呈现出低迷的参与情感和消极的参与态度，从而影响公众参与意识的进一步发展。

（三）引导并培育社交媒体环境下的公众参与意识

基于上述讨论，我们了解公众参与意识的生成和发展有其自己的规律，它是国家、社会、个人、媒介环境等综合作用的结果。社交媒体环境下公众参与意识的生成和发展既有媒介自然进化之作用，也有理性促进的空间。所谓自然进化是指公众的参与意识是基于长期的社交媒体环境下档案信息公开参与实践以及公民文化的共同作用，公众于潜移默化中自发生成并发展的公众参与意识。理性促进则是从外部因素来推动引导公众参与意识的生发。我们可从内外两个方面引导并培育社交媒体环境下的公众参与意识。

1. 培育具有公共理性的公民主体，重塑公民精神

在社交媒体时代，公众参与档案信息公开也面临着自由性与规制性、个性化与秩序化的矛盾，重塑公民精神、培育公众文化有助于促进公众形成独立思考的公民精神，"独立思考精神不仅是整个社会的基础价值观，更是人类思想文明的价值基石。"❶在社交媒体空间，我们必须培育具有公共理性的公民主体，重塑符合中国国情的公民精神，进而促进公众形成并发展社交媒体环境下的档案信息公开参与意识。社交媒体行为主体参与档案信息公开，通过档案网站、微博、微信、抖音等发表自己的观点和意见，并非处于一个封闭的私域之内，而是具有公共领域特征的公共网络空间，这就要求社交媒体的使用者具有公共理性，在档案信息公开参与中，引导公众要尽可能将个人理性升华为公共理性，从只关注私人利益到还要维护公共利益，体现社会责任感和公共精神。具备公共理性的公民主体，会拥有独立的公民精神，能理性看待问题、批判性地思考问题，正确认识自由、平等、公共利益等民主价值，坚持对话、合作、交流的方式解决争端，容忍与自己不同的宗教和政治观点，正如伏尔泰所说："我不同意你的说法，但我会誓死捍卫你这么说的权利。"❷通过更好地培养公众的公民精神与品质，为公众参与社交媒体空间档案信息公开提供良好的公民文化氛围，提升公众参与意识。

2. 尊重并确立公众的参与权利

长期以来，综合性档案馆一直是我国档案信息公开的主导部门，直到互联网及社交媒体大规模应用，公众也具有了影响档案信息公开传播的能力。

---

❶ 王建国，刘旭. 法治视域下公民文体意识研究［M］. 北京：法律出版社，2015：148.

❷ 沃尔特·帕克著，谢竹艳，译. 美国小学社会与公民教育［M］. 南京：江苏教育出版社，2006：62.

面对档案信息公开权力格局的改变，一方面，档案馆应尊重公众的参与权利，改变传统的"官僚主义""霸权主义"，取而代之以公民权利为代表的"公民本位主义"，摆脱管理者、保管者的角色，成为一个引导公众参与档案信息公开的"档案管家"，在现代法治价值的指引下，将传统档案馆转变为"服务型档案馆""参与式档案馆"，为公众提供更多的参与式服务，通过公众的参与活动，从而引导公众潜移默化形成参与意识。另一方面，在档案信息公开法律中确立公众的参与权利，通过法律环境的改善促进公众形成良好的参与意识。公众法定参与权利的确定，对公众参与意识具有重要的引导作用。据西班牙档案学者 Perpinya-Morera 等对 2004 年以来在西班牙五个公民动员的归档策略分析，发现参与归档的公众都有一个共同的意愿，即保留事件发生期间产生的记录，以建立对所发生事件"自下而上"的描述并实现对其利益和权利的承认❶，说明公众法定参与权利对公众参与行为有着直接的促动作用，法定参与权将会引导公众将法定应然权利转化为实然权利，形成参与意识。美国档案与记录管理局（NARA）在《公众获取数字化档案材料策略》中明确规定公众的权利主体地位，以促进公众参与意识的培育："选择和保存这些记录是为了保护公民的权利，确保政府问责制并记录国家经验。……我们持有的记录属于公众，我们的使命是通过公众获取高价值的政府记录来推动开放、培养公众参与并加强我们国家的民主。"❷我国《档案法》及《国家档案馆档案开放办法》均强调保障个人依法利用档案的权利，但未明确规定公众的参与权利，这需要政策法律的持续改进。

3. 建立高效回应机制，推动形成参与意识的良好氛围

公众参与档案信息公开传播的根本目的在于通过档案信息公开获取利用，

---

❶ Peroubta-Morera. Citizenship memory: preservation of archives and records of social movements and citizen mobilizations in Spain［J］. Profesional De La Informacion, 2021, 29(6): 39-43.

❷ Strategy for Digitizing Archival Materials for Public Access［EB/OL］.［2022-01-10］. https://www.archives.gov/digitization/strategy.html.

满足个体的档案信息公开需求。这一目的实现程度如何，取决于公众参与心理满足的大小，而回应机制正是用来解决公众参与心理满足的问题。公众参与档案信息公开传播过程中的意见建议、利益诉求、个体认知及情绪等是否得到档案馆的回应、解答及肯定，对公众参与意识的形成及发展都有着非常重要的影响。良好的公众回应机制可以给公众积极的心理抚慰，一定程度上摆脱那种对档案事务消极，对公共利益漠不关心的状况，这种良好沟通的氛围有助于公民形成正面积极的参与意识。因此，档案馆应该通过公众回应机制，引导并培育公众参与意识发展。

二、引导公众有度参与，凝聚公共利益共识

在网络条件下，公众个体如果仅从自身角度和利用出来，来表达档案利益诉求，往往容易出现参与庸俗化、侵犯他人权益等参与乱想。因此，档案馆要介入公众参与，引导公众适度参与，提炼和凝聚公共利益共识。适度参与主要是指公众参与的范围与程度，一方面，从参与范围上讲，并不是所有的档案信息都面向公众开放的，涉及国家秘密、商业秘密，个人信息的一些档案信息的公开传播是受限的；另一方面，从参与程度上来讲，从被动性参与到主动性参与及自主性参与，并非参与程度越高越好，如果一味追求高层次的档案信息公开参与，不仅有可能造成公众参与的低效，也会影响公众参与体验，无法将参与行为转化为参与驱动力。引导公众有度参与，要结合公众参与意愿来分析其参与目的，引导公众选择最适合的参与方式。

档案馆对公众的参与引导还体现在引导形成公共利益共识。媒介传播理论认为加大对某些事件的报道量或突出事件的报道，便能直接影响受众对这些事件重要性的认识。这一理论，在社交媒体信息公开传播场域仍然适用。社交媒体在控制人们怎么想上很难奏效，但在引导人们想什么上却十分有效。形成公共利益共识是困难的，但又是社会发展所必须的。社会中的每个公众个体都不可能在较为具体的事件上看法一致，因为这正是人们多元表达的结果，然而在事关大是大非、发展方向和道路的问题上，则必须引导民众寻求

社会发展的正当性共识，形成公共利益共识，建立健康的具备公共理性的社交媒体网络空间环境。例如，江苏省档案馆与江苏省广播电视台联合拍摄了档案纪实类全媒体微纪录片《红色珍档》，并将其以可视化书籍出版发行，因其是以档案原件为依托，为了还原档案故事，走访了红色档案主人公的后人以及友人，档案故事既权威又真实可信，对于引导公众对红色文化的认识起到了重要的作用。当前中央和江苏省委省政府要求省级各机关各部门要带头落实"过紧日子"，为了让公众更好地理解这项政策部署，江苏省档案馆通过对抗日战争时期、解放战争时期、新中国成立前夕革命战争档案中的"过紧日子"宝贵经验进行梳理，在微信公众号上发布《"过紧日子"的历史经验》推文，提出"过紧日子"永不过时、"过紧日子"核心在"民"、"过紧日子"关键在紧，引导公众形成正确的公共利益共识。

三、培育公众参与能力

公众作为参与主体，需要提升参与能力，增强社交媒体环境下公众参与档案信息公开的主动性。公众参与能力是公众参与意识驱动下档案信息公开传播参与实践培育的结果，它与公众参与质量呈正相关。因此，公众参与能力的生成和提升，一应抓住公众参与意识培育的关键环节，普及公众参与的权利意识、法治意识及道德价值观念，从而帮助公众增强对社交媒体环境下档案信息活动的认知，树立档案信息公开传播过程中牢固的民主、法治观念。二是开展社交媒体环境下公众参与档案信息公开实践技能培育，提升公众的参与能力。根据艾尔蒙德的观点，公众的能力由主观与客观能力组成，所谓主观能力是指"如果公民相信自己能够行使这样的影响，那么他就是有主观能力的"，客观能力指公众个人能够行使这样的影响。❶基于此，社交媒体环境下公众参与档案信息公开传播的能力则是一种客观能力，是指公众参与档案

---

❶ ［美］加布里埃尔.M.阿尔蒙德.公民文化［M］.徐湘林译，北京：华夏出版社，1989：282.

信息公开传播的实际能力。当前，社交媒体环境下我国公众参与档案信息公开的能力整体较弱。社交媒体环境下档案信息公开需要参与主体具备一定专业的社交媒体知识和技能，虽然我国拥有近一半人口的社交媒体用户，但整体上用户受制于个人教育水平、个人社交媒体应用能力、个人档案知识水平、档案信息资源供给水平的影响，公众参与档案信息公开传播的能力不强，必须培育社交媒体环境下公众参与档案信息公开的能力。

首先，培训公众对社交媒体的认知能力。所谓认知能力，就是认识和了解社交媒体的属性、社会功能、信息传播优势及劣势的能力。对社交媒体，需要理解其社交性、参与性、知识协同创新、去中心化等特点，认识其颠覆传统档案信息公开传播结构、促进档案信息公开传播平权化的功能。尤其要认识到公众参与档案信息公开是一把双刃剑，一方面提升了社会公众的参与权及自我表达权，推动社交媒体公共领域的形成，促进了社会进步；但另一方面，也会伴随着各种庸俗化、侵权等社会现象产生。对社交媒体正确认识，是公众参与档案信息公开的基本前提。

其次，培训公众的理性批判能力。当前，社交媒体高度发达，人人都是档案员，他们的表达渠道空前多样化和便利化，但是公众使用社交媒体的能力与社交媒体的多寡及方便与否没有直接关系。人们正确使用社交媒体，必须具备两个重要条件：其一是独立的社会主体，能够对自己的言行负责；其二是对问题具有理性的判断能力，正确运用自己的知识及判断力，去理性参与及评价档案信息公开活动，不能像乌合之众一样表达，甚至出现发泄情绪、人身攻击等不理智行为。因此，要培育公众使用社交媒体的理性批判能力，秉持反思精神与批判精神，使其参与行为符合国家法律及互联网道德规范。也即是说，公众在社交媒体上的发言必须具备批判理性，不能涉及政治偏见、种族歧视、筹集资金、人身攻击；辱骂、威胁、非法、骚扰、歧视、诽谤、淫秽、虚假或色情、个人隐私信息以及敏感不宜公开的信息等。

再次，培训公众社交互动能力。公众在档案社交媒体平台进行互动时，需要掌握社交互动技巧，良好的社交互动能够提升公众参与的获得感，挫败的社交互动，则会打击公众的参与热情。社交媒体上的交互是需要技巧的，进行转赞评交互是公众社交性参与的基本方式，但并不是所有的帖子都需要回复，对于攻击言论、诱惑言论、不实言论，不必回复。当在社交媒体平台进行讨论、辩论，从而产生分歧争论，公众应当尽量不参与这种讨论，如果对方使用了违反政策的语言，需要删除评论时，可提前联系档案馆社交媒体平台管理团队，提请投诉，避免毫无意义的争论而导致网络混战；基本上社交媒体平台都有编辑功能，对于出现错误的帖子，可以通过编辑予以纠正，微博、微信、豆瓣、知乎的帖子都可进行编辑，如若无法编辑，诸如抖音，可在帖子的后续回复中自我纠正，尽量不要删除帖子，避免与其他公众的交互中断；与用户交互时尽量避免使用加黑加粗的大写字体，这种文体具有一定攻击性，"就像在互联网上大喊大叫一样"。熟练掌握社交互动技巧，能够大大提升公众的参与能力。

最后，培训公众自主式参与能力，提升公众参与层次。从被动式参与到主动式参与再到自主式参与，参与层级越高，公众所需的能力就越大。从公众参与调查来看，具备主动式参与意愿的用户最多，能够参与讲述档案故事、档案众包以及在线建档的用户较少，能力不足以支撑其自主式参与方式是一个重要原因。档案馆应展开高层次参与能力培训，对于如何讲述好档案故事、如何进行选题、如何编辑文案、如何表达情绪等对公众展开培训。我国很多档案馆微信公众号如吴江通、金山记忆、江苏档案等账号，档案故事栏目做得非常好，引起公众较大的参与热情，但目前还缺乏对公众培训，今后应加强这方面的培训引导：对所讲故事要设定一个目标和愿景；选择图片来帮助讲故事，所选图片的情绪表达要与故事主题保持一致；需要概括档案故事的历史并用资源支持该历史发展；所讲故事需要保持政治中立、友好，避免使用极端语言；尽量避免使用缩略词以及特有的专业行话，这对普通公众并不友好，使用轻松愉快的语言表达主题观点，使用正确的拼写、语法和标点符号；引导公众使用社交平台上聚合和显示话题的工具选择和策划故事主题，例如通过利用微博热搜、抖音热门话题及最新信息流，选择和策划档案故事主题。

四、促进公众深度参与

（一）建立协调机制以实现最大程度的公众参与

随着社交媒体环境下档案信息公开传播的深入开展，公众参与档案信息公开共享、档案信息公开获取利用、档案文化传播已经成为必然。因此，亟待权力体系及宏观法律政策体系之外的力量共同作用，通过档案馆建立各力量之间的协调机制来促进公众深度参与社交媒体环境下档案信息公开传播行为的生成与发展。

首先，建立与社会各机构的外部协调机制。社交媒体环境下的档案信息公开传播涉及多个领域、多个维度，多元利益主体，档案馆需要与技术服务商、相关政府部门、相关文化机构等建立各种类型的、灵活多变的合作伙伴关系，通过外部协调机制打通与各机构之间合作的桥梁，为公众深度参与档案信息公开传播提供外部协调机制。例如法国国家档案馆就展开了与法务部、文化部、法国档案部际服务部门、数字部门、教育部门、博物馆、艺术馆、图书馆以及其他档案馆建立合作协调机制，开展丰富多样的社交媒体活动，为公众深入参与社交媒体环境下的档案信息公开工作提供更广泛的外部社会协调机制。

其次，建立与非政府组织的参与协调机制。非政府组织是公众参与档案信息公开传播的重要载体，它会把分散的公众个体档案信息公开利益诉求集中而理性地反馈给各种档案社团、协会、行业机构等社会组织，它的非营利性、公益性及自愿性是区别于其他档案官方机构的重要特征。有学者认为，"非政府组织（NGO）需要满足不以营利为目的且具有正式的组织形式，属于非政府体系的社会组织，具有一定的自治性、志愿性或互益性等基本条件。" ❶ 法国学者塞纳克伦斯认为，非政府组织（NGO）是这样一种组织——"各国政府并不完全垄断一切合法的权利，政府之外，社会还有一些其他机构和单

---

❶ 王名，贾西津．中国 NGO 的发展[J]．管理世界，2002（8）：30—43.

位负责维持秩序，参加经济和社会调节"❶。档案非政府组织发挥着与公民个体形成共鸣、将档案馆科学理性与公众参与社会理性形成对接的功能，在推动公众深入参与社交媒体环境下的档案信息公开传播起到了重要作用。它的形成与发展，使公众可以在互联网领域内实现档案信息公开传播的组织化参与，强化了公众参与的效果，并提升了公众参与档案信息公开传播的积极性。总之，非政府组织的档案社团、档案协会、档案行业机构作为公众意愿表达、利益诉求传递的重要工具载体，为公众参与档案信息公开传播提供了有力的外部协调基础。我国当前有一些优秀的档案非政府组织如中国档案学会、全国高校青年档案工作者学术论坛、档案微平台研究团队、档案社交媒体联盟、中国人民大学电子文件管理研究中心等，在表达民间声音、推动社交媒体应用、推动公众参与方面发挥了重要作用。档案馆应该与这些组织建立多种合作伙伴关系，倾听非政府组织表达的公众声音，改进参与活动，促进公众深入参与档案信息公开传播活动。

再次，建立协调公众参与的充满活力、凝聚力的网络社区。公众深入参与社交媒体环境下的档案信息公开传播，需要一个强大的网络社区的内部协调能力，这个社区应该专注于社交媒体的持续开发和创新，为公众参与社交媒体提供指导与支持，通过社区的战略规划，用户数字化培训、技术开发、活动开展，促进公众头脑风暴交流，分享新想法、新创意、档案信息公开传播的最佳工具、模版及实践，从而激发公众深度参与的灵感。美国 NARA 正是这样一个网络社区群，与公众一起建立社交媒体创新、协作、教育机会和伙伴关系文化，其中的 NARtions 作为数字培训博客，为公众提供指导、分享经验教训并提供参与社交媒体档案信息公开传播成功的模式，NARA 社区在促进用户深入参与档案信息公开传播方面起到了重要作用。我国也需打造自己的优秀档案网络社区，助力公众深入参与社交媒体环境下的档案信息公开。

总之，档案馆需要建立与外部及内部的协调机制，协调与各机构、非政

---

❶ 俞可平. 法理与善治［M］. 北京：社会科学出版社，2000：241.

府组织及公众之间的关系，通过有力的协调机制为公众深入参与档案信息公开传播提供最佳沟通协调方式，举办令人信服的参与活动，从而使档案信息公开与目标受众建立最佳联系，构建一个充满活力与秩序的参与空间。

（二）通过合作伙伴影响力促进用户深化参与

毫无疑问，各个领域都有意见领袖，他们或是个人或是一个组织，在该领域具有相当的号召力和话语权，他们的态度、言行会影响很多用户的行为，如果档案馆能够与这些意见领袖建立合作伙伴关系，共同进行档案信息公开传播，那么将产生非常好的示范效应，对许多公众产生正面积极影响，促使公众深度参与档案信息公开传播。美国国家档案馆积极研究具有影响力的人及组织，并通过 Insameets、Tweetup 和特殊的幕后机会（如参观和演示）与他们联系，让他们向公众讲述档案馆档案所拥有的故事。2017 年美国国家档案馆与 Ancestry 和其他家谱组织，以及 Twitter 上的三个超级意见领袖一起合作，在社交媒体平台上为虚拟家谱博览会举办策展活动，试图通过有影响力的伙伴吸引更多公众参与美国国家档案馆家谱档案的公开传播利用。2011 年美国布林莫尔学院数字档案馆与多个机构合作推出一个非常有趣的社交图片博客——Pets in Collections，它的初衷是想将档案馆中保存的有趣动物照片拿来与全世界公众分享，公众可以为图片添加标签来进行社交互动，目前该项目参与合作的部门已经多达三十多个，包括美国费城公立档案馆、美国宾州历史学会、澳大利亚国家海事博物馆、美国艺术档案馆等多家机构加入，提供图片的机构都添加了图片的有效链接，指向图片档案的保存机构，从而吸引各机构的忠实用户通过图片链接继续访问该档案机构的其他档案信息资源。❶江苏省档案馆与江苏省广播电视台联合制作的《红色珍档》微纪录片，在江苏卫视以及政务媒体以及社交网络上播出，反响非常热烈，引发了线上

---

❶ Pets in Collections［EB/OL］.［2022-02-22］. http://petsincollections.tumblr.com/about.

热烈讨论，并登上微博热搜。● 由此可见，档案馆与家谱学会、博物馆、艺术馆、历史学会、电视台、社交平台意见领袖等进行合作，将档案信息资源通过社交媒体集成，借助这些有影响力的合作伙伴，将档案信息资源推送给不同领域的用户，同时通过社交媒体平台链接将档案信息资源间接推介给用户，促使用户进一步参与档案信息公开传播。

（三）提升公众参与的社交联结

参与的社交联结，也即档案馆需要通过公众参与促使公众之间建立社交联系，档案馆并非从头至尾着眼于"所有人"，相反，档案馆的任务是通过社交媒体积极地回应公众，通过公众之间的社交联结，制造参与话题，使公众更好地参与档案信息公开传播。换句话说，档案馆不应该以"自上而下"的思路来设计公众参与服务的类型，而要把社交媒体平台转换成一个社交枢纽，寻找每个个体之间的共同点，这些共同点或许源自于共同的档案兴趣爱好、工作生活经历、共同的社会文化背景、社会身份、性别等等，档案馆会据此来建立与公众之间的社交联结，围绕这些共同点来制造档案信息公开传播的话题，促进公众参与。

这种基于社交联结的参与可以通过前面所描述的公众参与阶梯来说明，每个阶段都以档案馆的档案信息内容为基础，区别在于公众如何利用档案信息内容进行社交互动，档案信息内容又如何促进公众之间社交互动。每一个阶段都给公众带来不同的参与体验。第一阶段的被动式参与让公众被动接受档案馆公开传播的档案信息。第二阶段给公众选择的机会，让公众知道自己的兴趣爱好与什么样的档案内容更契合。第三阶段把有相同志趣的公众聚合在一个社群，让档案社交媒体平台成为一个社交场所，公开传播自己的档案理念及档案知识。这八个层级三个阶段是循序渐进的，每一个层级阶段都在

● 省馆制作《红色珍档》：用江苏红色档案讲好党的百年故事［EB/OL］.［2023-02-01］. http://www.dajs.gov.cn/art/2021/7/29/art_167_57092.html.

为下一个层级阶段做铺垫，当然，这些层级阶段并非线性不可逾越，某些社交能力强的公众可以直接进入最后一个阶段，而有些人只在第一阶段或者第二阶段就可以了。所以并非所有的档案馆社交媒体平台都需设计出完整的参与层次及阶段，各档案馆现在无需对已经形成的公众参与服务推倒重来，但促进公众的社交联结则是必须的。第一阶段的被动式参与服务中，表面看档案馆并未加入公众社交元素，但实际上档案馆提供的信息公开、在线展览等也是在分析公众社交兴趣的基础上推出的，暗含着公众社交兴趣的联结点。第二阶段的主动式参与服务，档案馆为公众提供了评论、点赞、转发等社交互动元素，通过社交平台的互联互通，使转发评论的内容进入公众自己的社交圈，从而引发社交圈感兴趣公众的参与。第三阶段的自主式参与服务，因为融入了更多的兴趣爱好、热情等情感因素，因之加入了更多的社交元素，众包的标签、加注等行为，档案生产以及讲述档案故事的社群空间环境，都是社交元素的体现，这些社交元素的加入让公众将彼此视为潜在的档案信息源，互相交流，表达自己对档案信息公开传播的理念、看法、经验知识。中西方国家档案馆常常扮演着公众参与的社交助推手，他们推出的各种社会记忆项目、社区归档项目、讲述档案故事活动等给参与的公众提供社交联结机会，但问题在于，一旦档案馆无法引导或者公众没有按预设进行，公众的社交联结将不复存在。档案馆的精力毕竟是有限的，不可能应对公众的多元社交需求，因此，笔者认为这种"促进"式参与社交联结是有缺陷的，需要有非促进式的参与社交联结来提升公众参与的自觉性，如美国、新加坡国家档案馆及我国宜兴市档案馆推出的"公民档案员"，这种参与不是为了取代档案馆的地位，而是为了通过这种社交联结提升公众参与的自觉性，当公众通过参与有了较多社交联结点，体验到更多的情感认同，那么公众的档案信息公开传播行为将会自觉转化为较高层次的参与，不断提升参与水平。

（四）深化公众的档案众包参与

自主式参与中的"档案生产"及"讲述档案故事"需要用户具备一定的技

术技能及知识储备，参与难度相对较高，而"档案众包"的参与层级，公众只要有兴趣都可力所能及地参与进来，档案众包可以说是当前社交媒体环境下公众参与档案信息公开最普遍、最有成效的自主式参与方式，因此，深化档案公众的众包参与是档案馆对公众参与进行引导与管理的重要一环。

社交媒体环境下档案信息公开参与的众包方式，根据公众发挥的作用，可以分为"用户转化内容"和"用户贡献内容"两大类，"用户转换内容，指大众只单纯提供自己的'计算能力'，另一种则是用户贡献内容。"[1] 前者只是档案信息的数字化转换，并不涉及公开传播新的档案信息，包括公众参与 OCR 文本纠错，档案文本数字化转录、元数据描述著录等参与方式。比如上海市图书馆提供的盛宣怀档案转录项目，公众可以参与盛宣怀档案的数字转录，这种众包类型使档案信息资源的公开传播更加适用于社交媒体环境，通过参与提升档案信息基于社交媒体公开传播的可能性。后者则是通过公开征集，或者让用户根据自身的认知对档案添加理解的标签，如沈阳市档案馆提供的家庭档案征集项目，公众可以上传、展示、分享自己的家庭录音、照片、视频、文本等多种类型档案，在社交平台上进行档案信息公开传播，这种类型中，公众不仅参与档案信息公开传播，还在档案信息公开传播中贡献了新的内容，参与内容更加丰富。

1. 档案信息公开众包参与的现状及问题

我国目前开展的具有较大影响力的档案信息公开传播性质的众包项目主要有 4 项，第一是中国人民大学人文北京研究中心发起的"北京记忆"项目，该项目试图发动公众参与在线贡献和分享有关北京的故事。目前，该项目已经在线收集多项有关北京记忆的照片、音频、视频，其中视频 400 多个，上传图片 8000 多张，添加文章超过 1000 篇。[2] 第二是由上海大学图书馆发起的

---

[1]　聂勇浩，董子晗．信息资源建设中众包的实施框架与路径［J］．档案学通讯，2019（4）：63—69.

[2]　中国人民大学人文北京研究中心．我的北京记忆［EB/OL］．［2022-01-10］．http://www.mypekingmemory.cn/5adae6b0efc52b4608642210/index.html.

盛宣怀档案转录项目，该项目将盛宣怀家族自 1850 年至 1936 年间的约 17.5 万件历史档案向社会发起众包任务，目前该众包项目已经有 200 多位公众参与转录工作，完成 660 余页档案的转录任务。❶第三是由上海图书馆发布的家谱知识服务平台项目，公众不但能在该平台上公开获取超 8000 种的全文家谱档案，还可通过在线捐赠、在线识谱、在线修谱的方式参与家谱档案公开传播。❷第四是由沈阳市档案局发起的家庭档案网站项目，沈阳市档案馆为了建构民间记忆文化，希望公众通过家庭档案的分享、展示及传播交流活动，来构建民间家庭记忆，当前已经上传家各种证照 3200 多张，回忆录 140 多篇。❸从发起的档案众包项目来看，还存在着非常明显的问题，首先，档案馆众包项目过少，开展不足，现有四个档案众包项目，仅有一个是由档案馆发起的，其余为图书馆或高等学院。其次，从档案信息公开传播参与来看，层级较低，更多是征集或转录性质的众包项目，单纯的征集及文字转录方式较为琐碎乏味、难度不大，用户在档案信息公开传播中无需贡献太多的智慧及知识即可参与，较高层级的需要公众添加标签或注释、档案纠错、档案知识贡献的方式基本没有，长期下去，会降低公众参与该类型档案信息公开传播的期待值，无法促进众包的持续深入参与。再次，可供众包参与的档案资源不足，无法通过档案资源吸引公众持续加入档案转录中来，或许出于试点原因，上海市图书馆释放出来供用户转录的盛宣怀档案仅有 567 份，仅占盛档的 0.3%，❹众包档案资源匮乏很容易让公众失去持续参与的动力。最后，众包缺乏激励，很难维护公众参与热情。由于缺乏有效的激励机制，公众无法从参与众包的

❶ 上海图书馆.上海图书馆众包系统［EB/OL］.［2021-01-10］. http://zb.library.sh.cn/index.jhtml.

❷ 夏翠娟，刘炜，陈涛，等.家谱关联数据服务平台的开发实践［J］.中国图书馆学报，2016（5）：27—38.

❸ 沈阳市档案局（馆）.家庭档案网［EB/OL］.［2022-01-10］. http://www.jtdaw.com/.

❹ 陈建.我国档案众包实践特点、问题及完善路径［J］.浙江档案，2021（12）：29—31.

过程中获得持续满足，参与热情难以维系，在上图盛档抄录项目中的积分排行榜显示，真正参与抄录的用户只有 80 人左右，4 个月平台共审核完成 8 份档案抄录任务，可见公众从参与中获得的激励不足以支持其持续参与。

2. 众包参与改进思路

克里斯·安德森说："参与生产的人是最关心生产的人，他们最了解自己的需求。"❶ 社交媒体时代，将公众的档案信息需求交由公众通过众包参与方式来完成是一个不错的选择，通过众包，公众由被动的档案信息公开参与者转变为主动的档案信息公开传播参与者，参与档案信息公开传播更富有成效。为此，需要改进档案信息公开众包参与。

第一，加强档案众包宣传，提升档案众包项目知名度。为了让众包在档案馆中有更好的应用，需要加强档案众包的宣传工作，档案众包的开展需要依靠公众及其他机构的合作，要想吸引大量公众关注和参与档案馆众包项目，必须通过线上线下积极的宣传，最大限度提高档案众包项目的知名度。档案馆可以在微博、微信、抖音等平台开展众包宣传，并积极与有影响力的图书馆、历史研究机构以及第三方技术平台等合作者联合宣发档案众包项目，提高档案众包项目的知名度，从而增加对用户的吸引力。

第二，丰富众包任务类型，提高众包趣味性。我国档案馆界对于众包模式的研究还不够透彻，因此众包任务实践上创新不足，类型较为单一。对于档案馆来说，一些需要时间周期长、专业性低、涉及大量档案内容，单靠档案馆很难完成的档案信息公开传播基础性工作都可以考虑通过众包的方式予以解决。在这方面，美国国家档案馆、加拿大国家图书档案馆、法国国家档案馆、英国国家档案馆等的众包任务经验都可以借鉴，比如说档案征集与捐赠、档案数字资源 OCR 纠错、档案数字资源元数据描述与标引、添加档案注释及利用标签等，都可以通过发布众包任务加以解决。增加趣味性的众包方

---

❶ 汪欣."众包新闻"生产模式的实践与发展研究［D］. 长春工业大学，2019：47—
48.

式，则会让用户在短暂的参与冲动消失后，能更长久地保持参与热情。荷兰视听档案馆就发起了"waisda"（这是什么）项目，❶ 档案馆将这个项目设计为一个游戏，让游戏玩家在听过和看过视听档案后以一种非常自由的方式对该视听档案添加标签，并由"Tag Gardening"标签园丁对游戏玩家添加的标签进行审核，删除与视听档案明显无关的标签，通过与内容关联度较高的标签使视听档案变得更容易被理解和传播利用。

　　第三，加强档案众包平台建设。档案众包项目能否吸引公众，很大程度与平台有关。面向范围广、功能丰富、人性化的平台相对来讲会吸引更多公众参与进来，我国档案众包项目参与平台建设可借鉴国内外经验，一是自己研究档案众包参与平台，例如美国、新加坡"公民档案员"平台，澳大利亚的"Trove"平台，就属于档案馆自己开发的档案众包参与平台，这种自开发的平台，档案馆可以从整体上管理众包参与的运营，并根据自己的需要设计相应的功能版块，效果非常好。二是采用第三方众包平台开展档案众包任务，例如美国盲人基金会利用 Veridian 平台开展了海伦·凯勒个人档案数字化转录项目、美国哥伦比亚大学档案馆、伊利诺斯大学档案馆等纷纷利用 Veridian 平台开展老报纸或学生档案的数字化转录工作；❷ 还有档案馆选择 From The Page 众包转录平台，开展数字化转录工作。这种平台模式属于托管性质，档案馆只需要把众包项目委托给第三方平台，第三方平台会为其寻找合适的公众志愿者完成任务，档案馆无需任何管理维护，只需要负责最后的验收即可，但这种方式通常是需要付费的，档案馆要有众包的经费预算。三是选择社交媒体平台作为众包任务平台，美国国家档案馆、英国国家档案馆、法国国家档案馆等都通过 Facebook、Twitter、Flickr 等发布了大量档案众包任务，这种

---

❶　Yi-Ling Lin,Lora Aroyo.Interactive Curating of User Tags for Audiovisual Archives ［EB/OL］.［2022-01-10］. https://yllin.mis.nsysu.edu.tw/paper/yllin/Interactive%20curating%20of%20user%20tags%20for%20audiovisual%20archives.pdf.

❷　Take a look at some Veridian Projects［EB/OL］.［2022-01-10］. https://veridiansoftware. com/collections/.

平台方式能够使众包项目获得较大关注度，为众包招募更多公众志愿者，也使得通档案馆与公众之间通过社交媒体的交互，能够不断改进众包项目，但这种平台方式档案馆对公众的参与质量控制显然难度有些大。我国上海市图书馆的众包项目平台属于第一种，直接与江苏时光信息科技有限公司合作，采用该公司开发的修谱软件平台。我国目前还需进一步完善档案众包平台建设，为档案馆公众包服务提供更多的平台选择，使公众的众包参与更加丰富。

第四，建立有效的公众志愿者管理和激励机制。对公众志愿者进行有效的管理和激励，能够推进众包项目推进，保持公众志愿者参与众包项目的积极性。在档案信息公开传播研究中，很多文献认为参与的核心前提就是推动力，也即档案工作所有参与方需要有参与愿望和激励动力。参与推动力的解释有个人主义、社会、理性和感性方面术语的倾向，Jafarinaimi 从个人利益、兴趣、利它等动机角度来理解用户参与档案活动；❶ Suchy 认为参与的动机来自直接的外部压力；❷ 美国学者 Theimer 提出对参与者进行划分，一种是较高级别的"热情的业余爱好者"，他们能够"勇敢的表达"，并拥有"变化的兴奋和乐趣"；另一种是较低级别的"没有热情的参与者"。❸ Bachmann 和 Wittel 也强调了"真实"和"伪造"热情的生产能力之间的差异。❹ 这些研究都说明情感对参与档案信息公开传播影响的重要性，真实热情的参与者参与的档案信息公开传播更富有成效。因之，很多人认为对参与者管理应重在激发公众的参与热情，然而，不同的个人和团体在不同时间的热情是不同的，对不同事

---

❶　Jafarinaimi, N. Exploring the character of participation in social media: the case of Google Image Labeler, In Proceedings of the 2012 iConference, iConference'［C］. New York, NY, USA: ACM.2012.

❷　Suchy, S. Connection, Recollection, and Museum Missions［M］. In H. H. Genoways (Ed.) Museum Philosophy for the Twenty–first Century, 2006.

❸　K. Theimer. A Different Kind of Web: New Connections Between Archives and Our Users［J］. Society of American Archivists, 2011(3): 116–127.

❹　Bachmann, Wittel. Enthusiasm as Affective Labour［J］. Journal Media Culture, 2009(5):103–112.

物的热情焦点也不同，即使具有相同热情的参与者，他们在随后对事物的理解和欣赏能力也会有所差异，对参与者的热情管理是件非常困难的事情。笔者认为，对参与者的管理应重在提供参与外在激励，其次才是情感动机管理，有热情可以参与，反之亦然，这是两种不同的参与模式，没有高低之分。如何对公众参与进行激励，是一个非常复杂的问题，从国外档案众包实践来看，众包激励一般不会采用经济物质的激励方式，档案馆会更加注重激励用户的参与使命感、成就感等内在动机，采用的激励方式有在档案中保留贡献者姓名；根据个人贡献度排名、积分奖励，提供利用档案的优先权以及参加重要社会活动的资格；或者奖励用户档案文创产品等非物质激励措施，例如荷兰的 waisda 项目，会及时更新参与用户的游戏通关等级、个人贡献度排名，给予用户一定的积分奖励，从而维系用户的参与热情。除了非物质激励方式外，档案馆还需要建立反馈机制，认可公众的参与成果，对用户在众包参与中的知识贡献予以肯定，使公众获得参与成就感，并通过反馈加强与用户的交流，增进彼此间的信任。最后，档案馆还应建立社交社区，将参与进来的公众聚拢在社区内，让用户展开社交互动，满足公众的社交需求，通过社交互动保持公众的参与热情。

第五，加强众包参与质量控制。参与式语境下公众的参与可以促进档案信息公开传播中对参与人员知识的利用，但由此也可能引发公开传播中档案信息的质量控制问题，粗心的参与者使用一个错误的文字或索引标记就会误导公众对公开传播文档的利用，因此，我们必须重视参与式语境下档案信息公开传播的质量控制问题。对此，首先，我们需对参与式语境下公众参与档案信息公开传播的目标进行定位。公众参与档案信息资源公开传播项目的目标不是形成专业化的描述，而是"网络可接受性"，即能够搜索公开传播的文档并对其阅读。事实上，这是大量档案众包项目的一个主题——实际可用性超越学术严谨性。例如美国 NARA 将其用户参与的档案信息公开传播项目称为"Missions（任务）"，设计人员按照转录难度级别将任务分为初始级、中间级和高级任，大多数任务都属于初始级和中间级任务，更加强调转录文档的实际可用性而非学术严谨性。其次，我们可以设计流程对公众参与档案信息公开进行相应的监督控制，从而提升公众参与档案信息公开的质量。Smithsonian 学会强调协作空间，从而创造高质量、准确的转，仪表板允许参与者选择他们想要处理的项目，在"选择自己的冒险"版块下，按组织、主题、完成程度或最近的活动来选择参与的项目。为了实现高水平的质量控制，史密森尼提出了一个巧妙的三步流程：由一组众包用户进行转录，由另一组注册用户进行审核，最后由学会员工或经过培训的内部志愿者批准。后端管理工具允许按档案信息所有权、名称、ID、状态（有效或无效）等进行排序，这使学会员工可以轻松管理项目❶。

综上，公众参与体现出社交媒体环境下，公众在档案信息公开传播中的力量和优势，但也提出了挑战，我国档案馆必须积极应对，干预公众参与进程，引导并培育公众参与意识，引导公众适度参与，凝聚公共利益共识，提升参与者能力，为参与者提供更多的众包参与机会，使公众参与不断深化，从而提高公众参与档案信息公开传播的质量。

---

❶ Transcription Center: Tips［EB/OL］.［2022-01-10］. https://transcription.si.edu/tips.

结束语

　　社交媒体背景下的档案信息公开研究，本质上是研究和探索档案信息公开传播发展规律的一种理论。在媒介发展视域下档案信息公开传播呈现出一幅从口语媒介到纸质媒体再到数字媒介无限发展的动态图景，而在这种图景背后是媒介技术进化与人的档案信息需求相互作用的内在驱动。因此，社交媒体在档案信息公开传播研究中的价值不在于其为我们供应的那些时髦术语，而在于其所展示的社交媒体价值对于探索档案信息公开传播规律所提供的有益的借鉴和启示。此外，在社交媒体的大力应用下，档案信息公开已经远远超过"解密与开放"的范畴，它已经成为政府、综合档案馆与社会公众之间进行权力协商与博弈的新场域，只有通过各方主体之间的合作才能有效推动档案信息公开治理，使档案信息公开不断向前发展。

　　其一，档案信息公开传播并非是一种简单的累积性发展过程，依据媒介进化的动态发展，档案信息公开传播会呈现出一种跳跃式累积性的无限上升的发展模式，档案信息公开传播必然与媒介发展相适应，当前的档案信息公开格局恰恰是社交媒体推动发展的结果。

　　其二，社交媒体环境下的档案信息公开传播活动的发展态势，决定了它是一种群体性活动，只有各方力量共同参与档案信息公开传播，才能真正促进档案信息公开活动不断向前发展。而档案信息公开活动在各方权力主体的互动过程中，会表现交集与背离。

　　其三，档案信息公开传播当前的困境成为开展治理的现实基础，依据公共治理理念，治理在档案信息公开活动中发挥着规范与指导作用，治理只有与档案信息公开管理共同体相结合才能发挥作用。

基于此，本书从政府的制度治理、综合性档案馆治理与公众参与的引导与管理三方面分别对档案信息公开治理展开了具体研究，旨在为档案信息公开传播更好地开展提供可资参考的理论及实践路径。笔者深知，对档案信息公开发展规律的解释和揭示不是朝夕之事，也并非一书所能研究透彻，因此本书的研究也仅仅是一种尝试。社交媒体场景宏大，充满了创新与可能，路就在脚下，档案信息公开传播发展前景美好，需要档案学人不断前行，寻求答案。

尽管本书对社交媒体背景下的档案信息公开进行了较为深入的研究与探讨，提出了社交媒体背景下的档案信息公开治理思路，研究结果对于社交媒体背景下档案机构如何开展档案信息公开传播工作，如何促进公众参与等有一定的参考价值。但也存在不足之处，表现在以下两个方面：

第一，本书构建的社交媒体背景下档案信息公开治理思路，是以档案信息公开权力格局作为切入点的，虽然因互联网精英对当前档案信息公开格局未有显著影响，在研究中未对互联网精英视角具体展开，但因此得出的档案信息公开治理思路缺乏全面性及系统性。

第二，公众参与在本书中研究较为深入，但还有一些点未充分展开，诸如社交媒体背景下如何提升公众参与的公共理性、如何提升公民精神等，因其涉及范围较大，内容较深，本书未展开深入讨论。

鉴于以上不足，今后的研究中将进一步改进和完善当前的研究缺憾，另外，随着社交媒体实践应用的不断发展，关于社交媒体背景下的档案信息公开传播的研究还远未结束，一些未竟研究则需在未来的动态数字环境中，继续观察思考。

参考文献

一、著作及译著类（共 7 部）

[1] 档案馆应用社交媒体创新档案服务研究[M]. 九州出版社，黄霄羽，2020.

[2] 档案信息公开理论与方法[M]. 上海社会科学院出版社，马长林，戴志强，杨红，2007.

[3] 政府信息公开环境下广西档案开放利用研究[M]. 武汉大学出版社，黄夏基，2015.

[4] 政府信息公开的例外研究[M]. 法律出版社，申静，2016.

[5] 新媒体环境下的档案信息服务[M]. 世界图书出版公司，赵屹，汪艳，2015.

[6] 新媒体环境下档案公共服务机理与策略研究[M]. 人民出版社，李颖，2021.

[7] 新媒体赋权与治理[M]. 华中科技大学出版社，刘锐，2021.

二、期刊类（共 70 篇）

[1] 王冠，孙大东. 论比较视域下我国公众参与档案事业的核心内涵与角色定位[J]. 档案与建设，2022（04）：29—31.

[2] 魏楠，张笑涵. 治理理论视域下城建档案开放中的公众参与：理论

认识与模式特征［J］. 档案管理，2022（03）：53—56.

［3］赵君航，孙大东. 阶梯理论视域下"十四五"时期社会公众参与档案事业的路径研究［J］. 档案管理，2022（02）：29—32.

［4］王雨晴. 公众参与档案工作研究：国外实践、特点与启示［J］. 浙江档案，2021（02）：44—46.

［5］张林华，原婧妍. 美国国家档案馆促进公众参与的策略及启示［J］. 浙江档案，2021（09）：29—31.

［6］张江珊，蔡非凡. 参与式语境下档案信息公开传播创新的思考［J］. 档案学研究，2020（02）：86—89.

［7］周文泓. 档案馆 N.0：社会参与视角下档案馆的演进历程与发展趋向研究［J］. 档案学研究，2020（05）：34—43.

［8］刘露. 基于公众参与的美国公民档案员项目研究［J］. 档案管理，2020（05）：102—104.

［9］张江珊，蔡非凡. 档案学语境下的"参与"研究［J］. 档案学研究，2019（06）：19—24.

［10］古同日. 国外公众参与档案资源社会化开发模式研究［J］. 浙江档案，2019（07）：26—27.

［11］张江珊. 社交媒体背景下档案领域公众参与模式研究［J］. 浙江档案，2018（06）：23—25.

［12］陈建. 基于公众参与有效决策模型的综合档案馆公众参与度研究［J］. 档案学通讯，2016（06）：25—29.

［13］周文泓. 社交媒体环境中的参与式档案管理模式探析［J］. 图书情报工作，2014，58（15）：116—122.

［14］周文泓，代林序，苏依纹，黄小宇，贺谭涛，文利君. 全球社交媒体信息存档的行动要素解析及启示［J］. 情报理论与实践，2021，44（08）：35—41.

［15］周文泓，李彦可，贺谭涛. 社交媒体存档信息开发利用的行动要素

分析及其启示［J］．图书馆学研究，2021（01）：43—50．

［16］周文泓．我国网络空间中档案领域的缺位审视和参与展望——基于社交媒体信息保管行动的解析［J］．档案与建设，2019（09）：13—17．

［17］周文泓．社交媒体信息保管模式与策略探析［J］．档案与建设，2018（09）：17—21．

［18］万凯莉，张照余．个人信息视角下社交媒体公开信息保存的可行性研究［J］．档案学研究，2014（04）：17—21．

［19］袁倩．关于美国社交媒体战略的人文关怀与档案服务路径创新的思考［J］．档案与建设，2019（02）：42—45．

［20］张江珊．美国国家档案馆社交媒体策略发展的比较研究及启示［J］．档案学研究，2018（04）：117—122．

［21］宋魏巍．我国政府社交媒体文件管理策略研究［J］．档案学通讯，2018（01）：107—112．

［22］陈燕萍．美国国家档案馆社交媒体战略研究与启示［J］．浙江档案，2018（04）：17—19．

［23］张江珊．美国档案信息公开社交媒体策略研究［J］．档案学研究，2014（04）：86—89．

［24］赵淑梅，邱扬凡．美国档案工作应对社交媒体的策略［J］．档案学通讯，2013（05）：89—92．

［25］李宗富，董晨雪．美国国家档案馆社交媒体应用的特点与启示［J］．北京档案，2020（08）：39—43．

［26］宿娜．社交媒体环境下档案信息资源挖掘路径探析［J］．浙江档案，2021（07）：44—46．

［27］彭忱．基于社交媒体的档案机构服务探讨［J］．北京档案，2020（04）：33—35．

［28］魏扣，李子林，郝琦．社交媒体应用于档案知识服务的 SWOT 分析［J］．档案学研究，2019（01）：69—74．

［29］陈建．澳大利亚国家档案馆档案众包项目实践探析［J］．档案学通讯，2019（06）：72－78．

［30］廉裕津，曹航．社会化媒体环境下档案管理理念变迁及应对策略［J］．北京档案，2019（04）：14－18．

［31］杨洪云，张楠，于健．社交媒体背景下高校档案馆公共服务研究探析［J］．中国档案，2019（06）：78－79．

［32］周文泓．档案机构对社交媒体的多元化应用探究——基于NARA的调查与启示［J］．档案学研究，2018（03）：71－76．

［33］魏扣，李子林．国外档案馆应用社交媒体开展公共服务实践及其启示［J］．档案学通讯，2018（02）：81－86．

［34］张卫东，陆璐．社交媒体环境下档案馆藏资源服务模型与策略研究［J］．情报科学，2018，36（04）：22－26．

［35］蔡明娜．美国国家档案馆社交媒体应用现状分析与启示［J］．浙江档案，2018（08）：26－27．

［36］马仁杰，贾飞．开放政府背景下NARA档案资源开发实践及启示［J］．浙江档案，2018（06）：26－28．

［37］周耀林，姚丽璇，姬荣伟．基于社交媒体的档案信息服务创新研究［J］．中国档案，2018（02）：68－69．

［38］洪页子，黄榆涵，周文泓．档案机构的社交媒体应用策略研究——透视NARA《社交媒体战略2017－2020》［J］．档案管理，2018（01）：25－27．

［39］王秋洁，张江珊．档案馆应用社交媒体开展信息服务的SWOT分析［J］．北京档案，2018（06）：13－16．

［40］黄霄羽，郭煜晗．档案馆应用社交媒体创新档案服务的方式［J］．北京档案，2018（02）：13－15．

［41］贺军．移动社交背景下的档案信息服务推进策略研究［J］．档案学研究，2018（02）：72－78．

［42］王嘉男，赵屹．社交媒体环境下档案信息服务 SWOT 分析及策略［J］．北京档案，2017（11）：18—21．

［43］吴爱婷．档案馆社交媒体可持续性应用的影响因素及应对策略［J］．档案管理，2017（01）：45—46．

［44］李颖．档案公共服务与社交媒体的深度融合研究［J］．山西档案，2017（02）：50—53．

［45］陈祖芬．档案馆运用社交媒体传承文化的主客体理论前提［J］．档案学通讯，2015（05）：97—100．

［46］刘英捷，王芹．档案政务新媒体应用研究——以江苏省为例［J］．档案学研究，2016（01）：86—90．

［47］刘彩云，沈春会，蔡娜．基于用户体验的社交媒体服务模式调研与分析［J］．山西档案，2015（02）：82—85．

［48］于华．试论社交媒体对档案工作的影响［J］．山西档案，2015（02）：117—119．

［49］郝伟斌．社交媒体背景下的档案网站信息服务研究［J］．北京档案，2015（12）：36—37．

［50］赵玉，王健．英国国家档案馆在线社交媒体档案库及其特色［J］．档案与建设，2015（12）：35—37．

［51］王亚肖．浅谈社交媒体对档案工作的影响［J］．档案学研究，2014（02）：47—50．

［52］闫静．档案事业公众参与特点及新趋势探析——基于英国"档案志愿者"和美国"公民档案工作者"的思考［J］．档案学研究，2014（03）：81—84．

［53］张一帆．社交媒体实现档案馆公共服务新跨越——以美国国家档案馆公民档案工作者板块为例［J］．山西档案，2014（04）：48—50．

［54］潘毅文．"打扫干净屋子再请客"——也谈国内档案工作与社交媒体的结合［J］．北京档案，2014（07）：23—25．

［55］李凌燕．社交媒体在公共档案馆信息服务中应用的探讨［J］．兰台世界，2014（S3）：130—131.

［56］张婉莹．档案开放视角下的政府信息公开保密审查机制研究［J］．宿州学院学报，2019，34（03）：12—16.

［57］赵海军．《政府信息公开条例》实施后学术界对《档案法》的误读以及《〈档案法〉修订草案》协调努力之浅析［J］．档案学研究，2018（04）：33—42.

［58］罗传祥．公民档案信息权保护研究［J］．档案管理，2018（04）：8—11.

［59］郭鹏，周庆山．我国政府机关档案室信息公开的问题与对策研究［J］．档案学研究，2017（02）：74—79.

［60］裴佳勇．社交媒体档案对公民个人隐私的挑战及对策研究［J］．北京档案，2017（09）：29—30.

［61］何嘉玲．浅谈档案馆信息公开公众监督［J］．山西档案，2016（03）：82—84.

［62］卢小宾，高欢．《档案法》规制下的政府信息公开问题探析［J］．档案学通讯，2014（06）：23—26.

［63］尹凤英．档案开放利用的法律问题［J］．兰台世界，2013（14）：77—78.

［64］陈春华．运用法治思维做好档案信息和政府信息公开［J］．档案与建设，2015（10）：74—76.

［65］马秋影．我国档案行政管理部门开展政府信息依申请公开工作研究［J］．北京档案，2014（09）：14—18.

［66］陈怡竹．档案信息开放利用中公民知情权之实现［J］．兰台世界，2013（29）：88—89.

［67］赵艳阳．信息开放制度下的档案数字化管理探讨［J］．档案管理，2020（06）：90—92.

［68］张锐.中西方档案信息公开制度比较与启示［J］.档案学通讯，2013（04）：70—74.

［69］张锐.美国档案信息公开制度建设的内容、特点及其启示［J］.档案学研究，2013（01）：82—86.

［70］张江珊.基于"开放政府"视角的美国档案信息公开探析［J］.档案学研究，2013（06）：79—83.

三、外文类

［1］Kriesberg, A and Acker, A. The Second US Presidential Social Media Transition: How Private Platforms Impact the Digital Preservation of Public Records［J］. Journal of the Association for Information Science and Technology, 2022(6): 79–93.

［2］Schellnack–Kelly, I.S. Information Sharing on Social Media Pages Related to Wildlife Conservation in a South African National Game Reserve［M］. Global Knowledge, Memory and Communication, 2022: 153–164.

［3］Wiles, B. User Participation in Archival Knowledge Structures: Archival Description as Domain and Testing Ground［J］. Libra-international Journal of Libraries and Information Studies, 2022(11): 62–89.

［4］EUN, HAN SANG and Jin, Park Hee. A Study on Wikidata Utilization for Digital Archives［J］. Journal of Korean Society of Archives and Records Management, 2022 (1): 201–217.

［5］Yoona, Kang; Lim, Jinsol and Oh, Hyo-Jung. Adoption Plans of a Citizen-Participating Programs to Domestic Archives［J］. Journal of the Korean Society for Information Management, 2022(1): 171–193.

［6］Lowry, J. The Inverted Archive: Thresholds, Authenticity and the Demos ［J］. BOLETIM DO ARQUIVO DA UNIVERSIDADE DE COIMBRA, 2022(1): 55–82.

［7］Hansson, K and Dahlgren, AN. Crowdsourcing historical photographs: autonomy and control at the Copenhagen City Archives［J］. Computer Supported Cooperative Work–the Journal of Collaborative Computing and Work Practices, 2022 (1): 1–32.

［8］Mattei, S. Archival Communication in the Age of Social Media. The Italian Case and the Main Strategies in the International Context［J］. INFORMATION SCIENCE & LIBRARY SCIENCE, 2021(2): 39–53.

［9］Alaoui, S. Participatory archiving, archivists and users: What are the challenges? What are the possible solutions?［J］. Information Science & Library Science, 2021 (3): 217–244.

［10］Vieira, S. Conversations: The Open Libraries Project-Interview with Chris Freeland［J］. Serials Review, 2020 (3): 224–226.

［11］Schafer, Valerie and Winters, Jane. The values of web archives［J］. International journal of digital humanities, 2021(1–3): 129–144.

［12］Tzouganatou, A. Openness and privacy in born-digital archives: reflecting the role of AI development［J］. AI & SOCIETY, 2021(8): 112–129.

［13］Rahman, MM and Shoeb, MZH. Redesigning archive literacy service by using social media as a tool: Cases in Japan archive centers［J］. Annals of Library and Information Studies, 2020(2): 118–124.

［14］Acker, A., Kreisberg, A. Social media data archives in an API-driven world［J］. Archival Science, 2020(6): 105–123.

［15］Da Mota, V.T. and Pickering, C. Using social media to assess nature-based tourism: current research and future trends［J］.Journal of Outdoor Recreation and Tourism, 2020(30): 100–295.

［16］Shrayberg, YL; Goncharov, MV and Kolosov, KA. On the concept of RNPLS&T's Open Archive［J］. Bibliotheca-scientific & Technical libraries, 2020: 45–58.

［17］Maria Castrillo. A history of participation in museums and archives: traversing citizen science and citizen humanities［J］.Archives and Records, 2022(1): 95–110.

［18］Perpinya-Morera, R and Cid-Leal, P. Citizenship memory: preservation of archives and records of social movements and citizen mobilizations in Spain［J］. Information Science& Library Science, 2020 (6): 167–186.

［19］Gang, Ju-Yeon; Geon, kim and Oh, Hyo-Jung. How Can We Preserve Social Memories?: Exploration of Global Open Archives［J］. Journal of Information Management, 2019 (3): 40–51.

［20］Mukwevho, J and Ngoepe, M. Taking archives to the people The use of social media as a tool to promote public archives in South Africa［J］. Information Science& Library Science, 2019(3): 374–388.

［21］Fondren E, Menard MM. Archiving and preserving social media at the Library of Congress: institutional and cultural challenges to build a Twitter archive ［J］. Preservation, Digital Technology & Culture, 2018(2): 33–44.

［22］Koo, Joung Hwa. Analysis of University Information public Services in the Co-operative Universities for Operating the Information public System［J］. Journal of the Korean Biblia Society for Library and Information Science, 2018(2): 169–197.

［23］Vakhrushev, M. The higher education institution's Scientific Library to play the role of an open archive［J］.Bibliotheca-scientific & Technical libraries, 2018, (4), pp.14–22.

［24］KYUNGSUN, JEON and Chang, Yunkeum. Usability Testing of Open Source Software for Digital Archiving［J］.Journal of the Korean Library and Information Science Society, 2018(3): 247–271.

［25］Hood, C and Reid, P. Social media as a vehicle for user engagement with local history: A case study in the North East of Scotland［J］. Journal of

Documentation, 2018(4): 741–762.

［26］Liew, CL; Oliver, G and Watkins, M. Insight from social media use by memory institutions in New Zealand Participatory vs curatorial culture［J］. Online Information Review, 2018(1): 93–106.

［27］Brügger N: Webraries and Web Archives—the web between public and private. In: Baker D, Evans W (eds) The end of wisdom? The future of libraries in a digital age［M］. Elsevier, Amsterdam, 2017: 185–190.

［28］Bucher T, Helmond A.The SAGE handbook of social media. In: The affordances of social media platforms［M］, 2018: 233–253.

［29］Henningham N, Evans J, Morgan H. The Australian Women's Archives Project: creating and co-curating community feminist archives in a post-custodial age［J］. Australian Feminist Studies, 2017(91–92): 91–107.

［30］Kelleher C.Archives without archives: (re)locating and (re)defining the archive through post-custodial praxis［J］. Critical Archival Studies, 2017(2): 18–34.

［31］Bryan, D, Lessard, B.D, Whiffin, A.L. and Wild, A.L. A Guide to Public Engagement for Entomological Collections and Natural History Museums in the Age of Social Media［J］. Annals of the Entomological Society of America, 2017(5): 467–479.

［32］Kovyazina, E. Open archive in research libraries［J］. Bibliotheca-scientific & Technical libraries,2017 (2): 57–64.

［33］Park, Jinkyung and KimYouseung. A Study on Participatory Digital Archives［J］. Journal of the Korean Biblia Society for Library and Information Science, 2017, 28 (2): 219–243.

［34］Rolan, G. Agency in the archive: a model for participatory recordkeeping ［J］. Archival Science, 2017 (3): 195–225.

［35］Jongseung, Park. A Study on the Current Situation and Improvement

Plans of Police's "Government 3.0": Focusing on Information public System [J]. The Korean Association of Police Science Review, 2016 (1): 79–107.

[36] Tae-yeon, Park; Sinn, Donghee. Evaluation of Open-source Software for Participatory Digital Archives: Understanding System Requirements for No Gun Ri Digital Archives [J]. Journal of Korean Society of Archives and Records Management, 2016(1): 121–150.

[37] Isto Huvila. The unbearable lightness of participating? Revisiting the discourses of "participation" in archival literature [J]. Journal of Documentation, 2015(2): 358–386.

[38] Liew, CL; Wellington, S; Oliver, G; Perkins, R. Social Media in Libraries and Archives: Applied with Caution [J]. CANADIAN JOURNAL OF INFORMATION AND LIBRARY SCIENCE–REVUE CANADIENNE DES SCIENCES DE L INFORMATION ET DE BIBLIOTHECONOMIE, 2015 (3–4): 377–396.

[39] Evans J, McKemmish S, Daniels E, McCarthy G. Self-determination and archival autonomy: advocating activism. Archival Science 2015(4): 337–368.

[40] Hussain, A. Adoption of Web 2.0 in library associations in the presence of social media [J]. PROGRAM-ELECTRONIC LIBRARY AND INFORMATION SYSTEMS, 2015(2): 151–169.

[41] Liew, Chern Li, King, Vanessa and Oliver, Gillian. Social Media in Archives and Libraries: A Snapshot of Planning, Evaluation, and Preservation Decision [J]. Preservation, Digital Technology & Culture, 2015(44): 3–11.

[42] Saurombe, N. Public programming of public archives in the east and southern Africa regional branch of the international council on archives (ESARBICA): towards an inclusive and integrated framework [J]. University of South AfricaPretoria, 2015(8): 79–92.

[43] Helmond, A. The Platformization of the Web: Making Web Data

Platform Ready [J]. SOCIAL MEDIA + SOCIETY, 2015(2): 132–154.

[44] Michelle Caswell. Toward a survivor-centered approach to records documenting human rights abuse: lessons from community archives [J]. Archival science, 2014(3–4): 307–322.

[45] Julie McLeod. Reinventing archival methods: reconceptualising electronic records management as a wicked problem [J]. Archives and Manuscripts, 2014(2): 193–196.

[46] Acker A, Brubaker JR. Death, memorialization, and social media: a platform perspective for personal archives [J]. Archivaria, 2014(77): 1–23.

[47] Driscoll K, Walker S. Big Data, Big Questions| Working Within a Black Box: Transparency in the Collection and Production of Big Twitter Data [J]. International Journal of Communication, 2014(8): 216–238.

[48] Mason, Marissa K. Outreach 2.0: Promoting Archives and Special Collections through Social Media [J]. Public Services Quarterly, 2014(2): 157–168.

[49] Bountouria, L. and Georgios Giannakopoulosa, G.The Use of Social Media in aArchives [J]. Procedia-Social and Behavioral Sciences, 2014(14): 510–517.

[50] Park, Dukran and SakongBokhee. A Study on the User Participatory Communication Tools of National Archives Websites [J]. Journal of Korean Library and Information Science Society, 2014 (2): 261–281.

图书在版编目（CIP）数据

兰台新翼 : 社交媒体背景下的档案信息公开研究 /
张江珊著. -- 上海 ： 上海文艺出版社, 2024. 12.
ISBN 978-7-5321-9128-4

Ⅰ. G271

中国国家版本馆CIP数据核字第2024BJ2426号

责任编辑：毛静彦
封面设计：高静芳

书　　　名：兰台新翼 ： 社交媒体背景下的档案信息公开研究
作　　　者：张江珊
出　　　版：上海世纪出版集团　　上海文艺出版社
地　　　址：上海市闵行区号景路159弄A座2楼 201101
发　　　行：上海文艺出版社发行中心
　　　　　　上海市闵行区号景路159弄A座2楼206室 201101 www.ewen.co
印　　　刷：上海安枫印务有限公司
开　　　本：710×1000　1/16
印　　　张：16
插　　　页：2
字　　　数：228,000
印　　　次：2024年12月第1版 2024年12月第1次印刷
Ｉ Ｓ Ｂ Ｎ：978-7-5321-9128-4/C.0108
定　　　价：69.00元
告　读　者：*如发现本书有质量问题请与印刷厂质量科联系*　T:0512-68180628